Maaı

LE   CHACAL

DU MÊME AUTEUR

La croisée des destins
Le sang du Targui
Le cimetière en folie
La violence de l'espoir
Le saut de l'âne
La décrue
Taming the river (version anglaise de « La décrue »)
Le cri du silence
Le nénuphar
Le tambour des sables
Dieu et les Siens

Ils roulaient lentement dans la vieille guimbarde qui de toute façon ne pouvait pas faire plus. L'allure profitait aux nouveaux mariés qui admiraient les devantures des magasins d'habillement de luxe dont les mannequins de plastique exposaient les produits de la dernière mode. La tendance était au jaune pour les femmes et Siham s'émerveillait des robes au style raffiné, poussant des soupirs d'envie qui amusaient son mari. Bilal, concentré sur la conduite, cherchait du regard les costumes dont il rêvait. On n'en cousait plus, les vestes au dos rideau avaient disparu depuis longtemps mais il ne désespérait pas d'en trouver deux ou trois. Il promit à son épouse qu'ils reviendraient dans la capitale à la prochaine paie et s'engagea à lui offrir une robe de son choix.

Bilal enseignait dans un lycée, ne gagnait pas beaucoup et à trente ans, on n'a pas le temps d'amasser des fortunes en faisant des économies en cinq années d'exercice. Siham, son amie d'enfance, avait arrêté ses études en classe terminale. Elle ne voyait pas l'utilité de continuer sa scolarité malgré les encouragements de ses parents que sa décision consternait. Jeune et belle, elle désirait fonder un foyer afin de grandir avec ses enfants, comme elle le répétait souvent. L'âge n'ayant aucun pouvoir sur les sentiments pour les maitriser, ses parents s'étaient inclinés et les unirent dans une cérémonie à la mesure de leur humilité. Une trentaine de personnes y était invitée, une fête sans faste mais dans la bonne humeur et la convivialité. Bilal avait formulé une demande de logement participatif et contrairement à ses camarades, refusait de contracter de prêt bancaire pour jouir d'un appartement fini. Il pensait que le prêt était de l'usure et le lierait à jamais, obligé de travailler toute sa vie pour rembourser les intérêts.

Dans l'expectative, le couple était hébergé dans la maison parentale, le père de Bilal étant un agriculteur assez aisé qui passait le plus clair de son temps dans sa maison de campagne, où ses absences duraient parfois de deux à trois semaines. Habitant à Sétif, une ville distante d'environ 300 kilomètres à l'est d'Alger, c'était la première fois que Bilal et Siham faisaient le voyage ensemble dans la capitale, en éclaireurs pour d'éventuels achats. Ils avaient entendu parler de la quantité de produits disponibles à des prix abordables.

— Tu connais le montant de mon salaire, dit Bilal en ne quittant pas la chaussée des yeux, sois clémente dans le choix de ta robe lorsque nous reviendrons le mois prochain.

— Il ne s'agit pas que de moi, rit-elle, tu dois aussi acheter de nouveaux vêtements. Tes élèves en ont assez de te voir dans le même pantalon.

— Le pantalon marron ? S'esclaffa-t-il, je le porte volontairement pour qu'ils me reconnaissent de loin. Cela m'évite d'entendre des mots déplacés. Tu sais, les jeunes ont un langage épicé qui écorche bien des oreilles !

— Tu es toujours jeune, voyons ! Trente ans n'est nullement une courbe descendante. Tes propos confirment ta mémoire courte !

— J'ai oublié quelque chose ? Questionna-t-il inquiet.

— Te souviens-tu des mots coquins que tu me glissais à l'oreille quand tu me coinçais derrière la maison, dans la pénombre du soir tombant ?

— Oui mais ce n'était pas le même contexte, je parlais à ma femme en ce temps-là.

— Je ne l'étais pas encore, souffla-t-elle en rejetant ses cheveux en arrière.

Ébloui par la beauté de son rire, il se gara au ras du trottoir entre deux voitures, juste en face d'un grand magasin qui grouillait de monde.

— J'en ai pour cinq minutes, le temps d'acheter une bouteille d'eau. Une glace aussi ?

— Si tu veux, au chocolat comme d'habitude !

Au moment d'ouvrir la portière, une voiture de police s'immobilisa à sa hauteur, de laquelle surgirent deux cerbères à l'air menaçant.

— Tes papiers ! Brailla l'un d'eux sans les saluer selon les règles d'usage.

Bilal obtempéra de bonne grâce, croyant à un contrôle de routine. Souriant, il lui remit également les papiers de la voiture et attendit le verdict. De toutes les institutions du pays, seule la police lui était allergique. D'après les dires, des rumeurs qui couraient, beaucoup de malfrats avaient infiltré ses rangs. Mal ou peu entraînés, les uniformes bleus commettaient impunément plus de bavures mortelles qu'il n'était permis. Il n'y avait même pas d'enquête, tout était enterré avec la victime, tout comme certains médecins enterraient leurs erreurs médicales humaines.

— Qui est cette femme ? Aboya le policier, le regard lubrique.

— La mienne ! Rétorqua Bilal dont les signes d'énervement crevaient la peau.

— Tu as une preuve ?

Bilal se baissa, ouvrit la boite à gant et lui tendit un livret de famille flambant neuf. Il se sentit ridicule en se soumettant à cette inquisition mais il se retint d'envenimer la situation pour préserver la quiétude de son épouse. L'amour-propre, puissant philtre qui fait croire à l'invincibilité, le poussa à s'aventurer.

— Vous êtes de la police des mœurs ?

— Tiens, tiens, monsieur fait le coq devant sa femme. Dans quelques instants tu redeviendras poule. Je te retire ton permis de conduire et tu attendras la sentence de la commission prévue à cet effet.

— Pour quel motif ?

— Stationnement interdit !

— Avec toutes ces voitures qui sont stationnées ici ? Mon moteur est en marche, cinq minutes pour acheter une bouteille d'eau, s'il vous plait monsieur l'agent.

— N'aggrave pas ton cas en résistant, allez dégage !

— Vous n'avez pas le droit...

Bilal n'eut pas le temps de finir sa phrase. Il reçut une gifle retentissante qui le fit vaciller. L'autre portière s'ouvrit brusquement pour livrer passage à Siham qui accourut porter assistance à son mari. Elle fut repoussée violemment par un deuxième policier venu à la rescousse de son collègue. Son sac à main chuta sur le sol, déversant son contenu. Bilal fut plaqué sur le capot de sa voiture, les jambes écartées et se soumit à la fouille jusque dans son intimité, les oreilles rougies et sifflantes par les insultes proférées par les uniformes.

Devant la menace de l'attroupement qui s'ensuivit— les jeunes étant à la recherche de confrontation pour en découdre avec les forces de répression— le couple fut embarqué dans un panier à salade qui fila aussitôt, suivi par le tacot de Bilal conduit par un agent. La seconde voiture officielle fermait la marche. Les nouveaux mariés furent jetés chacun dans une cellule du commissariat d'El Biar comme des sacs de patates, à grand renfort d'injures et de menaces.

Fatigué par l'immense solitude qui l'étreignait, Bilal ne sut jamais par quel subterfuge la poisse l'avait harponné après deux mois de mariage durant lesquels tout était miel et fleurs. Il n'eut pas de transition entre le lit conjugal douillet et le ciment glacé et humide d'une cellule. Si au moins Siham était enfermée dans la piaule mitoyenne, il aurait pu trouver les mots adéquats pour la consoler. Les énergumènes l'avaient mise dans une geôle à l'extrémité du couloir où même en criant, elle ne l'aurait pas entendu. Elle était une fleur fraichement cueillie que l'on privait d'eau pour la piétiner sur une dalle de béton.

La capitale ne leur avait pas porté chance, il se sentait coupable de l'y avoir entrainée, de ne pas avoir su ou pu lui dire non quand elle avait insisté pour y venir. Pouvait-il lui refuser une chose qu'elle demandait avec son charmant sourire ? Il s'interrogeait pour savoir ou du moins deviner si elle avait froid, si elle avait faim, si elle devait dormir. Au beau milieu de la nuit, il perçut du bruit, comme des gémissements étouffés puis plus rien. Il se recroquevilla dans un coin, ne sentant plus ses fesses ankylosées par le venin glacial que le ciment dégageait insidieusement. Au matin, un officier à deux étoiles blanches lui restitua ses papiers, lui murmurant d'un air renfrogné.

— Reprends tes documents et tâche d'être plus coopératif la prochaine fois. En cas de récidive puisque tu es désormais fiché, tu passeras plus de temps derrière les barreaux !

— Je ne bougerai pas sans ma femme, où est-elle ?

— Nous l'avons relâchée hier soit, mon vieux, elle mérite mieux qu'un voyou comme toi !

— Vous l'avez libérée alors que vous savez qu'elle n'a pas où aller dans une ville qu'elle ne connaît pas, la nuit de surcroit ?

— Elle n'a pas besoin d'être chaperonnée à son âge, railla l'officier.

Bilal prit le chemin du retour en conduisant fébrilement, impatient de retrouver sa femme. Il manqua d'emboutir plusieurs automobilistes qui crurent avoir affaire à un chauffeur en état d'ébriété.

Il roulait l'œil sur le bitume et l'esprit préoccupé par ce qu'il était advenu de Siham. Il espéra qu'ils lui avaient rendu son téléphone et qu'elle avait pu contacter ses parents. Dès qu'il ouvrit la porte de la maison, son père se précipita à sa rencontre, les yeux cernés par l'inquiétude.

— Tout va bien Bilal ? Tu aurais du nous prévenir que vous découchiez. Tu n'as même pas daigné répondre à mes appels !

— J'ai passé la nuit en prison, père ! Les policiers m'ont confisqué mes papiers et mon téléphone. Ils me les ont restitués ce matin, avec la batterie de mon portable déchargée.

— En prison ? Pleura sa mère qui avait rejoint son mari sans bruit, le front ceint d'un foulard, son remède pour atténuer ses migraines. Qu'as-tu fait de répréhensible ? Où est Siham ?

— Quoi, elle n'est pas ici ? Elle a été arrêtée en même temps que moi et relâchée hier soir. Mon Dieu, faites qu'il ne lui soit rien arrivé.

— Du calme mon fils, ton épouse s'est peut-être rendue directement chez ses parents, rassura le père sans conviction car il savait que si c'était le cas, elle les aurait avertis.

— Pour quelle raison Siham a-t-elle été arrêtée, chevrota la mère.

— Rien de spécial mère ! Tout a commencé par la volonté des policiers de me retirer mon permis de conduire lorsque j'ai stationné devant un magasin pour acheter une bouteille d'eau. Les agents ont fait du zèle et l'un d'eux qui se faisait appeler Rambo m'a giflé. Siham a volé à mon secours et c'est là qu'elle a été embarquée.

— Tu es sûr que c'étaient des policiers ?

— Et comment ! Une nuit dans une cellule de leur commissariat me l'a drôlement confirmé. Peut-être que Siham est encore sous le choc, je pars immédiatement chez ses parents pour voir ce qu'il en est.

Quand il toqua à la porte de sa belle-famille, ce fut Mehdi son jeune beau-frère qui lui ouvrit, un beau jeune homme d'un tempérament rieur, steward dans une compagnie aérienne. Mehdi lui barra le passage.

— Que se passe-t-il, tu ne me laisses pas entrer ?

La mine déconfite de Mehdi ne lui disait rien de bon, ce qui l'intrigua au plus haut point. Appuyé au chambranle de la porte, le jeune homme craquait les phalanges de ses mains, tête baissée, le poids de son corps reposant tantôt sur une jambe, tantôt sur l'autre.

— Siham ne désire plus te voir. Il empoigna le bras de Bilal et s'éloigna du seuil de quelques pas après avoir pris le soin de fermer la porte derrière lui. Ma sœur est très fatiguée, le docteur l'a auscultée et lui a prescrit un long repos.

— Je veux la voir, c'est ma femme avant tout !

— Inutile d'accentuer sa détresse, elle est rentrée à quatre heures du matin, déposée par un vieux couple qui se dirigeait vers Constantine. Heureusement qu'il existe encore de braves gens ! Le couple l'a récupérée de l'autoroute à la sortie de Dar-El-Beida. Elle errait le long de la glissière de sécurité comme une folle. Dieu a fait que la circulation fut moins dense à cette heure sinon elle serait morte.

— Que faisait-elle à Dar-El-Beida et pourquoi elle ne vous a pas téléphoné ? Ragea Bilal, la figure couleur d'ivoire.

— Ses tortionnaires lui ont redonné son sac mais pas son téléphone. — Ils s'éloignèrent un peu plus de la maison — Les quatre hommes l'ont violée tour à tour puis l'ont abandonnée sur l'autoroute.

— Violée ? Balbutia Bilal qui s'accrocha à un lampadaire pour ne pas s'effondrer.

— Siham ne me cache rien depuis que nous étions petits. Le viol est la raison pour laquelle elle demande le divorce. Elle se sent souillée pour l'éternité.

— Je l'aiderai à surmonter l'épreuve, Mehdi ! Je te supplie de la faire changer d'avis, tu es son frère, son confident, elle t'écoutera !

— J'ai tenté de la raisonner, en vain. Elle pense que c'est une tache indélébile, qu'il y aura toujours un avant et un après. Ma sœur n'arrive plus à dormir, sur le qui-vive à chaque instant pour se protéger le corps des coups de Rambo dont elle crie le nom.

— Je tuerai ce salaud !

— Tu ne feras rien Bilal ! Abstiens-toi d'accomplir ce que tu redoutes qu'on te fasse. Ces gens-là se croient intouchables mais ils trébucheront tôt ou tard, ici ou là-haut.

— Ils ont perpétré un crime, je ne patienterai pas jusqu'à ce qu'ils soient morts de vieillesse !

— Ils t'abattront comme un chien avant que tu ne t'approches d'eux, et invoqueront la légitime défense. Laisse tomber, le temps fera le reste.

— Alors je déposerai une plainte contre eux, ils n'ont sortiront pas indemnes.

— Une plainte contre qui et auprès de qui, sans preuve ni témoin ? Tu sembles oublier qu'on falsifie tout, l'histoire comme le destin, la vie comme la mort, même Dieu n'est pas exempt.

Bilal le regarda un instant, se redressa en époussetant son pantalon. « Siham voulait que je change de pantalon, et bien non ! Je ne le changerai pas jusqu'à ce qu'il s'effrite tel un mur en ruine, c'est le seul lien qui me rattache encore à elle ». Il mit la main de Mehdi dans la sienne, le regard fuyant, et lui asséna la terrible sentence.

— Je suis à ta disposition pour la procédure du divorce. Mon bonheur n'a duré que deux mois, plus court que le temps d'une saison sans attendre la récolte, quel gâchis ! Adieu mon ami et merci pour la leçon !

Bilal tourna les talons et s'en alla le pas lourd, assailli par des idées funestes. Il fut rappelé par son beau-frère planté près du lampadaire dont la lumière blafarde clignotait.

— Toi et moi ne sommes pour rien dans ce drame, nous pouvons nous revoir de temps à autre, non ?

— Peut-être que oui, peut-être que non. Cela dépend de ce que nous réserve l'avenir, répondit Bilal dans un éclat de rire dispersé qui lui glaça le sang.

Il adressa un bras d'honneur à un passant invisible, attirant l'attention des commerçants de l'autre côté de la rue dont les clients le regardèrent avec méfiance et suspicion. Il se trainait péniblement sur ses jambes flageolantes et chancelait à chaque enjambée, envahi par des pensées saugrenues germées dans sa tête devenue soudainement plus légère qu'un duvet d'oisillon. Il se faisait une idée du bonheur qui se révélait être une maison qui lui était fermée, une illusion qui le ramenait à une image semblable à la cellule du commissariat, pleine d'arêtes tranchantes et de paix trompeuse. En amour, le froid de la déception givre l'espoir que l'on a investi dans son prochain. Que ne donnerait-il pour entendre le rire de sa belle Siham ? Que pouvait-il entreprendre afin de transformer le cauchemar en bonheur et réparer leur rêve inachevé ? Comment remonter le temps et reculer de deux jours ? Non, ils n'iront plus à Alger, cette ville qui les avait brisés en leur inoculant la tristesse, cette ville enveloppée de brume et de détresse qui les avait forcés à humer à pleins poumons l'odeur de la mort.

Le cœur de sa femme ne battait plus, ni pour lui ni pour personne. Des vicieux déguisés en uniforme de la vertu les avaient tués, modifiant le sourire en plaie béante.

« Tu as retrouvé ta femme chez elle ? S'inquiéta son père face à sa pâleur.

— Oui père, elle se repose. Plus de peur que de mal.

— Dieu est grand, s'exclama sa mère qui ne se douta pas un instant de la confusion des sentiments de son fils.

— Je dois repartir à la capitale signer le procès-verbal d'audition et tenter de récupérer mon permis à l'amiable. Je serai parmi vous au plus tard demain matin.

— Tu veux que je t'accompagne ? Proposa son père.

— La paperasse risque de t'ennuyer, père, d'autant plus qu'il n'y a rien de réjouissant dans cette ville tentaculaire. » Il embrassa ses parents et se dirigea vers sa voiture.

« Sois prudent, recommanda sa mère dont le cœur se serra tout à coup. Téléphone-nous dès que tu arriveras à destination. »

Il agita la main pour les saluer et démarra. Il s'arrêta dans une station d'essence puis repris la route pour arriver à Alger en fin d'après-midi. Il se gara dans une ruelle du quartier où était implanté le commissariat qui l'avait retenu la veille. Il retira du coffre un jerrican de cinq litres, verrouilla son véhicule qu'il abandonna à la garde de jeunes qu'il paya d'avance et s'attabla ensuite à une terrasse de café où il attendit l'heure de sortie des travailleurs.

A dix-huit heures pile, il régla au comptoir sa boisson chaude, saisit son bidon et marcha sur le commissariat avec détermination. Il vida son cerveau de tout ce qui pouvait le détourner de son projet, seule l'image de Siham trônait devant ses yeux embués de larmes et de rage mal contenue. Sa femme était déjà un souvenir fantôme avec son sourire furtif jadis enchanteur. L'amour vit d'improvisations mais la vengeance se nourrit de calculs. Il était convaincu qu'il avait tout perdu, sa dignité d'humain, son honneur d'homme et particulièrement son épouse qu'il aimait plus que tout.

Bilal se dressa à une dizaine de mètres des deux policiers en faction et jeta un regard circulaire afin de vérifier une dernière fois s'il y avait du monde. Les rues étaient bondées à cette heure-là, certains semblaient pressés, d'autres faisaient des emplettes avant de rentrer chez eux. Des adolescents, adeptes du commerce informel, disposaient leurs étals de galettes, cigarettes et fruits frais, rétrécissant les trottoirs déjà étroits.

« Rambo ! Cria-t-il de toutes ses forces, sors un peu pour voir une de tes victimes. Allez viens, mon salaud ! »

L'un des deux policiers fronça les sourcils et s'avança vers lui pour lui ordonner de libérer la place. Bilal déboucha promptement le jerrican, l'odeur de l'essence stoppa net l'agent épouvanté qui recula d'un pas.

« Allez viens Rambo, tu ne rigoles plus sans tes copains ? Tu préfères gifler d'honnêtes citoyens et violer leurs femmes dans ta garçonnière de Dar El Beida. Vous voulez toujours vous amuser à plusieurs ? Sois courageux et regarde-moi, assassin ! »

Un cercle de badauds se forma autour de lui, dont le nombre croissait sans cesse et satisfaisait Bilal qui donnait libre cours à sa rancœur. La circulation routière se densifia puis devint impossible en quelques minutes. Rambo apparut à l'embrasure de la porte, la visière de sa casquette rabattue sur les yeux, le ceinturon d'où pendait son arme battait sa cuisse en dilettante tel un cow-boy des westerns. Il ébaucha un sourire carnassier et s'adressa à Bilal d'un ton moqueur.

« Pourquoi tout ce tapage ? Si tu veux t'immoler, fais-le et qu'on en finisse ! Fais-le tout de suite ou débarrasse le plancher et laisse les gens tranquilles, sale con ! Je t'offre un briquet au cas où tu n'en as pas ! »

Poussé dans ses derniers retranchements que l'instinct de conservation lui avait aménagés dans l'ultime minute et écœuré par le mépris du policier, Bilal leva les yeux au ciel, murmura des mots inintelligibles puis s'aspergea d'essence. Il usa sa dernière énergie pour allumer un briquet et s'enflamma aussitôt. La torche humaine s'affaissa à genoux sans un cri. Les flammes dévorèrent le corps sans défense de Bilal. Il y eut une odeur de chair brulée qui empesta l'atmosphère. L'homme se consuma à une vitesse vertigineuse sous les yeux horrifiés de l'assistance qui recula de plusieurs crans. Le cercle de curieux vit son diamètre s'étirer tel les remous d'un pavé dans la mare. Rambo demeura debout près de la chair rôtie et se délecta du spectacle. En s'effondrant, Bilal lâcha son téléphone qui sonna inlassablement avant de se taire définitivement dans la poche de Rambo qui le ramassa.

Alerté par le mouvement de foule, un quinquagénaire se précipita sur l'être difforme qui flambait et enleva son kamis pour étouffer les flammes gourmandes. Le vêtement prit feu instantanément, le sauveteur appela à l'aide mais personne ne fit un geste. Ils étaient tous terrorisés, pas par la chaleur du feu ou par l'odeur, plutôt par la férocité du policier qui dissuadait plus d'un citoyen assoiffé de justice.

Les pneus d'une ambulance crissèrent sur le bitume, de laquelle sautèrent des pompiers extincteurs en main. Il était trop tard pour un quelconque secours. Ils couvrirent le cadavre fumant dont l'alliance brillait au doigt, et l'emportèrent dans un silence pesant. Il est des silences qui disent plus que les paroles comme il y a des paroles qui tuent plus que les actes.

« Personne parmi vous n'a eu le cœur d'aider ce malheureux ? Vociféra le quinquagénaire.

— Ferme ta gueule, on ne t'a rien demandé ! Barrit Rambo, on ne peut empêcher quelqu'un de mourir si tel est son désir. »

L'homme s'inclina devant le cynisme de l'être malfaisant. « Qui tue par le feu meurt par le feu, le bûcher de l'enfer n'a pas besoin d'essence, rumina-t-il ». Les riverains qui observaient la scène de leurs balcons refermèrent hâtivement leurs volets et éteignirent les lumières des chambres donnant sur la rue. Les oiseaux effrayés par les flammes regagnèrent leurs nids dans un battement d'aile discret, la légère brise du soir se rétracta et tout rentra dans l'ordre comme ordonné par le policier. N'était la tache sombre gravée sur le trottoir, on aurait dit que rien ne s'était passé et cela donnait l'image d'un lendemain d'émeute durement réprimée. La rue déserte aux commerces fermés rappelait les manifestations dispersées par la matraque, les pneus brulés et les jets d'eau chaude. Cette nuit-là, les maisons sentirent le barbecue et à part les enfants que les parents avaient enfermés pour leur censurer l'horrible vision, les adultes n'avaient plus le cœur à diner, les tripes nouées par une indicible peur engendrée par l'ignominie de la mort de l'inconnu. Le lendemain, 10heures du matin à Sétif, deux agents se présentèrent au domicile de Bilal, accueilli par le père dont le pressentiment ne se démentit pas.

« Qu'est-il arrivé à Bilal ?

— J'ai l'impression que vous vous attendiez au pire, commenta l'agent, je vous présente mes condoléances.

« — Mon fils est mort ? Marmonna le mère dont le teint vira au jaune. Quand et comment ?

— Il s'est donné la mort hier soir par le feu.

— Dans le commissariat d'El-Biar ou en dehors ?

— Comment le savez-vous, il vous a dit qu'il allait passer à l'acte ? Il s'est immolé sur le trottoir face au commissariat par une heure de grande affluence. Vous pouvez récupérer le corps dès aujourd'hui. »

La mère perdit connaissance et fut évacué d'urgence par des voisines compatissantes. Bilal était son unique garçon, ses deux filles avaient suivi leurs époux enseignants dans le sud du pays. C'était le réconfort de ses vieux jours, si gentil et prévenant. Il ne dormait pas lorsqu'elle était malade, un insignifiant mal de tête dont elle se plaignait le mettait dans tous ses états. Elle ne put chasser de son esprit l'image de son petit les saluant avant son dernier voyage, un adieu qu'elle ne comprit pas en son temps. Elle s'en voulait terriblement. Beaucoup de personnes se résignaient face à une injustice qui ne les touchait pas, les mauvaises nouvelles étaient par contre véloces et parcouraient villes et villages en moins de temps qu'il n'en fallait pour ouvrir la bouche. Ils grondèrent de colère et cela n'alla pas plus loin.

Deux collègues du défunt accompagnèrent le père et ramenèrent le corps calciné dans une bière plombée, ce qui évita aux familles la vue de l'amas d'os noircis et tordus par la souffrance. Le père se confia à un avocat célèbre défenseur des causes perdues d'avance, qui lui assura qu'il ferait de son mieux pour faire éclater la vérité. Apparemment lui non plus ne se faisait pas d'illusions depuis le temps qu'il plaidait et pérorait pour se mettre plein les poches au détriment de la douleur des autres. Débordant de tact dans son malheur, le père prit le soin de recommander à Mehdi de ne rien dire à

Siham tant qu'elle serait malade. La maison grouillait de monde en l'absence de la maitresse de maison hospitalisée. La dépouille fut inhumée le lendemain de son arrivée, après la prière du dohr. Une foule considérable forma le convoi funéraire, une majorité de jeunes dont plusieurs lycéens portèrent le cercueil au cimetière où Bilal entra dans sa dernière demeure.

Un autre malheur s'abattit trois jours plus tard sur la ville. La mère de Siham retrouva sa fille pendue le matin aux barreaux de sa fenêtre. Siham s'était donné la mort pour éviter à son époux l'humiliation et la souillure, elle ignorait qu'il était parti avant elle. Les deux s'étaient envolés dans l'amour par le suicide, sans se séparer. Dans toute volonté qui dépasse la compréhension, il est vain de retarder l'échéance et si le ciel était gris sur la tombe de Bilal, il pleura des larmes de sang sur celle de Siham.

2

Au deuxième et dernier étage d'un immeuble situé en plein centre de la capitale, trônait dans un bureau coincé au bout du couloir le commissaire Bachir, chef de la brigade criminelle tant redoutée pour ses enquêtes qui débordaient largement des liquidations physiques.

Ammi Bachir, comme l'appelaient affectueusement les agents sous son autorité, était un homme débonnaire qui avait gravi patiemment les échelons de sa carrière avant d'être propulsé chef du prestigieux département. Il lui restait deux années pour la retraite et faisait de son mieux pour satisfaire leurs désidératas. La fenêtre toujours ouverte de son bureau était un chenal pour extraire les volutes de tabac qu'il consommait sans modération. Le dernier mégot allumait la prochaine cigarette, particulièrement lorsqu'il était embarrassé par une décision à prendre. Se balançant dans son fauteuil réglable, il décrocha son téléphone et invita Zoubir à se rendre dans son cabinet.

A l'autre bout du fil, le lieutenant Zoubir la trentaine entamée, sentit immédiatement que quelque chose clochait. Quand le commissaire l'adoubait en l'appelant « son petit », il y avait anguille sous roche. Comme cela faisait quelques jours qu'il n'avait pas sollicité ses services, Zoubir croyait que son chef préférait le lieutenant Messaoud avec qui il était en compétition pour la place du meilleur limier.

Messaoud plus âgé que lui, moustache en guidon de vélo, était façonné tout en courbettes. Il s'inclinait tellement devant les gradés qu'il conservait cette posture au-delà du service quand il marchait dans la rue, tel un homme sujet à d'éternels lumbagos. Pourtant, chacun avait ses plates bandes. Messaoud se chargeait des crimes économiques qui sous-entendaient les affaires de faux, de corruption, de détournements et ce qui était afférent tandis que Zoubir était versé dans l'élucidation des assassinats et la traque de leurs auteurs.

L'émulation était sans quartier entre eux et comme il n'existait guère de ligne de démarcation entre les affaires, il arrivait que l'un empiétât sur le domaine de l'autre. Le commissaire entretenait savamment cette concurrence sans privilégier l'un d'eux.

« Bonjour commissaire, lança Zoubir retenant sa respiration gênée par l'air qui empestait le tabac.

— Bonjour mon petit, assieds-toi et ôte cette mine boudeuse ! Tu sais que je compte énormément sur tes compétences pour tirer le service des mauvais pas.

— Merci chef, très aimable à vous ! Répliqua Zoubir sur ses gardes, de quoi s'agit-il ?

— Tu constates, mon cher Zoubir, que plus les années passent, plus la pauvreté augmente et plus les criminels foisonnent. »

Coutumier de ces préambules, le lieutenant l'écouta distraitement avec la mine intéressée d'un chat pour des épinards. Son chef avait la manie de confectionner des ronds de fumée en arrangeant sa bouche en cul de poule. Il s'extasiait à chaque réussite et se rembrunissait en cas d'échec

« Cela devient une routine lieutenant ! Il y a eu encore un meurtre près de la voie ferrée sur le site du monstrueux bidonville d'El-Harrach. Une jeune fille poignardée, apparemment une étudiante sans problèmes.

— Que voulez-vous que je fasse, chef ? Tant que ce bidonville n'est pas éradiqué, ce sera toujours le même refrain. Que font les policiers de cet arrondissement ?

— Ils se sont contentés de remarquer que le vol n'est pas le mobile puisque son sac à main n'a pas été touché. Le divisionnaire sollicite notre aide, j'ai pensé à toi.

— *Hadi mliha* ! (Celle-là est la meilleure), c'est la politique de *ragda wa tmangi* ? (manger en dormant). Ils sont payés pour que je fasse leur boulot. Et puis d'abord pourquoi toujours moi dans les marécages des bidonvilles ? Il n'y a qu'à m'aménager un taudis là-bas et je me chargerai également de vidanger les fosses septiques !

— Allons, allons mon petit, il me reste deux années à tuer, ces malheureuses familles seront bientôt relogées, c'est une question de temps. Qu'aurais-tu fait à ma place ?

— Une question me taraude le ciboulot, chef ! Abstraction faite des bidonvilles tentaculaires et des habitats précaires, il n'y a pas de crime dans les quartiers résidentiels, dans les zones huppées ?

— Franchement je l'ignore ! Ceci est ma réponse à ta mauvaise question.

— Je pars immédiatement pour les lieux. Je vous ferai un rapport dès que possible.

— Prends la nouvelle voiture et le chauffeur habituel. Attention lieutenant, en douceur et pas de vagues !

— Avec tous mes respects commissaire, je prendrai la mienne, vous connaissez mes méthodes. Je préfère ne pas m'encombrer. »

Il se leva, souple comme un félin et fila vers la porte, dissimulant son sourire en coin. Zoubir longea le couloir en sifflotant et feignit de ne pas apercevoir la tête de son rival Messaoud qui dépassait de la porte entrebâillée d'un bureau. Le fait de voir Zoubir content sema le doute dans son esprit. Il fulmina de colère, arrangea soigneusement sa cravate et pénétra à son tour dans l'antre du commissaire.

Zoubir, titulaire d'une licence en droit, avait cinq années d'ancienneté dans la police. Un rêve d'enfance qu'il avait réalisé contre la volonté de son père qui le prédestinait à une carrière d'avocat. Taciturne, on ne lui connaissait qu'un seul ami, un certain Othmane à la tignasse en bataille que les gens voyaient rarement, que l'on disait richissime et généreux. D'aucuns lui contestaient ce statut de fortuné au vu de son aspect austère. En croisant Othmane et Zoubir ensemble, les gens avaient du mal à croire en leur amitié tant leurs comportements divergeaient. Le premier était d'un tempérament rieur et saluait tout le monde au passage, les traits fermés du second repoussaient toute tentative d'approche. Le lieutenant était craint pour sa réputation d'impitoyable tandis qu'Othmane respirait la sympathie. Zoubir était doué, doté d'une intelligence peu commune pour démêler les écheveaux de crimes parfois insolubles à première vue. Il aimait gamberger pour trouver la faille d'une enquête, cela datait de sa jeunesse où il détectait à l'avance le coupable dans les films diffusés par la télévision.

Les deux compères s'étaient connus fortuitement au cours du passage d'un officiel qui inaugurait une école. Le lieutenant faisait partie de l'escorte sirènes hurlantes quand tout à coup il ordonna à son coéquipier de stopper. Il descendit de voiture pour aider une vieille femme à traverser la chaussée. Elle avait avancé sur le bitume, échappant à la vigilance de la multitude de policiers postés pour interdire toute circulation. Les habitants de divers quartiers qui le connaissaient n'étaient pas surpris de son geste et le considéraient comme un ange atterri par mégarde dans la police. Les malfrats avaient une autre opinion de lui. Tantôt ange tantôt démon, le lieutenant ne laissait pas indifférent. De son véhicule garé non loin de là, Othmane avait vu la scène qui avait aiguisé sa curiosité. Il avait mis à contribution ses connaissances et l'avait approché.

Le lieutenant fit contre mauvaise fortune bon cœur et se rendit dans le bidonville indiqué. Sa berline blanche flambant neuve détonnait avec la désolation des taudis. Des mares verdâtres parsemaient les ruelles poussiéreuses intercalées entre les huttes desquelles émanaient des relents de friture mélangés aux odeurs nauséabondes des ordures jetées çà et là. Il changeait fréquemment de véhicule, raison pour laquelle personne ne le reconnut jusqu'à ce qu'il s'arrête pour se renseigner auprès d'un adolescent adossé à un arbre mangé par la pourriture. Le jeune prit ses jambes à son cou dès qu'il le reconnut, l'obligeant à continuer sa balade à pied.

— *Salam alaikoum ya baba* ! (que la paix soit sur toi, père) Souhaita-t-il à un homme âgé en train d'attacher un chien galeux à un piquet fiché près de sa bicoque de zinc.

— *Wa alaikoum salam*, sourit l'homme, que puis-je faire pour toi, Si Zoubir ? La particule « Si » est une marque de respect, un respect réel ou supposé servant de pommade adoucissante.

— Tous les résidents me connaissent ici, j'en suis flatté. Dis-donc, baba, tu sais où habite la famille de la morte ?

— Quelle morte ?

— Ne joue pas à la carpe, baba. L'omerta ne marche pas avec moi car si tu fermes ta bouche tu perds tes dents ! Alors ?

— Excuse-moi Si Zoubir, je n'avais pas compris la question.

— Qu'importe, tu ne l'as pas comprise mais tu connais la réponse, hein ?

— Continue droit devant toi, c'est la quatrième maison à droite.

Le lieutenant ajusta son Beretta 15 coups à canon rayé, arme qu'il favorisait pour son poids léger et sa précision. Il le cala sous sa ceinture de cuir dont il se servait pour fouetter les petits malfaiteurs, histoire de les dégoûter de la récidive pour un bon moment. C'était sa façon de donner des leçons au menu fretin parce qu'il ne s'attaquait avec véhémence qu'aux gros poissons. Il déambula jusqu'à l'endroit indiqué sans s'inquiéter pour sa voiture laissée derrière lui. Le bouche à oreille avait dû fonctionner, un moyen de communication qui avait fait ses preuves. Personne ne s'aventurait dans les allées de peur de le rencontrer et de devoir répondre à ses questions.

Il toucha la tôle faisant office de porte, elle s'ouvrit toute grande dans un grincement à écailler l'émail dentaire. Ces gens vivaient pratiquement en plein air en dépit du semblant de maisons qui les abritaient, rien ne fermait. Une femme en longue robe berbère aux couleurs chatoyantes, poitrine ornée de zigzag, apparut. Elle possédait encore la vigueur de la jeunesse mais son visage buriné conservait les stigmates des vicissitudes que grave la pauvreté quand elle s'acharne sur l'individu. Elle groupa ses cheveux sous son foulard à franges et s'écria.

— Bonjour monsieur, vous cherchez quelqu'un ?

Interloqué par le ton de la phrase, Zoubir confirma que certains préjugés avaient la peau dure. La politesse n'est tributaire ni du degré d'instruction et encore moins du statut social. Il y a ceux qui ne changent pas, Crésus ou Jacob, lettrés ou pas, sensés ou fous, la politesse reste le dernier rempart avant les profondeurs de la sottise. Que dire de ses collègues qui se disent rarement bonjour.

— Euh...Bonjour madame, toussota-t-il, votre mari est là ?

— Il est alité à l'intérieur, qui le demande ?

— Dites que c'est Zoubir le policier.

Elle disparut un moment puis revint en claudiquant, un bambin accroché à la lanière de laine tissée qui lui entourait la taille.

— Patientez un moment s'il vous plait, mon mari s'habille.

— Je n'en ai que pour une poignée de secondes, madame, je peux entrer ?

Le lieutenant avait compris leur honte. La famille cachait sa misère et le dénuement de sa hutte, le sol en terre battue et la fournaise dans laquelle elle vivait. L'enfant aux grands yeux noirs et aux pieds nus le fixait du regard, Zoubir tenta de lui sourire sans succès. Il avait perdu l'habitude de sourire et se rattrapa en lui chatouillant le menton. Il tira un mouchoir de sa poche et lui moucha le nez. Mis en confiance, le gosse lui prit la main et se serra contre lui. Une chaleur moite inondait la piaule dans laquelle était assis l'homme, sur un tapis brillant confectionné à l'aide de rebus de sachets en plastique découpés en fines lanières pour être nattées. Comment dormaient-ils avec la hantise des morsures de rats et de reptiles, sans compter les assauts des moustiques fabriqués en masse par les eaux stagnantes. La famille s'était privée du peu qu'elle possédait pour assurer à leur fille des études qui la sortirait de cette géhenne sans nom.

« Merci de vous être dérangé pour nous monsieur Zoubir. Je suis sûr maintenant que l'enquête sera menée sérieusement et que l'assassin de ma fille sera bientôt sous les verrous. Il ne fera pas beaucoup de prison mais au moins il ne restera pas impuni. Peut-être une année de prison avec six mois de sursis, le maximum pour faire taire les parents.

— Il en aura pour quinze ans si jamais il est alpagué, soutint sans y croire le lieutenant, quinze au minimum ! »

Zoubir ne voulait pas débattre d'un procès anticipé, parler de justice prendrait des semaines et des années. Il procéda à la question de routine.

« Votre fille avait des ennemis, qu'ils soient filles ou garçons ?

— Pas à ma connaissance ! Elle partait le matin à l'université du Caroubier et ne revenait que le soir. Ma fille voulait terminer ses études pour travailler et nous aider. Je suis chômeur et malade, je fouille dans les décharges pour dégoter quelque chose à vendre afin d'assurer la nourriture à ma famille.

— Elle faisait quoi comme études ?

— Sciences islamiques, » répondit l'homme d'un œil suspicieux.

Le lieutenant n'ignorait pas que l'écrasante majorité des étudiants choisissait le droit, la comptabilité et les sciences islamiques car moins pénibles et très lucratifs. Le droit pour décortiquer les lois, la loi pour couvrir et diluer les écritures comptables sans laisser de traces, et la théologie pour détourner la foi. Le tout au non de Dieu. Rares ceux qui transpiraient dans les sciences exactes pour au bout du compte être confinés dans des bureaux, payés à ne rien faire. Voilà pourquoi le lieutenant avait bifurqué dans la police pour échapper au fatalisme du droit.

« Vous avez une photo d'elle ?

— Deux de ses camarades habitent à l'autre bout du camp, l'une d'elles apparaît sur la photo que voici, ma fille est à droite. Cette photo a été prise ici lors de l'anniversaire de notre regrettée. N'embêtez pas son amie, elle est assez chagrinée comme ça. »

Zoubir fourra la photo dans la poche de sa chemise et retourna à sa voiture rutilante qui déclenchait l'admiration des enfants en guenilles. Il regretta d'être venu dans ce symbole du luxe, une injure à l'indigence des pauvres hères vivant des déchets des décharges. « Il ne pouvait quand même pas porter sur ses épaules tous les malheurs du monde, pensa-t-il, il y aura toujours des pauvres et des riches, un mélange nécessaire à l'écosystème pour éviter le chaos ». Mieux vaut mettre sa destinée entre les mains d'un riche devenu pauvre qu'entre celles d'un pauvre devenu riche, disait l'adage. Un adage qui dissèque la volonté de l'homme à s'enrichir quitte à piétiner autrui.

Il tourna plusieurs fois autour de l'université avant de trouver une place pour sa berline. Il dissimula son arme en enfilant une veste malgré la chaleur asphyxiante et s'engouffra dans le temple du savoir. Zoubir était conscient qu'il commettait une infraction en y entrant armé, mais il se justifia mentalement en pensant que les criminels n'avaient pas autant de scrupules et aménageaient même les maisons de Dieu en sanctuaires. Une franchise ne dédouane guère du vice, le contraire est de la foutaise.

Il dut employer la ruse pour parvenir au bureau du recteur. Les barrages filtrants étaient légion et chaque agent se croyait investi d'un pouvoir dont il usait pour se faire prier, entreprise malaisée avec les subalternes zélés. On le prenait pour un étudiant râleur— ils fourmillaient — revendiquant une seconde correction de ses copies, ou d'un vieil étudiant désireux de reporter un module afin d'occuper encore une chambre universitaire jusqu'à l'âge de la retraite. Les temps avaient changé et beaucoup d'étudiants adoptent des ficelles pour décrocher un diplôme, allant de l'intimidation aux menaces de suicide en passant par la corruption.

Quand le lieutenant mentit en énonçant le motif de sa demande d'entrevue, disant qu'il avait un message à transmettre personnellement au recteur de la part du ministre de tutelle, les portes s'ouvrirent brusquement y compris celles de la foultitude de secrétaires impeccablement fardées exhibant leurs minois sur le seuil de leurs bureaux. Il surprit le recteur avachi dans son fauteuil éléphantesque, un gringalet au teint de cire et le crane enseveli sous un bonnet de cheveux blancs.

« Bonjour monsieur le recteur, vous semblez mal en point !

— Trêve de salamalecs, dites ce que vous avez à dire, je m'y attendais !

— Vous vous attendiez à quoi ?

— A être viré, inutile de tourner autour du pot, qui sera mon remplaçant ? Le ministre lui-même vous envoie ?

— J'ignore de quoi vous parlez, je ne suis l'envoyé de personne, c'est juste une clé pour ouvrir votre porte.

— Vous avez menti ? Une clé n'est pas indispensable pour ressortir, dehors ou j'appelle la police !

— La police a également besoin d'un rossignol pour déverrouiller la serrure anti-crochetage de l'enceinte. Elle ne peut y entrer, par éthique.

— Sauf si c'est moi qui le demande !

— Ne vous fatiguez pas dans ce cas, votre ulcère saigne. La police est là !— il montra sa carte professionnelle— C'est mon passe-partout ! Si une porte résiste à son charme, je possède un autre pour les serrures sophistiquées. Son défaut est de faire trop de bruit. Il est efficace et fracasse même les entrées blindées !

Il est des personnes qui s'attendent au pire et qui reprennent du poil de la bête et deviennent agressives lorsque le pire n'est plus. On les appelle communément limaces ratées par allusion aux couilles molles de Tahiti qui se soulent à longueur de journée pour imiter les coqs devant les femmes des autres en oubliant les leurs des nuits entières. Le recteur se fit plus coopératif et ne pouvait faire autrement au vu de la carrure du lieutenant et de son air déterminé. Il aurait préféré mille fois l'émissaire de sa tutelle même au prix de son poste.

Zoubir lui transmit le nom de la fille qu'il voulait voir et lui ordonna de la lui ramener illico, jouant à l'homme qui avait d'autres chats à fouetter. Le recteur répercuta l'ordre à sa secrétaire particulière qui avait tout entendu. Les fonctionnaires ont des oreilles adaptables aux différents trous de serrures comme les femmes au foyer pour les chas des aiguilles à coudre ou les lamelles des persiennes pour épier les voisins. L'aspect révélait l'origine modeste de l'étudiante. Une jupe plissée couleur tournesol, un chemisier assorti, une barrette en plastique noir ramassait ses cheveux vers l'arrière, des chaussures plates tachées de boue, un label des conditions de vie des habitats insalubres. Cette couche sociale le mettait mal à l'aise. Persécutée par le malheur et l'indifférence, elle succombait à l'angoisse au moindre tracas.

« N'ayez crainte, dit-il à la jeune fille en adoucissant sa voix du mieux qu'il put. Asseyez-vous et permettez-moi de vous poser une ou deux questions. »

Il toisa le responsable mais celui-ci fit mine de ne pas comprendre. Il voulait imposer sa présence, miné par la curiosité. Un autre que lui aurait décampé à toute vitesse car moins il entendait et mieux cela valait pour lui. Face au manque de tact de l'individu, le lieutenant employa la méthode appropriée aux rustres devant la malheureuse qui ne savait où se planquer.

« Je ne suis pas là pour vendre du muguet, monsieur le recteur ! Si vous alliez faire un tour dans vos services et vous enquérir du travail de vos subordonnés ? »

Ébranlé par la suggestion suffisamment explicite, le fossile s'arracha de son toboggan pour ne pas subir de plein fouet une seconde injonction fatale à son cœur largement grignoté par la peur de son prochain licenciement.

« Mademoiselle, chuchota-t-il à l'étudiante effarouchée, reconnaissez-vous cette fille ? »

Elle défaillit à la vue de la morte sur la photo. Il perçut des larmes qui commençaient à mouiller ses yeux et chercha désespérément les mots adéquats pour la rassurer.

« Ne vous en faites pas, personne ne saura le contenu de notre conversation et votre nom n'apparaitra nulle part. Si elle était vraiment votre amie et si cette amitié était sincère, vous devez m'aider à arrêter son tueur. Elle compte sur vous pour rétablir la vérité !

— Elle était mon amie intime, bafouilla-t-elle, à part la misère il ne me reste plus grand-chose maintenant.

— Ce que vous me direz ne sortira pas d'ici, vous ne serez pas citée comme témoin si jamais il y aura un procès. Avait-elle d'autres amis, hommes ou femmes ?

— Si l'on exclut Chérif, elle n'avait personne. Il était son petit ami et mettait la charrue avant les bœufs. Il lui offrait des cadeaux qu'elle refusait, jusqu'au jour où elle avait décidé de rompre parce qu'elle était convaincue qu'il n'éprouvait que du désir pour elle.

— Connaissait-il son adresse ?

— Chérif nous ramenait parfois dans sa voiture et nous déposait à quelques mètres des baraques. Les gens croyaient à un taxieur clandestin. Oh, je ne suis monté qu'en deux ou trois occasions avec eux, j'ai compris qu'il ne souhaitait pas ma présence. Ma pauvre amie était constamment sur ses gardes et avait peur de lui.

— Pourquoi avait-elle peur de lui ?

— Chérif est un gars violent, je l'ai remarqué à son langage. Il se met en colère pour un rien, tape des poings sur le volant quand il conduit et adresse des gestes obscènes à ceux qui le dépassent en les insultant ouvertement.

— Pourquoi elle ne l'a pas carrément plaqué et informé la police ?

— Vous savez monsieur, les types comme lui pensent à tort que les filles pauvres sont des proies faciles, tout comme les divorcées que l'on traite de filles de joie. Et puis la police...la police...Qui voudra croire en la parole d'une fille comme nous ? » Répliqua-t-elle d'une voix rauque en éclatant en sanglots.

Un ange empêtré dans les contradictions des âmes tourmentées tournoya au-dessus d'eux comme un papillon hésitant entre la chaleur de la lumière et le froid de la compassion. Elle reprit lentement ses esprits, sans un mot, emportée par le fracas d'un monde qui la dépassait. Rompu aux magouilles sanglantes, la situation de ces filles déstabilisait Zoubir; il aurait voulu qu'elle soit un homme pour ne pas ressentir d'à-priori.

« Pouvez-vous me décrire ce Chérif ?

— Je ferai mieux, accepta-t-elle, sortant de son sac un vieux portable maintenu par plusieurs couches de scotch. Elle m'a demandé au début de leur idylle de les prendre en photo.

— Ta défunte amie avait également un portable ?

— Oui...

— Pourquoi n'avait-elle pas pris les photos avec le sien ?

— Mesure de précaution. Son père ne sait pas lire mais s'il tombe sur une photo où figure sa fille tenant la main d'un homme, vous imaginez quelle serait sa réaction ? »

Elle envoya l'image sur le téléphone du lieutenant qui lui suggéra de sortir la première et d'inventer n'importe quelle réponse aux questions que les gens ne manqueront pas de poser afin de savoir l'objet de sa convocation par le recteur. Il lui rappela d'essuyer les traces de kohl qu'avaient laissées ses larmes. L'étudiante sortit du bureau droite comme un pylône. Les misérables rêvent beaucoup. Leurs rêves écornés par la réalité les poussent à les réaliser à n'importe quel prix, alors ils se mentent à eux-mêmes avant de contaminer les autres, s'accrochant à de riches parentés vaporeuses ou d'appuis solides. La fille suivit la règle quand elle fut rattrapée par le président du conseil scientifique brulant d'indélicatesse.

Elle lui répondit sans sourciller que Zoubir était un lointain cousin venu lui rendre visite, qu'il était directeur central du maintien de l'ordre au ministère de l'intérieur. Une fonction qu'elle créait sans doute pour impressionner ou peut-être parce qu'elle ne savait pas que l'ordre n'était maintenu que par le gourdin.

Le lieutenant se tambourina le front avec son poing et retourna au bidonville. Comment avait-il été stupide au point de n'avoir pas pensé au téléphone de la morte ? Etait-ce un préjugé relatif à l'ordre des priorités des démunis ? Une fille qui luttait pour subsister sacrifierait-elle l'équivalent d'une quantité appréciable de baguettes de pain pour s'offrir un gadget ? Le père endeuillé fut surpris de le revoir aussi vite, encore plus lorsqu'il requit le portable de sa file dans lequel figurait cinq numéros en tout et pour tout qu'il nota sur un bout de papier. Il fit une halte sur un accotement et engagea une puce dont seul Othmane connaissait l'existence. Il l'avait acquise dans les circuits parallèles, au marché noir, que les vendeurs cédaient à un prix dérisoire et sans pièce d'identité. Un moyen commode de parler dans l'anonymat complet, un outil de protection derrière lequel se retranchaient les corbeaux.

Un nom était affecté à chaque numéro, que le lieutenant se mit à cœur de vérifier personnellement parce qu'il était notoire que les hommes et les femmes infidèles accolaient des noms fictifs pour brouiller les pistes et tromper le conjoint au cas où celui-ci farfouillait dans le répertoire. Une attitude issue d'une maladie ou d'une méfiance maladive qui a souvent le mérite de dissiper ou de confirmer le doute. C'est comme chercher un cheveu ou un parfum autre que celui que l'on attendait. L'humain grandit vindicatif et rancunier, il refuse que l'on prenne ce qui lui appartient et revendique le droit d'être le premier.

« Allo bonjour, clama-t-il au premier numéro, passez-moi Chérif s'il vous plait !

— Désolé monsieur, lui répondit une voix de femme, il n'y a pas de Chérif ici.

— Excusez-moi madame, je me suis trompé ! »

Il raccrocha et composa le deuxième numéro. Ce fut encore une femme. Celle-là voulut prolonger la discussion car la voix de Zoubir lui plaisait semble-t-il. Elle était collante et devait en avoir gros sur le cœur. Il s'en débarrassa en transpirant.

« Allo Chérif ? Dit-il au troisième numéro.

— A qui ai-je l'honneur, lui opposa une voix de quelqu'un tombant du lit.

— Tu oublies vite, mon ami ! Je suis Kamel, le coursier de la pizzeria d'Hussein-Dey, celui qui t'offrait une pizza quand tu étais fauché.

L'improvisation était l'un des points forts du lieutenant. Son cerveau en ébullition démarrait au quart de tour et fonctionnait au kérosène. Il n'en était jamais à court.

— Je m'appelle effectivement Chérif mais je n'ai pas d'ami du nom de Kamel. Tu as dû sûrement intervertir un chiffre mon pote !

— Ouais...Pardon, c'est certainement une mauvaise manipulation, j'ai mal vu.

— Consulte un ophtalmologue au lieu de faire chier les gens. Ciao ! »

Le limier entoura le numéro au stylo et roula en direction de l'opérateur téléphonique prestataire du service où il déclina sa fonction au responsable. Il fut éconduit par l'homme qui refusa catégoriquement de se plier à sa requête.

« Il faut une décision d'exécution d'un procureur pour ce genre de renseignement. J'ai une carrière à préserver et des bouches à nourrir !

— La justice est plongée dans le coma, tonna le lieutenant, elle n'a que son bras qui bouge un peu. Je suis son bras !

— Navré lieutenant, je suis légaliste et je maintiens ma décision.

— Message reçu. Si dans une demi-heure nous ne m'apportez pas le listing des communications de ce numéro, je vous embarque vers une destination inconnue pour complicité de meurtre et obstruction à la justice. Vous gagnez du temps pour permettre à votre acolyte de fuir ?

— Vous perdez le vôtre en insistant, non c'est non !

— Très bien siffla Zoubir entre ses dents. Il l'agrippa par la peau du cou, la prise était si violente que l'homme heurta le bureau et se fendilla la lèvre en voulant desserrer l'étau. Allons solliciter votre directeur général pour votre remplacement durant votre longue absence. Par la même occasion, il me donnera ce que je veux. » Il le traina quelques mètres et s'arrêta quand il entendit un murmure

— Non, attendez, je vais vous chercher le listing !

Au bruit inhabituel, la secrétaire jaillit de la porte communicante. Ce qu'elle vit l'amusa et lui rappela le bon vieux temps où les filles et les garçons jouaient ensemble sans ligne rouge tracée par des mœurs moyenâgeuses.

« Tu te souviens du jour où tu m'as balancé un ballon de basket sur la nuque alors que j'étais de dos ? Tu te croyais malin mais tu ne courais pas plus vite que moi, mon ami, disait le lieutenant à l'infortuné qui acquiesçait en patinant sur place. »

Attendrie par l'évocation de leurs souvenirs de jeunesse, la secrétaire regagna son bureau. « Les hommes sont impénétrables, songea-t-elle, ils conservent une bribe d'enfance avec laquelle ils assaisonnent leurs retrouvailles » Le policier eut les résultats plus tôt qu'espéré. Pour un coup de bluff il ramassa la totalité de la mise. Le listing comportait tous les appels entre la défunte et Chérif, dont le plus important était celui qui était enregistré dix minutes avant le drame.

Fort de cette carte aux trésors, il fit irruption dans le bureau du commissaire d'El-Harrach qui s'escrimait aux mots croisés de la page détente d'un journal. Les agents qui tentèrent de lui interdire l'accès battirent en retraite dès que l'un d'eux le reconnut. Zoubir avait un tempérament de feu malgré les arts martiaux qu'il pratiquait pour extérioriser son agressivité.

« Salut commissaire, s'assit-il en croisant les jambes sans lui serrer la main. Son interlocuteur avait un orgelet et le lieutenant en avait la phobie. Enfant, on lui avait affirmé que c'était contagieux. Pour s'en défaire, les malades fixaient un grain d'orge entre deux pierres au milieu d'un passage. La première personne qui déplaçait les pierres par civisme chopait l'orgelet et le malade guérissait, une croyance de l'époque qui perdure aujourd'hui.

— Salut lieutenant, fit le gradé en abandonnant de mauvaise grâce ses mots croisés, que me vaut ta visite ?

— Sans noyer de poisson dans l'eau, je voudrais que vous rameniez cet individu ici pour que je l'interroge. Il lui tendit un papier sur lequel étaient mentionnés un nom ainsi qu'une adresse extraits du listing.

— Qu'a fait ce Chérif ?

— C'est pour le savoir que je vous demande ce service.

— Ecoute mon vieux, il n'est pas question d'arrêter quelqu'un sans motif. Mon commissariat n'est pas un lieu de rendez-vous. Va voir ailleurs !

— Un commissariat n'est pas un royaume, explosa Zoubir. Vous êtes hiérarque par hasard ou par oubli, ne gâchez pas votre chance ! Si je vous vouvoie, la réciprocité est obligatoire parce que jusqu'à preuve du contraire, nous n'avons pas gardé les mêmes moutons !

— Hé là, je ne vous permets pas...

— Je m'en tape de votre permission ! Si vous aviez enquêté sérieusement sur l'assassinat de la pauvre petite du bidonville, on n'en serait pas là. Peut-être que ce genre de mort ne mérite pas que vous vous bougez le cul !

— Je ne supporterai pas...

— La ferme ! Aboya Zoubir les paupières plissées jusqu'à ne former qu'une mince lamelle telle un coup de lame sur un bloc de basalte. J'attendrai dans le café d'en face et si dans une heure le type n'est pas là, je vous jure que je vous mouillerai jusqu'au cou dans cet homicide. Votre fonction prime sur le grade mais si elle est bidon, le grade la supplante ! »

Il s'éjecta du bureau et passa devant la haie d'agents ébahis par les éclats de voix. Eux aussi possédaient des oreilles sous les képis et avaient enregistré. Sirotant un verre de thé à la menthe, Zoubir jubilait intérieurement. La manière forte s'impose aux hommes qui se prévalent d'une puissance virtuelle ou imaginée. La violence a son coté positif lorsqu'il s'agit de dompter des idiots irréductibles car vouloir être aimable avec des gens aux idées fixes, c'est comme la volonté d'interdire à un scarabée de rouler des excréments.

Il vit deux voitures de police démarrer en trombe, ployées sous le poids d'agents costauds. Au terme d'un second verre de thé, les véhicules revinrent avec leur cargaison. Le lieutenant exigea la présence du commissaire pour l'interrogatoire.

« Alors Chérif, tu as laissé tes bravades au placard ? A voir ton pelage, tu n'es pas tel que je l'imaginais.

Le commissaire et le suspect ne le quittaient pas des yeux, l'un avec suspicion et l'autre avec la peur incrustée dans son regard.

— On se connaît ? Osa l'étudiant.

— Depuis peu ! Tu vas apprendre qui je suis dans un instant. Reconnais-tu cette fille à qui tu tiens la main ?_ il lui montra la photo sur le portable_

— Heu....oui, une fille que je fréquentais. Nous avons rompu il y a un peu plus d'une année.

— Tu sais où elle habite ?

— Elle m'a dit qu'elle résidait dans une villa à Boufarik.

— As-tu une voiture ?

— J'en ai une vieille de quinze ans, pourquoi ?

— Tu ne l'as jamais raccompagnée à Boufarik ? Tu fais des études de biologie et elle, elle faisait quoi ?

— Elle travaillait dans une fabrique de gaufrettes à ce qu'elle m'avait dit.

— On récapitule ! Une fille assez riche pour habiter une villa, qui travaille dans une usine de gaufrettes et que tu n'as plus revue depuis plus d'un an. Vous ne vous êtes pas parlé non plus, c'est bien ça ?

— C'est ça ! Acquiesça Chérif sans hésiter. Nos caractères étant incompatibles, nous avions coupé les ponts. C'est mieux ainsi, il faut savoir quitter la table !

— Pas de chance jeune homme, tu vas te remettre à table pour la dernière fois parce que tu mens plus qu'un dentiste_ il lui mit sous le nez le listing des communications_ Tu l'appelais chaque jour, y compris quelques heures avant sa mort.

Chérif se leva brusquement le visage inondé de sueur, le regard éperdu et les lèvres tremblantes comme s'il psalmodiait.

— Qui êtes vous et que me voulez-vous ?

Le lieutenant bondit tel un félin, l'attrapa par les épaules et pesa de tout son poids pour le faire rassoir.

— C'était ma sœur, tu l'as poignardée parce qu'elle ne voulait plus de tes pulsions bestiales, mentit-il. »

Le commissaire écarquilla ses phares, frotta son orgelet qui le démangeait à l'aide d'un mouchoir, et fixa son collègue, ravalant la question muette qui le dérangeait. Tous les coups tordus étaient permis dans les interrogatoires et le mensonge n'était pas le pire. Il avait eu un aperçu des pics de colère du lieutenant et voulait éviter un forfait dans son bureau. Il se mit de la partie pour protéger sa carrière.

« Imbécile ! Barrit-il à l'étudiant. Continue à nier l'évidence et il te tue ici même. Je suis témoin de sa légitime défense car tu viens de menacer un officier de police devant moi !

— Elle ne m'a jamais dit qu'elle avait un frère policier sinon je ne l'aurais jamais touchée. Pourquoi préférait-elle un autre que moi, je l'aimais pourtant !

— Arrête tes simagrées, rugit Zoubir, Tu profitais de la faiblesse de ma sœur parce que tu savais qu'elle était pauvre et habitait le bidonville d'à coté. Tu l'as éliminée car elle ne t'a pas donné l'occasion d'assouvir tes vils fantasmes. A ton tour de crever !_ il retira un long poignard effilé de sa chaussette et se rua vers lui. Terrifié, l'étudiant sauta par-dessus le bureau du commissaire pour se mettre sous sa protection.

— Cela suffit, lieutenant, il vient d'avouer ! Amenez cet individu, ordonna-t-il à un agent, prenez sa déposition et enfermez-le !

— Si tu ne dis pas la vérité dans ta déposition, je t'égorge dans ta cellule, ajouta Zoubir.

La porte refermée, il se tourna vers le chef qui soufflait comme un forge et qui avait hâte de retrouver ses mots croisés, heureux d'avoir empêché une catastrophe.

— Merci de votre collaboration, commissaire, présentez-le devant un juge et le mérite vous revient puisque c'est votre circonscription. Je vous demande une dernière faveur, juste un tête à tête de dix minutes avec lui pour lui faire une leçon de morale.

— Juste dix minutes et pas d'entourloupe, hein ? Il sous la protection de la loi !

Un agent en civil entra et lui remit le procès-verbal à lire. Le lieutenant parut satisfait de sa lecture et sourit. Chérif avait détaillé l'horreur et décrit les gémissements de la fille qui le suppliait de ne pas l'achever. Une vie qu'il avait arrachée comme un coquelicot coupé avant d'éclore. Zoubir pénétra dans la cellule dans laquelle était prostré Chérif. Dix minutes qui parurent très longues au commissaire inquiet du silence des lieux qu'un hurlement lugubre perça, ameutant les agents qui croisèrent le lieutenant une lueur de sourire aux lèvres.

—« Que s'est-il passé ? S'alarma le commissaire.

— Il m'a foncé dessus par surprise, répondit placidement Zoubir, heureusement qu'il me reste quelques reflexes ! J'ai esquivé son coup de poing, et dans son élan, il a cogné le mur.

Le gradé jeta un œil à l'intérieur de la geôle et vit l'étudiant gisant sur le dos, le visage ensanglanté et le bras dans une position bizarre.

— Tu lui as cassé un bras ?

— Nuance chef ! Il s'est cassé le bras, celui qui tenait l'arme avec laquelle il a saigné ma sœur ! » Il poussa un rire sans reprendre son souffle, un rire de rage impuissante, un soupirail qui éructait la fournaise de son esprit tourmenté par la mort de ceux qui devaient être immortels.

3

En journée de fin de semaine, Le lieutenant ficela son rapport dans le but de le remettre à son supérieur avant qu'il ne parte chez lui.

— Voici mon rapport chef, cela n'a pas été facile avec nos collègues freinant des quatre fers !

— Je suis au courant lieutenant, je ne sais si je dois te féliciter pour la rapidité de ton travail ou pour avoir arrangé le portrait du criminel.

— Ah, je vois que la rumeur a encore sévi. Le jeune homme s'est cassé le bras en me ratant, c'est le mur qu'il faut incriminer, il n'avait pas à être là !

— Ce mur lui a aussi abimé la figure ? Sois tranquille, mon collègue ne s'en est pas plaint. J'ai remis mon informateur à sa place et crois-moi, tu n'as pas que des amis. Allez file maintenant, on se reverra après demain. Au fait, elle était vraiment ta sœur ? Toussota-t-il derrière un écran de fumée qui voilait ses yeux pétillants d'ironie.

Agacé par le sarcasme, Zoubir lui fit un salut de la main et sortit laissant la porte ouverte ; il s'empressa de rejoindre son ami Othmane dans sa clinique. Il s'assit dans l'immense salle d'attente où était accroché au mur un téléviseur, et dont l'ameublement rustique n'était pas de bon ton avec la blancheur des murs qui faisait trop hôpital, sauf que l'on ne sentait ni éther, ni cette odeur particulière de formol que l'on reniflait dans les mouroirs. Deux femmes et un vieil homme étaient déjà là bien avant lui. Ils observaient le bout de leurs pieds en silence.

La psychiatrie était mal perçue par la société, et les malades vus en pestiférés. La démence était une punition divine au même titre que les maux nouveaux auxquels les laboratoires tardaient à trouver des remèdes. Charlatanisme aidant, on orientait les pauvres diables vers la foi pour les tuer proprement dans un sourire béat.

Revenu au pays excessivement riche, Othmane rassurait pas ses paroles et mettait la main à la poche pour offrir les médicaments qu'il prescrivait à ses patients. La clinique et l'usine de transformation de lait étaient un apport d'appoint à ses actions caritatives. Psychiatre émérite mondialement reconnu pour ses recherches, il avait été le créateur de la théorie consistant à détecter les parties du cerveau réticentes au traitement classique de la démence, en y injectant une substance de son cru dans les cellules nerveuses détériorées. Le médicament étant onéreux dans les pays riches, Othmane avait contourné l'obstacle en produisant des soins palliatifs dans son propre laboratoire pour les mettre à la portée du plus grand nombre.

Doté d'un pactole conséquent, il n'était pas au bout de ses peines. Il y a des impondérables où l'intelligence et l'argent ne suffisent pas. Il avait eu fort à faire avec les autorités pour ouvrir sa clinique. On lui avait donné l'accord pour un cabinet mais pas pour une clinique. La construction d'une structure de cette envergure était réservée aux pontes politiques et il n'en était pas un. Il fit alors jouer ses relations dans le monde pour faire plier le gouvernement incapable d'argumenter son refus.

L'agrément en sa possession, il avait fait construire sur une parcelle de quatre hectares une bâtisse à trois niveaux, avec un espace vert agrémenté de figuiers et d'oliviers auxquels il accordait une attention particulière. Les deux espèces d'arbre étaient une réminiscence dont il ne départit jamais. Othmane était un bel homme en dépit de sa crinière en constante rébellion, qui renâclait à porter la blouse blanche. Il disait qu'elle effrayait les patients en leur faisant prendre conscience de leur maladie. Il donna l'accolade à Zoubir et par la même occasion aux deux femmes et au vieillard ravis d'être salués familièrement par un si grand professeur.

— Accorde-moi cinq minutes pour donner des consignes à mes collaborateurs. J'espère que tu n'es pas fatigué, nous avons un bout de chemin à faire ensemble ! Nous passerons la nuit dans mon village, l'ambiance s'y prête. Ne bouge pas, je reviens !

La clinique comportait 120 lits et tournait avec 13 praticiens. Rien ne manquait. Une cuisine ultramoderne, une salle de sport, un sauna, une nuée d'infirmières, des chauffeurs et le personnel de sécurité. Othmane jouissait d'un respect absolu. Habillé sobrement, il détestait les cravates et ne se peignait que rarement.

Ils roulèrent lentement sur une distance de 70 kilomètres sur l'autoroute de l'Ouest, puis le psychiatre qui conduisait bifurqua sur une bretelle au bout de laquelle sommeillait son village natal. Des vignes s'étiraient à perte de vue, entaillées de temps à autre par des figures géométriques vertes, des vergers protégés par des haies de pins en guise de brise-vents. Il embarqua deux paysans qui marchaient sur le bas coté de la route, leurs outils sur l'épaule qu'ils mirent dans le coffre de la voiture.

— Merci Si Othmane, tu nous épargnes la fatigue de la marche, Dieu te bénisse, dit l'un d'eux.

— Vous nourrissez la région, il faut bien vous ménager, trompéta-t-il, content de papoter avec des gens de la terre, qui plus est de son village.

— J'espère que tu dormiras au village, souhaita le paysan.

— Oh oui ! Je sens déjà l'odeur de mon enfance et cela fait du bien.

Personne n'aurait parié sur le retour d'Othmane. Son errance de jeunesse n'avait pas été de tout repos et l'on pensait qu'il fuirait les mauvais souvenirs. Son père militaire était mort en mission et l'avait laissé à la charge de sa mère mais pas pour longtemps car elle rejoignit elle aussi son mari dans l'au-delà au moment où les autorités les avaient chassés du logement de fonction qu'ils occupaient. Othmane s'en souvenait comme si c'était hier, sans amertume et sans intention de revanche. Il arpentait avec plaisir les ruelles de son bourg qui n'avait pas tellement changé.

— Je vous invite chez moi pour le diner, Othmane ! Ma femme a préparé du gras double, cela ira bien avec la galette chaude.

Le docteur lâcha le volant et se tourna vers lui, la surprise illuminant son visage devenu juvénile.

— Sérieusement, du gras double au piment ?

— Tu vas droit dans le mûrier, hurla Zoubir, regarde devant toi !

— Ah, je rêve du gras double à l'ancienne. J'en mange dans les rares restaurants qui le font encore, mais ce n'est pas du tout le même goût d'antan. Si tu savais, mon cher Zoubir, si tu savais !

— Je n'aime pas ce plat qui est trop gras. A force d'en ingurgiter on chope la goutte.

— Ce n'est pas plus dangereux que les huitres ou la charcuterie. Ceux qui les dégustent n'ont pas pour autant le corps rapiécé. Goûte-le ce soir et tu verras !

— Jamais un sans deux, clama le second paysan, je vous attends à mon tour demain au déjeuner.

— Encore du gras double ? Grogna le lieutenant.

— Pas du tout, ce sera autre chose. Sans être indiscret, tu es d'où ?

— De l'est, de Sétif précisément, tu connais ?

— Qui ignore la beauté de sa superbe fontaine ? Marché conclu, alors à demain !

Ils déposèrent les deux fellahs devant le domicile du premier et continuèrent leur vadrouille sur une piste traversant le village en longueur et qui montait vers une colline en haut de laquelle se dressait ce qui s'apparentait à un fortin ou à un monastère peint en bleu.

— Où allons-nous, bêla Zoubir.

— Dans un coin paradisiaque, une magnificence pour les yeux et une paix pour l'âme.

— Un mausolée ?

— Tout le contraire. Nous avons plein de choses à voir avant le coucher du soleil.

Un homme en costume et casquette bleus se catapulta de sa guérite et frappa trois coups sourds sur le portail métallique qui s'ouvrit aussitôt. Il porta sa main ouverte à sa tempe et les salua dans une rigidité militaire. L'automobile s'avança et le lieutenant fut saisi par le changement de décor. Ce qui semblait un ranch d'extérieur austère recelait en son sein une vision éblouissante qui contrastait avec la morosité de ce qu'il avait vu en ville jusque-là. Des pelouses entretenues et tracées au cordeau, des petits bassins où pataugeaient des canardeaux, des bancs de bois peints en vert sur lesquels étaient assis des bambins sous la surveillance d'une femme qui leur faisait la lecture.

A la vue d'Othmane, les enfants s'envolèrent en piaillant pour l'entourer. Il les embrassa un à un tout en se dirigeant vers un bâtiment, serrant les mains de surveillantes venues à sa rencontre et suivi par un bataillon de chérubins. Une vieille femme aux traits nobles, un châle sur les épaules, s'avança vers lui.

— Tout va bien Khalti Fatma ? Lui dit-il, baisant son front par respect..

— *El-hamdoulilah* (louange à Dieu), répondit-elle. Les enfants veulent te voir plus souvent, c'est bon pour leur moral.

— Je fais ce que je peux, vous avez amené les plus grands à la mer comme ils le souhaitaient ?

— Un seul autobus a suffit. Ils ont été encadrés pas la protection civile et escortés par la gendarmerie pour prévenir les accidents. Ils on déjeuné à l'ombre du bois. J'avoue qu'il a été dur de les faire sortir de l'eau.

— Parfait, vous répétez la même opération la semaine prochaine. N'omettez surtout pas la restauration des gendarmes et des pompiers. On peut voir les petits ?

Ils visitèrent les chambres qui abritaient les berceaux. Les murs ornés d'images d'animaux témoignaient de l'attention à l'environnement, prolongeant l'enchantement des lieux dont le sol tapissé amortissait les pas. Le docteur chatouillait le minuscule menton ou le ventre de chaque nourrisson avec l'approbation des mères de remplacement touchées. Il les avait recrutées toutes d'âge mûr, en fonction de leur engagement dans l'éducation des petits abandonnés. Bien rémunérées, l'instinct maternel palliait le manque de formation. Elles se donnaient corps et âme à leur tâche sous la coupe de Khalti Fatma qui ne tolérait aucune lacune portant préjudice aux bébés. Voulant en savoir plus sur la nature de l'institution, le lieutenant osa la question.

— C'est un orphelinat ? Une pouponnière ?

— Non mon ami, tu n'as pas lu l'enseigne à l'entrée ?

— Je n'ai pas fait attention, c'est quoi ?

Othmane fit durer le suspens et sollicita une nurse pour renseigner son ami sur le rôle du personnel et la finalité de son travail.

— C'est une pouponnière assez spéciale qu'Othmane a baptisée « La maison d'Ali ». Nous recueillons les bébés abandonnés et nous leur offrons un foyer de substitution en attendant que des familles d'adoption se manifestent. Sinon, ils restent là jusqu'à leur majorité.

Le lieutenant fronça les sourcils, rougit et fixa un point invisible sur le mur pour se donner une contenance. Il avait été idiot de poser sa question.

— Tu as vu toute ma famille à présent, soutint Othmane. Des roses que j'entretiens au nom d'Ali, l'homme qui a répondu présent quand je n'avais pas de quoi acheter un cahier au lycée. Il vit au ciel en laissant un nom que je perpétue sur un piédestal entouré de roses. Ce sont les hommes et les femmes de demain à qui il faut donner la chance que ne leur ont pas offerte leurs parents pour une raison ou pour une autre_ Zoubir se pencha sur un berceau et prit un bébé dans ses bras_ Rassure-toi, continua le psychiatre, ce n'est point de la philanthropie, je partage ce que la vie m'a donné, un geste semblable au tien lorsque tu as fait traverser la route à la vieille dame.

Au retour, ils s'arrêtèrent devant un marchand qui vendait des fruits en plein air. Ils choisirent une grosse pastèque et du raisin dattier qu'ils remirent à leur hôte en entrant chez lui pour se conformer aux usages de l'hospitalité. Il était inconvenant de se rendre à une invitation les mains vides. Le logis construit en parpaings était d'un intérieur agréable et se greffait, comme toute habitation rurale, à une courette qui servait à entreposer de vieux bidons de peinture transformés en pots de fleurs desquels s'élançait le basilic (recommandé pour repousser les moustiques en plus de sa saveur dans la cuisson), ainsi que les plants de menthe (la meilleur espèce était d'un goût acre et avait les feuilles ciselées).

La maitresse de maison, une quinquagénaire à la tête couverte par un foulard, embrassa le front d'Othmane qui, embarrassé se baissa et lui baisa la main. Hébété par le cérémonial, Zoubir demeura les bras ballant et eut droit à un *salam alaikoum* mourant. Ils se lavèrent les mains dans une minuscule salle de bain et se les séchèrent à l'aide d'une serviette neuve que l'homme leur tendit. En milieu rural, l'invité a droit à tout ce qui est neuf : draps, couverture, serviette, couvert et même le savon. Ils s'assirent en tailleur autour d'une meida, prêts à entamer le gras double servi dans une terrine en argile de dimension respectable.

— Tu n'as pas d'enfants ? Interrogea le toubib.

— Si, ce sont de grands gaillards maintenant, ils travaillent de nuit dans ton usine de lait.

— Ah, je vois, ce n'est pas la peine de les attendre. Bismi Allah (au nom de Dieu).

La galette chaude et tendre épousait les pincées de gras double. Elle adhérait si bien aux doigts qu'elle ne nécessitait aucune précaution pour protéger les genoux des convives des retombées de sauce. Zoubir qui n'avait jusqu'alors jamais mangé dans le même récipient qu'un autre encore moins avec les mains, était réticent et se gaussait de cette pratique. Son compère lui piqua les côtes avec son coude pour l'inciter à ne pas vexer l'hôte. Il se jeta à l'eau et des larmes jaillirent subitement de ses yeux à la première bouchée qu'il mastiqua. Ses joues rosirent et sa langue brula au contact de la sauce excessivement piquante. Othmane riait sous cape et s'en donnait à cœur-joie. Le lieutenant s'efforça d'avaler une seconde, une troisième bouchée puis se prit au jeu et trouva le met succulent. Comme dans une bataille, c'est la première balle qui fait mal, on ne sent plus les suivantes.

— Il en reste si vous en voulez encore, je vais vous en chercher !

— Grande découverte pour moi, acclama Zoubir, je ne pensais pas que c'était si bon !

Ils retrouvèrent le gite où ils devaient dormir. Une maison aux tuiles rouges petite par sa taille mais grande par l'emprise sentimentale qu'elle avait sur Othmane qui lui raconta pourquoi et comment il l'avait construite dans ce coin isolé. Au départ c'était une carcasse d'habitation ouverte à tous les vents, qui n'avait jamais été achevée et qui abritait Smain son inspirateur, un homme que les habitants croyaient fou. Elle avait été reprise par un parvenu qui avait élevé à sa place un hôtel qui ne fut pas rentable car les voyageurs préféraient dormir à la belle étoile que dans ce trou perdu. Othmane l'avait racheté, démoli, et reconstruit une charmante maison en souvenir de Smain.

— Celui dont tu as collé le nom à la clinque ? Interrompit Zoubir.

— C'était un homme qui m'avait tout appris alors que je n'étais pas en âge de comprendre certaines choses. J'ai organisé ma façon de penser en le regardant vivre au jour le jour. Smain m'a inculqué l'entraide et la bonté. La bonté d'un homme se mesure à sa volonté inébranlable d'accomplir une bonne action. Il a été mon père spirituel et m'a légué son humilité et ses folies passagères.

— Je devine que tu n'as pas eu une enfance facile. Te lier d'amitié avec un fou alors que ton souci premier était de manger à ta faim. Le piment assèche mon gosier, tu n'aurais pas un peu d'eau fraiche ?

— Il y en a dans le frigo, sers-toi.

— Qu'est-ce que c'est que ça ? S'exclama le lieutenant stupéfait par la quantité de tablettes de chocolat que recelait le réfrigérateur. Tu prévois une pénurie ?

— Une manie dont je ne peux me défaire, objecta le psychiatre. J'en conserve partout, que ce soit à la clinique ou chez moi à Alger. Il y en a suffisamment pour soutenir un siège En fait, Smain m'a légué aussi cette accoutumance, il m'offrait du chocolat qu'il mendiait à chaque fois que j'avais faim. C'était tout ce qu'il possédait, le pauvre !

— A présent que tu as tous les moyens, cette tranche de ta vie est révolue. Riche et reconnu, tu es à l'abri du besoin de chocolat.

— Détrompe-toi, je suis un bébé qui hume l'odeur de sa maman pour se sentir en sécurité.. Je perçois la présence de Smain lorsque je croque un bout de cette douceur, j'ai l'impression de boire une de ses paroles.

— Ton parrain était un intellectuel ?

— Un homme tout court comme il n'en existe plus ! Il m'a appris à lire pour rêver et voyager, encouragé à poursuivre mes études, aidé moralement dans les pires moments. Tiens, je t'offre son livre ! Je n'ai fait que le publier.

Le lieutenant le feuilleta et parcourut les premières pages pendant qu'Othmane ouvrait les fenêtres pour aérer. L'intérieur était propre et ne sentait pas le renfermé malgré les longues absences du propriétaire, l'entretien effectué par une femme trois fois pas semaine.

— Le génie ne se reconnaît qu'après sa disparition, soupira Zoubir. Comment pouvait-on marginaliser un tel homme ?

— On peut sonder un gouffre quel que soit sa profondeur, mais on ne peut savoir ce que renferme un cœur de surcroit animé de mauvaises intentions. Je vais te montrer ta chambre.

Ils visitèrent l'ancien cimetière. Les yeux du psychiatre brillèrent d'impatience quand il ouvrit le portillon.

— Un magnifique coin de repos, admira le policier, une belle clôture surmontée de motifs travaillés, des tombes conservées et des allées nettoyées. C'est plus reposant qu'un lieu de villégiature pour les vivants.

— Un village ou un pays qui ne respecte pas ses morts n'est pas digne de respect. Au-delà de la souffrance des corps, les âmes trouvent leur plaisir dans un endroit calme. Elles en ont assez du vacarme et de l'anarchie de ce bas-monde.

Trois ouvriers apparurent entre les figuiers que salua Othmane. « Je retiens leurs noms, dit-il à son ami, car ces trois-là sont important dans l'échelle des valeurs. Ils ont les mains propres et s'occupent des morts. »

— Ne fais pas attention au tas d'herbes sèches près de l'entrée, dit un ouvrier. Nous avons désherbé mais le tracteur est en panne pour le charger et le jeter ailleurs. Bruler le tas serait gênant pour les proches des pensionnaires qui ne pourront supporter la fumée.

Othmane salua à haute voix l'autre monde et se recueillit sur une tombe qui ne se distinguait pas des autres par son extrême simplicité.

— Bonjour oncle Ali, je viens quand je peux. Si cela ne tenait qu'à moi, je te tiendrais compagnie pour toujours. Hélas, personne n'est maitre de son destin. Nous jouons la farandole pour simuler la sérénité et occulter le vide laissé par ceux qu'on aime.

Zoubir reporta son regard sur les arbres fruitiers qui bordaient le cimetière, troublé par les paroles décousues de son compagnon qui se perdait dans un autre monde. Il l'avait surpris plusieurs fois dans cet état, retenant deux hypothèses : Soit Othmane perdait la raison et délirait en ces moments, soit il le faisait tourner en bourrique. Il penchait pour la première supposition quoi qu'il n'en fût pas certain. Il préférait le penser que d'être dans la peau d'un abruti qui gobait tout. Il le fascinait par sa faculté à simplifier les choses compliquées en trouvant les mots justes pour les expliquer.

— Tu ne vois pas la tombe de Smain avant de repartir ? S'impatienta le lieutenant que l'endroit tétanisait.

— On ne dit pas tombe mais dernière demeure. Une tombe est pour une personne que l'on ensevelit à jamais. La dernière demeure est pour celle qu'on porte toujours dans son cœur, que l'on rejoint en trône en guise de catafalque

— D'accord, allons voir la dernière demeure de Smain !

— Il n'en a pas !

— Quoi ? Il n'a pas été enterré ?

— Parce qu'il n'est pas mort !

— Tu exagères ! Tu parles de lui comme s'il était au ciel, puis tu m'annonces qu'il vit encore ?

— Prends le temps de réfléchira, Zoubir ! Si Smain n'est ni vivant ni mort, c'est qu'il a disparu avec son chien quelque temps après le décès d'Ali.

— Ouille ma pauvre tête ! Gémit le lieutenant se prenant la caboche entre ses mains. J'ai envoyé un tas de types de l'autre coté de la barrière sans trébucher une seule fois sur une situation pareille, tu es sûr que tu vas bien ?

— Question à ne pas poser à un psychiatre. Confession pour confession, je te dirais que personne n'a le droit légitime d'ôter la vie à quelqu'un, fut-il un animal.

— Comme un chat qui retombe toujours sur ses pattes ! Tu contredis ton interlocuteur, tu filtres ses pensées chemin faisant pour finalement lui faire dire ce que tu penses réellement, n'est-ce pas ?

— Ne me fais pas rire, gloussa Othmane la main sur la bouche, oncle Ali doit se marrer là-haut !

— Nom de ....

—Chuttt...coupa le docteur, les morts aiment les plaisanteries assaisonnées d'un zeste de pudeur, surtout celles qu'ils ne comprennent pas.

A deux kilomètres de là était implantée une vaste usine de transformation de lait approvisionnée par des éleveurs. Le parking bondé de camions citernes portant la marque de l'usine.

— Ce complexe finance les autres activités, expliqua Othmane. Les recettes sont reversées à la clinique et à la roseraie, elles allègent un tant soit peu les dépenses faites à titre gracieux. Il est clair que....

Le téléphone du lieutenant sonna. Son visage se transformait à mesure qu'il parlait, semblant horripilé par son interlocuteur._ Mauvaise nouvelle ? S'enquerra Othmane_

— Mon père m'appelle rarement et quand il fait, c'est pour me culpabiliser. Il me reproche mon absence à l'enterrement d'un ancien camarade de classe que je n'ai pas vu depuis belle lurette. Il insinue que je suis la honte de la ville, que j'ai jeté l'anathème sur la famille et tutti-quanti. Comment aurais-je pu le savoir, je ne suis pas comptable des morts, moi ! Les gens ont tendance à croire qu'un policier sait tout.

— Heureusement qu'ils ne croient pas à ce que les policiers leur racontent, railla Othmane, sinon ils les rendront comptables de ceux qui doivent mourir !

— Tu parles, il m'a intimé l'ordre d'y aller dare-dare avant l'expiration des quarante jours et je suis obligé de me plier à sa volonté.

— Un camarade de classe qui part est un morceau de soi qui s'effrite, un pan de notre histoire qui périt. Tu es brave sous ton air de buffle. Dépose-moi à Alger et file rejoindre ton père !

— Je ferai un crochet à la clinique pour récupérer ma voiture, je veux dire celle que tu m'as prêtée...

— Ne perds de temps, tête fêlée, prends celle-ci et sois prudent sur la route !

Bilal était un sportif, de quoi était-il mort ? Cogita-t-il. Voisin de banc du primaire au secondaire, ils se sont séparés après le bac. Bilal fit l'école normale supérieure à Kouba et fut affecté dans sa ville en tant qu'enseignant dans un lycée tandis que Zoubir optait pour le droit. Sérieux et travailleur, Bilal était très respecté dans la profession, son père lui avait inculqué la valeur de la sueur.

Le lieutenant arriva chez ses parents en fin d'après midi. Son père, chef de gare en retraite, avait la nostalgie des locomotives poussives à mazout qui sifflaient leurs départs et leurs arrivées, comme lui qui continuait de siffler son fils pour qu'il accède à ses désirs. Son rejeton le vénérait parce qu'il s'était privé de tant de choses pour lui et ne l'avait jamais battu quand il faisait des siennes.

— Enfin fiston, te voilà ! L'étreignit-il, ce n'est pas trop tôt.

— Pourquoi ne m'as-tu pas informé du jour de l'enterrement ?

— Je pensais que tu étais pris par tes chevauchées mécaniques à la poursuite des délinquants. Hé, belle voiture que tu as là, c'est la tienne ?

— Oui et non, ne perdons pas de temps, allons voir le père de Bilal. Il habite toujours au même endroit ?

Il rencontra le père endeuillé dans son jardin, engagé dans une discussion avec un gars qu'il ne connaissait pas. Il lui embrassa le sommet du crane comme le faisaient les jeunes pour les plus âgés en signe de considération.

— Je suis à blâmer, je ne l'ai su qu'aujourd'hui par mon père.

— Pas grave jeune homme, tu es resté clinquant et alerte !

— De quoi est mort Bilal ?

— Tu ne lis donc pas les journaux ?

— Il faut croire que non. Ils disent tous la même chose et des fois on a l'impression que ce sont les mêmes articles qui reviennent sous une autre date.

— Il y a eu un entrefilet dans un seul journal, entre les chiens écrasés et les chats proposés à l'adoption, lâcha le père les traits tirés.

— C'était un accident ?

— Je ne peux te relater les circonstances, adresse-toi à Mehdi le beau-frère de mon fils. Il est le mieux placé pour tout te dire.

— J'en déduis que c'est beaucoup plus grave que je ne le pensais. L'assistance d'un avocat est requise en cas de mort violente.

— Quelle que soit sa stature, un avocat ne peut rien contre vous, autant cracher en l'air.

— Doucement oncle, les représentants de l'ordre ne sont pas tous pourris, il y en a qui font leur boulot du mieux qu'ils peuvent.

Sentant qu'il était parti trop loin, le père lui tourna le dos et rentra chez lui. Qu'avait-il dit qui puise le fâcher ? Il fonça à la recherche de Mehdi qu'il trouva noyé dans une marée humaine faisant la queue devant les caissières d'un supermarché du centre ville.

— Content de te revoir Mehdi, j'aurais voulu que ce soit en d'autres circonstances.

— Je ne t'ai presque pas reconnu, répondit le jeune homme, il me semble que tu as un peu grossi non ?

— Possible, interjeta Zoubir, je n'ai pas de bascule chez moi, ni de miroir normal. Celui que je possède est ou concave ou convexe et me trompe toujours. Reçois mes condoléances pour Bilal.

— Quand je pense qu'ils sont partis ensemble, je me dis que le Seigneur fait bien les choses. Celui ou celle qui serait resté aurait souffert pour le restant de sa vie.

— Ta sœur l'a rejoint ? Pourquoi, quand et comment ?

Ils traversèrent la chaussée et pénétrèrent dans un vieux local faisant office de café où l'on servait le breuvage noir et le thé bouillis sur des braises, un lieu qui exhalait les temps anciens où les mélomanes écoutaient la musique qui transcendait les siècles. Les vieillards étaient les plus assidus des nostalgiques et occupaient la quasi-totalité des tables. Les deux hommes se débrouillèrent des chaises récemment rempaillées et déposèrent leurs tasses de liquide brulant sur une cagette de bois. Mehdi refit l'histoire du couple, faisant une pause quand la tristesse l'étranglait. Il n'oubliait rien, du désarroi de Bilal à l'insupportable souffrance de sa sœur.

— Tu es sûr que Siham t'a parlé de quatre policiers y compris ledit Rambo ?

— Quel intérêt aurait-elle en l'inventant ?

—Vous avez recouru à la justice pour des réparations ?

— Dire quoi à la justice ? Seule ma sœur pouvait le faire mais elle a emporté sa douleur dans sa tombe. Un crime parfait, pas de preuve, pas de témoin ! Les quatre salauds se tiennent par la barbichette et savent que si l'un deux tombe, les autres suivraient.

— Je ne réalise pas pourquoi le père de Bilal hésite à déposer une plainte, son refus m'intrigue.

— Il a contacté un avocat qui s'est rétracté peu après. Par ailleurs, sa femme est toujours hospitalisée et il pense qu'en allant de tribunal en tribunal, il l'achèverait à coup sûr, d'autant plus que les gens savent que les uniformes se serrent les coudes. Une action judiciaire ne servirait qu'à mettre le plaignant dans le collimateur des assassins et crois-moi qu'ils le lui feront regretter.

— On trouve toujours plus fort que soi. Pleurer peut être interprété comme une lâcheté. Les larmes ne suffisent pas à apaiser un cœur meurtri. Il y a des moments où la violence est indiquée pour tranquilliser l'esprit et vaincre l'oubli !

Aucun être ne survit dans un monde de puissance et de compromission. Dans sa jeune carrière, Zoubir avait vu des atrocités, entendu les récits de massacres engendrés par des guerres inutiles et stupides. Il n'avait pas imaginé que des humains utilisaient leur malveillance et faisaient des acrobaties cérébrales pour raffiner la mort. D'une honnêteté impulsive due à la fougue de sa jeunesse, il surveillait le crime et la prostitution qu'était une société en déperdition.

— Père, tu dois convaincre le papa de Bilal de se plaindre officiellement, ne serait-ce que pour faire son deuil. Je l'aiderai selon mes prérogatives.

— Son père est de ma génération, celle dont le fatalisme est à découper à la tronçonneuse. S'il intente une action, cela rimera à quoi, à brasser du vent ? Sur toute la planète, les petits ne jouent pas avec les grands. Et nous sommes petits. Petits par notre infinie patience. Par contre, nous sommes grands dans notre petitesse et notre soumission. Regarde-moi quand je te parle !

Gêné et dérangé dans ses certitudes, le lieutenant leva les yeux sur son père qu'il essayait de suivre dans son raisonnement sans y parvenir. Si une vie juste était souhaitée par tant de monde, les voies qui y menaient sont diverses et tortueuses.

— Père, des peuples ont bouté hors de leur mentalité l'arbitraire et ce qui s'ensuit. Il suffit d'y croire et de le vouloir.

— C'est valable pour un peuple, pas pour une populace. Quand un individu veut finir enchaîné, de quel droit voudrais-tu le libérer, hein ?

— Aucun animal ne rêve d'une cage, père ! Il faut se dépoussiérer avant de secouer les autres.

— Hélas fiston, ma volonté d'être s'est émoussée au fil du temps. Ce n'est pas à mon âge que je vais brandir le drapeau rouge. Adulte, je n'ai connu que le sifflet et le drapeau blanc que je levais pour signifier aux conducteurs de trains qu'ils pouvaient démarrer. J'ai toujours hissé le drapeau blanc, pas pour parlementer mais pour me rendre. Quand il ne restait qu'un infime bout de tissu que le mécanicien ne pouvait voir, je levais la main. Nous avons tout le temps levé nos mains avec ou sans drapeaux, dans les contrôles d'identité, les rafles et les émeutes. Maintenant, le monde a basculé ! Il y a des gens qui gagnent des fortunes en levant la main dans les hémicycles. Ma génération ne triche pas, fiston, elle vote de son plein gré, la main sur la tête et la tête baissée, rasant les murs comme des malpropres.

—Autre temps, autres mœurs, père, je ferai la lumière sur ce qui s'est passé !

—Tu ne diffères pas des gens dont je te parle, mon fils. Aurais-tu eu la même réaction si le défunt n'était pas ton camarade ?

Zoubir ne répondit pas et entra dans la maison. Il embrassa sa mère en souriant pour inhiber les idées noires qui se reflétaient sur son visage. Sa mère était l'une des rares personnes à qui il souriait vraiment, pas de ce sourire intermédiaire entre le bâillement et le rictus du désappointement. Elle était la prunelle de ses yeux, sa perle comme il la définissait. Elle le calmait de sa douce voix et n'intervenait pas dans ses palabres avec son père qui s'irritait quand il avait tort. Il s'arrangeait avec ses principes afin de lui donner raison et elle lui en savait gré, bien qu'elle le traitât encore en bébé, qu'elle couvait et chaussait, celui qui lui tenait compagnie en l'absence du père. Il lui annonça qu'il devait repartir pour Alger.

— Tu peux dormir ici et y aller demain, rien ne presse, depuis le temps que je ne t'ai pas vu. J'ai faim de tes histoires à dormir debout que tu me racontes pour me faire rire. Le rire me manque, Zoubir, on ne rit plus à présent !

— Un travail urgent à terminer, je reviendrai plus tard pour quelques jours, enjôla-t-il.

— Si Dieu le veut, murmura-t-elle. Quand je pense à la malheureuse mère de Bilal, j'ai la chair de poule. Son fils est parti alors qu'elle attendait ses futurs petits-enfants ! Deux mois de mariage et pffffft.....Plus rien, comme un rêve. Sois prudent et que Dieu te protège !

— Ne t'en fais pas maman, je te dirai quand je ne serai plus de ce monde, la taquina-t-il. Même sous terre, tu m'entendras dire que je t'aime !

Il roula lentement, les yeux plissés pour distinguer les voitures devant lui, aveuglé par les phares de celles qui venaient en sens inverse. Beaucoup de conducteurs enclenchaient leur anti-bouillard alors que la visibilité était excellente, d'autres le dépassaient klaxon hurlant. Un jeune qui l'avait doublé tel une fusée percuta de plein fouet la séparation bétonnée de l'autoroute et provoqua un monstrueux bouchon suivi de crissements de pneus.

Il y eut un carambolage derrière lui, sans gravité au vu des pare-chocs détachés et aux bris de verre saupoudrant le bitume. Il descendit et s'élança vers la voiture renversée de laquelle des hommes avaient retiré un corps inerte. Il était le plus proche de l'accident et se porta volontaire pour transporter le blessé à l'hôpital. Le temps que mettraient les ambulanciers alertés pour se frayer un chemin dans la cohue de tôles et ça en était fait de l'étourdi.

Le lieutenant fonça à tombeau ouvert, actionnant son avertisseur et ses feux de détresse, libérant le passage aux victimes du carambolage qui le suivirent. Le convoi ressemblait étrangement à un cortège nuptial avec ses différentes sonorités qui beuglaient à tout va. A l'intérieur de l'hôpital, il fit appel à un brancardier pour évacuer l'accidenté au service d'urgence devant lequel une foule bigarrée se bagarrait, chacun voulant passer le premier.

Des malades gisaient à terre, des nourrissons inanimés dans les bras de leurs parents, des amochés aux fractures ouvertes imploraient le Seigneur pour qu'il daigne abréger leur souffrance. Les deux médecins de garde se démenaient comme des diables pour les secourir, procédant par ordre de gravité, essuyant les insultes sans broncher, des plaques s'élargissant sous leurs aisselles.

— Docteur, ce jeune vient d'avoir un accident, si vous voulez bien jeter un coup d'œil !

— C'est le dernier arrivé monsieur, si je fais ce que vous dites, la foule me lynchera !

— Je comprends, docteur, mais...

— Il n'y a pas de mais ni de pourquoi ! J'ai englouti un sandwich frites-omelette debout sans fermer l'œil et j'ausculte à la chaine. C'est pire qu'une usine de montage de voitures, alors foutez-moi la paix s'il vous plait !

Zoubir mit l'énervement du praticien sur le compte de la fatigue, un surmenage pour lequel il devrait se soigner et contourner le dégoût provoqué par les lambeaux de chair collés aux civières. Les proches des malades protestèrent énergiquement croyant à une tentative de passe-droit et traitèrent le lieutenant de noms d'oiseaux. Il battit en retraite et fut cueilli par deux policiers en uniforme venus à sa recherche.

— C'est vous le convoyeur de l'accidenté ?

— C'est interdit ?

— Baissez le ton s'il vous plait et suivez-nous au poste pour la procédure d'usage !

Il se résigna à les suivre dans leur local où ils le firent poireauter une demi-heure durant au terme de laquelle il se leva courroucé d'avoir perdu un temps précieux inutilement.

— Où allez-vous comme ça ? Aboya un agent debout derrière un bureau.

— J'ai des choses urgentes à régler, susurra le lieutenant réticent à dévoiler sa profession et son grade.

— Restez tranquille, on va s'occuper de vous sans tarder !

Un civil l'arme bien en évidence sur la hanche fit son apparition et le fit entrer dans un bureau ornée d'un micro-ordinateur de première génération, aux lettres invisibles sur le clavier, noirci aux angles par l'humidité ambiante.

— Je pose les questions et vous répondez, me suis-je fait bien comprendre ?

— Sans problème, riposta l'officier amusé.

— Donner-moi votre permis de conduire d'abord !

— Ma carte d'identité ne fera pas l'affaire ?

— Absolument pas. J'ai bien précisé permis de conduire !

Zoubir glissa le document sur le bureau au vernis craquelé. L'agent le contempla sous toutes les coutures et enchaina.

— Où vous trouviez-vous exactement au moment de l'accident ?

— Sur la route, *ya rab sidi* ! (Seigneur Dieu)

— Je ne plaisante pas, monsieur !

— Moi non plus ! A quoi rime cet interrogatoire ? J'ai répondu par civisme en secourant ce jeune.

— La plupart des chauffards évacuent eux-mêmes leurs victimes pour faire croire à leur innocence.

— Je comprends à l'instant pourquoi parmi les nombreux automobilistes qui se sont arrêtés en même temps que moi, aucun ne s'est porté volontaire pour le transporter.

— Que voulez-vous insinuer ?

— Je n'insinue rien du tout, j'affirme simplement que vous êtes un con, un con terrifiant !_ Il lui arrache le permis de conduire de la main et le mit dans la poche intérieure de sa veste. L'agent bondit pistolet au poing_

— Holà, doucement ! Je suis le lieutenant Zoubir de la criminelle, je peux vous montrer ma carte ?

— Mains en l'air et ne bougez pas d'un cheveu ou je vous explose la cervelle. Tu parles d'un lieutenant ! Dans ce cas je serais le mufti de la Mecque !

Zoubir le laissa fouiller dans sa poche pour en retirer la carte en question. L'agent se métamorphosa tel un caméléon changeant de décor et fit mine de participer à un jeu dont il était le personnage floué, comme dans une caméra cachée.

— Je vous ai reconnu au premier coup d'œil mais je voulais savoir jusqu'où vous iriez dans votre rôle de bienfaiteur.

— Pas de pommade, vous êtes le pire abruti qu'il m'a été possible de rencontrer. Un abruti prompt à dégainer, un danger pour les citoyens !

— Je vous prie de m'excuser mon lieutenant, supplia le policier d'une voix pathétique.

— Un citoyen qui entre chez vous n'est pas forcément coupable d'un délit. Le bon accueil et la courtoisie ne vous rendront pas malades, c'est gratuit, cela rapproche les individus. Vous me lâchez les coudes à présent ?

— Je vous raccompagne, mon lieutenant !

L'agent claqua ses talons à faire fondre ses semelles et se figea dans un garde-à-vous statufié. Zoubir rentra chez lui à l'aube titubant de fatigue, éprouvant des difficultés à ouvrir sa porte. Il tâtonna d'une main tremblante pour trouver le trou de la serrure. Il avait acheté le pas de porte d'un appartement de trois pièces dans une cité dortoir, au troisième étage d'un immeuble sans ascenseur, auquel on accédait par des escaliers éventrés qui avaient cassé plusieurs jambes à cause du fer rond qui en sortait. Jamais éclairés, les paliers étaient propices aux guet-apens et refilaient la trouille aux locataires qui ne s'aventuraient pas à inviter leurs familles à la tombée de la nuit s'ils n'avaient pas de lanterne à portée de main.

Zoubir ne ressentait pas la faim, le gras double de l'avant-veille faisait son œuvre. Il pouvait tenir encore deux jours comme un chameau malgré les flatulences qui déménageaient d'un bout à l'autre de ses intestins. Le piment est comme une gestation, beaucoup de plaisir à l'entrée et beaucoup de souffrance à la délivrance.

Il eut beau se retourner dans son lit mais le sommeil le fuyait si bien qu'il se leva à l'appel du muezzin pour regagner son bureau et marquer ainsi sa présence. Il avait pourtant laissé la fenêtre ouverte, il trouva cependant une fine couche de poussière sur sa table de travail fraichement essuyée, ainsi qu'une odeur rance que le sol dégageait. Conséquence de la déforestation galopante qui libérait les particules de poussière en suspension dans l'air chaud et humide.

Le premier qu'il vit arriver fut Messaoud lissant la pointe acérée de ses moustaches, coincé dans un costume d'une couleur indéfinissable entre l'ocre et le rouge vermeil. Une couleur « rouge de pute » comme le précisaient les ruraux en référence à la main de Fatima apposée sur le fronton des maisons closes pour conjurer le mauvais sort.

Le bâtiment désert donna envie à Zoubir de profiter de l'occasion pour lui couper sa langue bien pendue, puis se ravisa car il savait que Messaoud était assez futé pour trouver un autre moyen d'expression. Sa médisance ne se limitait pas aux paroles, mais aussi aux gestes et aux regards. Zoubir n'aimait pas Messaoud, c'était réciproque et visible dans leur relation à la seule différence que le premier ne rapportait pas à son chef les mouvements du second.

Après avoir salué ses collègues de bureau_ fait inhabituel_ pour signaler sa présence, il se rendit en catimini à la clinique d'Othmane. Ce fut la première fois qu'il remarqua une inscription gravée en lettres dorées sur une plaque de marbre blanc fixée au mur. Othmane avait baptisé la structure sanitaire en hommage à son maitre, « la maison de Smain ».

— Que me vaut l'honneur de cette visite impromptue ? Plaisanta le psychiatre, lissant ses ongles fraichement coupés sur le revers de sa veste.

— J'ai besoin de parler. Si tu es insensible à mon désarroi, je m'adresserais à ton mur, taquina le lieutenant en verve.

— Veux-tu qu'on aille à la cafétéria ou prendre des cafés ici même ?

— Ne me parle plus de nourriture ! A chaque mouvement je rote du gras double !

Le docteur parla au téléphone, une discussion brève où il était question de citron, puis s'assit près de son compagnon sur le divan et attendit que Zoubir daigne ouvrir la bouche.

« Une affaire qui me met en transe depuis que j'ai pris connaissance de ce qui s'est arrivé à Bilal, mon ami d'enfance » Il raconta avec détachement ce qu'il ressentait, comme l'énoncé d'un problème auquel il cherchait la solution.

Une secrétaire rousse toqua à la porte et déposa deux citrons. Elle était curieuse de savoir la destination de ces citrons et aurait voulu percer cette méthode révolutionnaire qui consistait à guérir des patients à l'aide de fruits. Othmane ouvrit le petit frigo installé dans un coin et prit une carafe d'eau. Il pressa les deux citrons qu'il mélangea à de l'eau, les sucra et tendit un verre de ce jus à Zoubir.

« Tiens, bois d'un trait pendant que j'ouvre les fenêtres, d'ici peu, cela va sentir les œufs pourris ! »

En se déplaçant, Othmane lâcha son verre qui se brisa et s'appuya sur le remord du bureau. Croyant à un malaise, le lieutenant se précipita à son aide.

« Non, ce n'est rien, dit-il en se frappant le front avec la paume de la main. C'est juste que je viens de me rappeler d'une chose qui pourrait t'être utile. Tu as bien dit que ton ami s'est immolé devant le commissariat d'El Biar en soirée ? Eh bien, je soigne une femme traumatisée par la même affaire. Elle a tout vu et n'arrive plus à dormir. Elle sera là à 14 heures, je te la présenterais si tu veux.

— Un signe du destin sans doute. Je retourne dans mon service, ammi Bachir doit être dans tous ses états car il sait que j'ai fait le mur. Mes mouvements lui sont rapportés minute par minute«

Il avait à peine posé ses fesses que le commissaire fit irruption dans son bureau :

« Où trainais-tu lieutenant, je t'ai cherché partout !

— Faut-il vraiment que je vous le dise, patron ?

— Cela me ferait plaisir, j'aime être au courant de ce que font mes subordonnés.

— J'ai visité une pharmacie avant de coloniser les toilettes de mon appartement, et pour longtemps !

— Aux toilettes ? Il y avait une fuite ?

— Comment dirais-je...une urgence...une diarrhée carabinée à cause d'un maudit gras double !

— Le gras double au piment est pourtant succulent, il n'était pas avarié par hasard ?

— Aghrrrrrrr...Ne m'en parlez plus, chef ! Tressaillit le lieutenant à l'évocation du piquant.

— Supposons que c'est la véritable raison de ton escapade, n'y a-t-il pas de sanitaires ici ?

— Ils sont tellement sales que j'aurais chopé des centaines de furoncles. Le personnel manque de civisme et éclabousse même les murs !

— Passons. Je tenais à te féliciter pour la résolution rapide du meurtre dans le bidonville. Le directeur est émerveillé par tes méthodes et te propulse membre du groupe restreint de la police des polices. Il y va de soi que ce n'est pas un poste permanent, ils te feront appel en cas de nécessité. Alors quoi ? On dirait que cela ne te réjouit pas. C'est une promotion, que diable ! Eructa-t-il oubliant d'éteindre le mégot qui lui brula l'index.

— Je serais heureux d'enquêter sur nos collègues en cas de bavure », répliqua Zoubir soumis à des battements de cils incessants tel un amoureux timide sur le point de faire une déclaration à sa dulcinée. Il avait appris au cours de son stage tant dans le domaine physique que juridique, que les cils battant rapidement ou les sourcils qui tressautaient étaient l'œuvre de la peur ou du mensonge. C'était à celui qui dévisageait de prendre la latitude d'interpréter ces signaux et les approfondir au cours d'une investigation. « C'est un second signe du destin », pensa-t-il, hésitant entre la direction à prendre pour échapper à l'engrenage de la violence, ou de laisser courir en appliquant la loi si besoin est.

Ponctuel au rendez-vous de la « maison de Smain », il attendit néanmoins que la séance thérapeutique se terminât pour rejoindre le docteur et sa jeune patiente dont les yeux ajoutaient une touche de mystère à sa beauté diaphane. Menue avec des cheveux coupés court, ses yeux en amande épousaient sa taille gracile. Elle paraissait fragile et enfermée dans une éternelle adolescence.

« Je te présente Linda dont je t'ai parlé ce matin. Elle a tout vu du balcon de sa maison au-dessus de sa pharmacie_ Se tournant vers la jeune femme_ Zoubir le limier qui voudrait s'entretenir avec toi. Faites comme chez vous mais je m'incruste pour vous écouter. Prenez votre temps, j'ai réorienté les autres malades vers mes confrères.

Au fur et à mesure que Linda narrait les faits en les détaillant, les lèvres du lieutenant se refermaient comme une plante carnivore, les yeux vitreux et les narines pincées. Il posa sa première question et commit une bourde impardonnable en d'autres circonstances.

— Personne n'a aidé Bilal ?

— Bilal ? Qui est-ce ? S'étonna-t-elle ouvrant grands ses yeux de gazelle comme une fillette voyant pour la première fois un éléphant dans un parc.

—C'était mon ami, un camarade de classe ! Simplifia-t-il.

— Navrée ! Epouvantée par la vue de votre ami qui se consumait, j'étais paralysée par la terreur et l'odeur de l'essence mêlée à celle de la chair grillée. J'ai pourtant vu des horreurs dans ma vie de pharmacienne ! Des hommes et des femmes rampant et bavant par manque de psychotropes, des désespérés qui se jetaient sous les camions parce qu'ils n'avaient pas de quoi assurer leur dose de drogue quotidienne.... A présent, c'est moi qui garde les stigmates de la mort de votre ami. J'ai perdu et le sommeil et l'appétit, et peut-être la raison si cela continue ainsi.

— Pas si loin que ça voyons ! Intervint Othmane. Je ne sais pas pour l'appétit, mais vous retrouverez le sommeil et la raison plus tôt que vous ne le pensez !

— Aucun policier n'a fait de geste pour l'assister ?

— Bien au contraire ! Il y avait ce triste Rambo qui le regardait mourir. Qui aurait osé le défier en éteignant le feu ? Un pauvre bougre que je n'ai vu que de dos s'était élancé pour l'aider, Rambo l'a laissé faire parce qu'il savait qu'il était trop tard. J'ai saisi des bribes de phrases avant que votre ami n'allume son briquet. Il accusait Rambo d'avoir tué sa femme et cela m'a beaucoup ému. Un homme qui se donne une mort atroce pour rejoindre son épouse mérite le respect.

« Pourquoi ne se taisait-elle pas ? Elle ne sentait donc pas qu'elle remuait le couteau dans la plaie ? Ne sait-elle pas qu'une vieille amitié est plus forte que l'amour ? » Son éducation stricte lui interdisait de mettre fin brutalement à la discussion. Othmane sentit le malaise de son ami et se prépara à clore l'entretien quand soudain la femme déclara d'une voix ferme.

— Je suis prête à témoigner devant un tribunal si vous voulez !

Le lieutenant écarquilla les yeux, « une femme de caractère, se dit-il, qui sait ce qu'elle veut. Beaucoup d'hommes auraient exigé le contraire ». Il demeura bouche bée et Linda remonta dans son estime.

— Ben quoi, vous ne me croyez pas ? Au point où j'en suis, cela ne me dérange nullement, vous savez !

— Ce n'est pas ce qui me tracasse, je sais que je peux compter sur vous. Cependant, je désire le coincer en flagrant délit, les mains tachées de sang si vous voyez ce que je veux dire. La justice gagnera du temps et il ne pourra pas échapper à la prison même avec l'aide des meilleurs avocats.

Sur ses paroles, le psychiatre qui lisait entre les lignes et écoutait les silences, posa un regard intense sur Zoubir qui tenta de fuir le dard de ses yeux. Dans le domaine de l'intention, le lieutenant n'avait pas de paravent et savait pertinemment que son compagnon devinait ses pensées avant qu'il ne les exprime.

— Pour le moment, mademoiselle, votre aide serait la bienvenue pour avoir les noms de ses acolytes, ceux qui le suivent partout dans ses forfaits.

— Oh, le quartier les connaît, ils forment un gang. Ils sont quatre y compris Rambo qui en est le chef. Il y a Saïd, un molosse à la bedaine en évidence qui use de la matraque comme d'un cure dent. Il encourage et applaudit son chef dans ses extravagances. Puis vient Amine, un longiligne compliqué aux cheveux épais et gominés qui déshabille du regard chaque femme qui passe en se grattant les testicules. Il y a ensuite Fouad le plus jeune, qui frappe toujours le dernier quand la proie est à terre. Il joue le rôle de chauffeur. Rambo, connu pour sa cruauté, passe pour un spécialiste de la bastonnade et ses pulsions de tueur dit-on.

Le lieutenant lui griffonna son numéro de téléphone secret et lui demanda s'il pourrait aller dans sa pharmacie le lendemain pour le repérage des lieux. Il coupa la sonnerie de son cellulaire qui retentit à ce moment-là pour garder le fil de ses idées. Linda parut plus à l'aise qu'au début de leur rencontre, sa poignée de main trahissait une excitation difficilement contenue. La porte refermée derrière elle, l'officier daigna vérifier les appels et tiqua. Un appel de son père qui n'avait pas pour habitude de le contacter pour des broutilles. Il le rappela.

— Bonsoir papa, je n'ai pas pu te répondre tout à l'heure...d'accord, un père a la priorité.....excuse-moi, j'ai raccroché sans distinguer que c'était toi...maman va bien ? El hamdoulilah ! Il y a du nouveau ?...Elle est morte ce matin ? Merci de m'avoir informé, père...oui, je te promets d'être sage !

Othmane se tint coi et n'osa point lui demander la cause de sa mine défaite. Il est des moments où le silence est une interrogation.

— Et de trois ! La mère de Bilal a succombé à son chagrin. Elle a rejoint son fils ce matin.

— La vie n'est que peine et compassion, philosopha le psychiatre. Elle nous leurre avec son petit lot de joie qui ne pèse pas lourd face au poids des tristesses. Qu'as-tu l'intention de faire ?

— Prendre un bain chaud au hammam et dormir jusqu'au matin. Mon corps n'en peut plus et ma cervelle cogne les parois de mon crane.

— Je ne t'ai pas demandé ce que tu vas faire mais ce que tu as l'intention de faire en parlant de tes projets. Je sens que tu ta vas te fourvoyer dans une aventure d'où il te sera malaisé de sortir.

— Je ferai ce qu'il faut pour traduire ces canailles en justice et leur faire payer leurs méfaits.

— Au vu de l'expression de ton visage, je ne te crois pas ! N'écoute pas le diable qui sommeille en toi. Enclenche une enquête si tu veux mais laisse la justice faire son travail.

— Comment les ester s'il n'existe aucune plainte au préalable ? La justice ne s'autosaisit pas pour les siens.

— Fais comme tout le monde, poste une lettre anonyme !

— Ce genre de dénonciation est d'une efficacité fantastique contre un simple citoyen, sans effet contre des représentants de la loi.

— Calme-toi Zoubir ! Après un hammam et une bonne nuit de sommeil, tu seras apte à réfléchir et à te défaire de ton tourment. Ne te laisse pas écarteler entre la loi et la justice, cela te portera préjudice et les deux te coinceront.

— Je te répète que mon vœu le plus cher est que justice soit rendue...la mienne...ma justice !

— Sois raisonnable et pense à ceux qui t'aiment. En tout état de cause, tu peux compter sur moi !

4

La nuit du lieutenant fut agitée en dépit du massage intense de plus d'une heure que lui avait prodigué un professionnel au hammam. Il avait failli s'endormir sous le bien-être des mains expertes mais Morphée l'avait repoussé dès qu'il s'était mis au lit. Ce n'était pas faute d'avoir tenté de chasser les images glauques qui défilaient dans sa tête. L'insomnie s'ancre parfois sans cause dans l'individu, plus on essaye de la déloger et plus elle s'enfonce et s'étend.

Il se leva, se rasa la barbe naissante et plongea dans le livre offert par Othmane. Il ne vit pas le sablier se vider, les pensées de Smain le pénétraient aisément, étant d'une clairvoyance peu commune. Il faut honnêtement dire aussi qu'il n'avait rien compris de certains paragraphes enfouis dans la masse de l'ouvrage comme des pépites que l'auteur voulait dissimuler. D'autres confortaient ses convictions, tels ceux qui préconisaient la violence pour en combattre une autre et la manière de s'extraire à temps du cycle mortel. La matinée était largement entamée lorsqu'il émergea de chez lui en coup de vent pour atterrir dans son bureau, impatient d'épier le groupe à l'origine de sa nuit blanche. Le téléphone interne tinta. Il se rendit dans le bureau de son patron, s'attendant à être tancé pour son retard.

— Arrange-toi avec Messaoud, l'avisa-t-il. Tu l'accompagneras au siège de la société de ciment au sein de laquelle parait-il, une inspection interne a découvert un trou de plusieurs milliards de centimes en monnaie locale. C'est un crime économique dans vos cordes !

— Il ne peut pas y aller seul, chef ? Je suis profane dans ce micmac, je ne lui serais d'aucune utilité.

— Je le sais et je sais aussi qu'à deux, les responsables ne vous cacheront rien. Messaoud a peur et ne veut pas l'avouer. C'est lui qui t'a choisi pour le seconder. L'excès de modestie étouffe l'humilité et chacun est conscient de sa valeur. Je connais la tienne, tu te débrouilles à merveille dans les finances sinon comment aurais-tu un appartement et une si belle voiture en si peu de temps ?

— C'était donc ça, calcula-t-il, ils le prenaient pour quelqu'un de très riche. Ils bavaient de curiosité pour situer la provenance de son aisance matérielle. Autant les laisser s'embourber dans leurs allusions et continuer à jouer le riche puisqu'il en avait les moyens, même s'ils ne lui appartenaient pas — Encore une opération de charme pour mieux me surveiller. Pourquoi tolérez-vous la délation entre collègues, chef ?

— Je t'assure que je n'ai aucun mérite à ta désignation, Messaoud l'a suggéré ! Ce n'ai pas moi qui l'ai nommé à ce poste, je fais avec et cela me fait gagner du temps.

— Il devient agaçant à la fin ! Il vous rapporte même l'endroit et l'heure exacts où j'ai pété. A la longue, me sentir épié érode ma vigilance professionnelle. »

Zoubir rumina son désappointement en filant à El Biar où il gara sa voiture le plus loin possible du commissariat devant lequel il flâna. Il accéda à la pharmacie où il fit la queue pour se glisser à son tour devant le comptoir. Les clients nombreux étaient pour la plupart de vieilles personnes assises sur deux bancs disponibles pendant que la pharmacienne et son confrère s'affairaient à satisfaire les ordonnances. Linda l'aperçut et lui fit un imperceptible signe de tête suivi d'un sourire éloquent. Il lui répondit par un clin d'œil et un mouvement du pouce et ressortit devant la devanture pour s'imprégner des lieux en faisant mine de s'intéresser aux articles exposés.

Les automobilistes roulaient à une allure d'escargot, les gens vaquaient normalement et aucun fait notable ne perturbait cette quiétude jusqu'à ce qu'une voiture s'arrête sèchement devant l'officine. Un policier débula au pas de course, brula la politesse à ceux qui faisaient la queue et se dressa devant la jeune femme.

— Un paquet de préservatifs et vite, on est pressé ! Brailla-t-il sans se soucier des oreilles sensibles.

Les vieux lui jetèrent des regards de mépris tandis que les jeunes étaient plutôt amusés. Les deux âges étaient mécontents et impuissants et chacun l'exprimait différemment. En temps normal, ils auraient râlé pour ce manque de respect. Mais vivant dans l'anormal et le paranormal, personne ne prononça mot. Linda hésita mais ne résista pas longtemps, libérée par le hochement de tête discret du lieutenant. Elle se baissa et lui fourra une petite boite dans un sachet.

— C'est un paquet de dix ? Persista l'uniforme.

— Nous n'avons que des paquets de trois, murmura-t-elle.

— Rajoutez m'en deux autres dans ce cas !

Il empocha le tout et s'apprêta à rejoindre ses trois acolytes qui l'attendaient moteur en marche.

— Vous oubliez de me payer, le héla-t-elle avant qu'il ne franchisse le seuil.

L'agent pivota et la regarda durement. Comment osait-elle l'apostropher publiquement pour lui rappeler de payer ? Dans sa petite caboche, un tel geste est considéré comme un outrage à la profession.

— Ce sera pour une autre fois, brailla-t-il en s'engouffrant dans le véhicule qui s'ébranla en trombe.

La vente ou l'achat de préservatif n'était pas à proprement parler un délit, mais le fait de le claironner en usant de surcroît d'un passe-droit indiquait un comportement de voyou. Nullement bigote, la population exigeait néanmoins un minimum de respect. L'intermède suffit au lieutenant pour graver dans sa mémoire le signalement de l'homme. Il l'avait reconnu à la description que lui avait faite la pharmacienne dans le bureau du psychiatre. C'était Amine aux cheveux plaqués et gominés à outrance. Il ne put distinguer les traits des autres. Zoubir profita de l'absence de la bande pour longer le trottoir qui menait au commissariat. Il ne restait aucune trace du drame sauf peut-être dans les mémoires des riverains. Il se dirigea vers le préposé à l'accueil.

— Je voudrais voir le commissaire.

— A quel sujet ?

— Signaler la perte de ma carte d'identité.

— Tu n'as pas besoin d'un commissaire pour une déclaration pareille. D'ailleurs le patron est absent !

— Il n'y a pas quelqu'un qui le remplace ?

— Tu es sourd ou quoi ? Tu as le numéro de ta carte pour remplir ta déclaration ?

Alerté par les aboiements de son subordonné, un officier à deux étoiles de fer blanc illuminant ses épaules surgit des méandres du commissariat et empoigna le bras de Zoubir qu'il tordit.

— Va faire ta déclaration ailleurs si tu y tiens et respecte la tenue !

— Aie, vous me faites mal mon capitaine ! Simula Zoubir en dégageant son bras. »

Anxieuse de son absence, Linda fut soulagée lorsqu'elle le vit revenir. Parcourant la notice d'un médicament trouvé près de la caisse, il lui relata l'anecdote.

— Je vous avais prévenu lieutenant, ils sont dangereux ! Ce n'est que la partie visible de l'iceberg, un embryon d'État dans l'État.

— Nous n'allons pas nous vouvoyer éternellement, voyons ! Embarqués dans un même rafiot, nous devons ramer ensemble pour atteindre un rivage improbable. Je m'absenterai demain, fais attention à toi ! »

Il fit un long détour pour récupérer son véhicule et se rendit à la Maison de Smain. Il mit à profit l'attente de son ami Othmane pour observer la vie de ceux que le dehors stigmatisait et désignait comme des têtes à l'envers, des dérangés de l'esprit. Il ne remarqua aucune dissemblance entre les reclus de la clinique et les évadés confirmés sains par la société. Les internés avaient leurs moments de folie tout comme les libres, et colportaient de surcroît un humanisme que n'avaient pas ceux qui prétendaient à la raison.

La démence est différemment interprétée par les gens. Est catalogué sain d'esprit le fou qui vote. Est considéré fou celui qui pense autrement. Les adeptes de la pensée unique et universelle sont nombreux et relèguent la minorité rebelle à l'internement, conformément aux règles du comptage des voix dans une démocratie imbécile où la loi du nombre est indiscutable. En martelant ce postulat dans « les raisons de la folie », Smain pensait aux troupeaux que formaient les peuples qui suivaient invariablement la direction prise par le premier mouton.

Le psychiatre s'assit à sa droite, suivit son regard et s'esclaffa, tapant ses cuisses de ses mains à plat. Il avait deviné ce qui le turlupinait et en était ravi.

— Ce que tu observes t'embrouille les idées reçues et te trouble, c'est un bon présage ! Le peuple devrait s'asseoir à ta place et regarder à son tour sans juger ces gens. Tu te poses sans doute la question de savoir qui est fou et qui ne l'est pas, n'est-ce pas ?

— Exactement, je...

— Je vais te le dire. Personne ne le sait, y compris moi ! Smain faisait le fou par nécessité, sans l'être réellement. On ne nait pas fou, on le devient. Ma seule certitude est que nous sommes tous criminels. Quel bon vent t'amène ?

— Je tourne en rond. Intégrer le groupe est la seule façon de le neutraliser, et je ne trouve ni la faille ni le moyen.

— Il s'agit d'une enquête officielle ou une initiative personnelle ?

— Je veux aller au bout de ma détermination et rien ne m'en empêchera. Ce que j'ai vu et entendu dans la pharmacie conforte ma volonté_ Il lui narra le passe-droit et ce qu'il avait ressenti face aux vieux apeurés et leur colère refroidie par leur faiblesse.

— Cet Amine avait hâte de forniquer, faisant fi de toute pudeur. Finalement, Smain n'a pas tort. Tout est basé sur le sexe et l'argent ici-bas. Les gens ne se souviennent et ne condamnent ces vilénies que lorsque leurs proches ou eux-mêmes en sont les victimes. Tout comme un individu qui ne commence à écouter son cœur que lorsqu'un médecin lui affirme qu'il est cardiaque. Smain était un visionnaire. On constate aujourd'hui que la criminalité est en hausse depuis que les bordels ont été fermés au profit des prisons, au nom d'une croyance meurtrière. C'étaient des espaces de liberté conçues pour canaliser le trop-plein d'agressivité masculine.

— J'ai lu les trois quart de son livre. J'avoue que j'ai sauté quelques pages que je ne comprenais pas.

— Tu les apprécieras en vieillissant, dit Othmane dans un sourire. Je t'aiderai à t'introduire dans leur bande, mais ne me demande ni quand ni comment. C'est quand tu penses gravir une montagne que tu la redescends, l'essentiel est de ne pas la confondre avec une butte.

Fiévreux à l'idée de pouvoir mener une vraie enquête avec ses propres moyens, le lieutenant fut tout miel pour escorter Messaoud dans ses pérégrinations. Il ne se retint pas de rire à la vue de l'accoutrement de son coéquipier flottant dans un costume chatoyant de couleur selon que l'on changeait d'angle de vision. Cintré dans une chemise blanche tachée de petits pois bleus, il s'étranglait d'une cravate rouge vif phosphorescente, attirant l'attention avec ses chaussures pétant des « zit-zit » à chaque pas. Mallette à la main—la forme d'une valise et la profondeur d'un sac de sport — il chut sur le siège passager, façon indirecte d'ordonner à Zoubir de conduire. A l'intérieur de la voiture il chaussa ses yeux fureteurs de minuscules lunettes noires qui lui sciaient les oreilles.

Zoubir le conduisit à la société de ciment et gravit les cinq marches qui montaient à l'accès principal. Ne sentant pas la présence de Messaoud à ses cotés, il se retourna et vit qu'il était encore dans le véhicule, lui faisant des gestes pour ouvrir la portière, une démarche de pacha pour se donner une importance qu'il n'avait pas. Messaoud boutonna sa veste et adopta un air de dur en s'engageant dans l'escalier.

— Mais souris donc idiot ! Ta face de doberman ne te fera pas ouvrir les registres comptables.

— Moi idiot ? Je le rapporterai au chef. J'enregistre tout sur mon mobile depuis que nous sommes descendus de voiture !

Zoubir gonfla d'air ses joues, puis les dégonfla avec son auriculaire en produisant un « prouttt-prouttt » qu'il répéta plusieurs fois. « Je suppose que tu l'as enregistré aussi, dit-il. ». Ils pénétrèrent dans le bureau du directeur financier que Messaoud renvoya pour s'asseoir à sa place et déballa sa valise qui contenait un nombre incalculable de stylos au milieu desquels il retira un petit carnet de notes.

« On fait quoi maintenant, demanda-t-il.

— C'est toi l'expert, répliqua Zoubir. A ta place, je commencerais par effectuer l'inventaire et vérifier le contenu du coffre.

— Oui mais le coffre parait solide et je n'ai pas les clefs !

— Il ne fallait pas renvoyer le responsable. Rappelle-le et pose-lui des questions. Exige les documents susceptibles de confirmer tes soupçons.

— Génial ! Il passa la tête par la porte et apostropha l'homme appuyé au mur du couloir « Je suis certain que tu as deviné que nous sommes de la criminelle. Nous avons reçu une copie du rapport de l'inspection interne qui accuse certains de vos collaborateurs de malversations, y compris votre patron. »

— Vous faites allusion à l'inspection d'il y a quatre mois ? S'énerva le cadre.

— C'est bien ça, acquiesça Messaoud en s'humectant les lèvres, assuré d'avoir décroché l'affaire du siècle.

— Vous êtes sérieux ? Insista l'homme.

— Plus sérieux que nous tu meurs ! Jubila l'enquêteur à la moustache frétillante. Refile-moi le registre de dépenses, de recettes, de caisse, la facturier, le créancier, tout la bataclan et fissa !

— Inutile de monter sur vos ergots, monsieur ! Je vais vous les rapporter si vous avez du temps à perdre. Je vous préviens quand même que les trois membres de cette inspection croupissent en prison depuis un trimestre !

— Hein ? Interjeta Messaoud dont le visage s'allongea de stupeur. Un léger craquement retentit et le bouton de sa veste roula aux pieds de Zoubir qui ondulait de plaisir. Qui les a arrêtés ?

— Ben mon grand, gloussa le directeur, accordez vos violons ! Des hommes en uniforme sont venus embarquer le caissier en chef. Ils sont revenus le lendemain ligoter les trois membres de cette commission. Il parait qu'ils étaient de connivence et avaient manigancé cette dénonciation pour se tirer d'affaire et s'innocenter par la même occasion. Voici les registres et les clés du coffre, je vous attends dehors.

— Pas de familiarité avec moi, vagit Messaoud vibrant comme un exorciseur en transes. Reprends tes billes et lâche-nous les poils du nez !

Le trajet du retour fut un enterrement pour Messaoud que l'humiliation jaunissait, son rêve de devenir le meilleur limier venait de s'envoler sans lui donner le temps de savourer les prémices.

— J'espère que tu as tout noté, railla Zoubir.

Hilare, le commissaire Bachir s'étouffa dans une quinte de toux induite par la fumée que diffusaient par saccades ses narines. Il s'aspergea d'eau et les congédia en s'épongeant le front. « Heureusement que j'ai eu la main heureuse en déléguant un imbécile, se dit-il, autrement cette amorce d'investigation bidon aurait pu avoir des conséquences désastreuses et se retourner contre moi »

L'incident de parcours démontrait l'existence d'une lutte féroce entre les différents services de police. C'était à qui se ruait le premier sur une affaire en employant les grands moyens pour se prévaloir d'une compétence, au prix d'une éthique qu'ils trainaient à terre. A chaque délit il fallait un coupable, fut-il innocent et réhabilité trente années plus tard.

Le dernier jour de semaine fut riche en évènements. Zoubir sut par son chef que le directeur de la police nationale le déléguait afin de mettre au clair une plainte d'un citoyen mettant en cause les méthodes policières contraire à la loi.

« Ce sera mon baptême de feu au sein de ce nouveau service ?

— A mon avis, supputa le vieux Bachir, la doléance relative à des sévices subis par ce citoyen dans les locaux d'El Biar doivent émaner d'un ponte. Un citoyen lambda n'aurait pas secoué l'institution.

— Nous serons combien dans ce comité de contrôle, et quand débutons-nous ?

— Ne t'emballe pas, petit, cette affaire sent la gadoue. Ne travaille pas en solo ! Votre conclusion sera adressée directement à mes supérieurs, regardez bien où vous posez les pieds. Tu rejoindras les autres inspecteurs au début de la semaine prochaine. »

Le lieutenant sortit presqu'en courant pour aller annoncer la bonne nouvelle au professeur. Il préféra lui téléphoner d'abord pour se renseigner si Linda était à la clinique parce qu'il avait besoin d'elle. Le psychiatre ricana à l'autre bout du fil et confirma la présence de la jeune femme. Il poussa un cri de surprise en accédant au bureau de son ami.

— Awww !!! Qui t'a fait ça ? Ne me dis pas que tu t'es cogné à une porte !_ Puis apercevant la pharmacienne —Bonjour Linda, j'espère que tu vas mieux à présent !

— J'apprivoise le sommeil petit à petit, un petit sauvage dur à amadouer.

— Alors Othmane, tu ne m'as pas répondu_ Le clinicien regarda furtivement la femme et atermoya

— Tu peux parler, elle est partie prenante de mon projet désormais.

— Je t'avais promis de t'aider à infiltrer ce groupe, voilà c'est fait ! Je me suis plaint au directeur de la police nationale qui m'a assuré d'une enquête. Comme tu m'avais révélé que tu étais membre de la commission d'inspection, j'ai payé de ma personne pour te permettre une mission officielle. A toi de jouer maintenant !

Il avait une bosse sur le front, des bleus sur les bras ainsi qu'un pansement à la main gauche. Il s'était garé volontairement en face des policiers, et c'est en protégeant son visage des coups qu'il avait reçu une matraque sur la main. Les bleus étaient les traces d'étranglement qu'il avait subi dans leurs locaux. Le seul nom parmi ses agresseurs qu'il avait retenu est celui de Rambo parce qu'il n'était pas ordinaire.

— Aucun autre agent ne s'est interposé ? Chevrota le lieutenant.

— Si ! Deux agents sont intervenus pour arrêter le massacre, vite dissuadés par la rage de la meute

— Pas de commissaire, pas d'officier de permanence ?

— Que de la sueur et des cris de douleur. J'ai mentionné l'absence d'un responsable dans la lettre de dénonciation.

« C'est fou ce qu'un ami est capable de surmonter pour rendre service à celui qu'il aime, conclut Zoubir. Qu'y-a-t-il avant et après l'amitié ? Rien ! » Il aurait tant désiré lui panser ses plaies, lui demander pardon d'avoir sollicité son aide sachant pertinemment que cela pouvait toucher son intégrité physique, mais sa gorge se noua. Il se figea les bras pendants comme les statues de plâtre moulé qu'il lorgnait dans les parcs de loisir.

— Hello, badina Linda, nous sommes là, à quoi rêves-tu ?

— Je choisis la meilleure façon d'élaguer les charognards, et aucune ne me satisfait.

— Tu me fais peur, je te croyais de glace !

— Si tu t'effarouches dès à présent, c'est mal parti pour la suite.

— De quoi tu voulais me parler ? Rougit la jeune femme.

— Ah...Oui...J'avais l'intention de...

— Bon, je vous laisse, brusqua Othmane, ébauchant un pas vers la sortie.

— Ce n'est pas ce que tu crois! Je vous demande simplement de ne pas vous offusquer de mes futures actions. Vous comprendrez que je serai contraint d'agir en usant de quelques entorses à mes habitudes, à mes principes ou ce qu'il en reste. Je n'aurai peut-être pas d'occasions pour les justifier. Je vous demande de croire en moi.

— Arrête ton charabia, sois clair et explique-toi, divertit le docteur. Quelle sera ta nouvelle tactique ?

— Des retournements de veste, par exemple. Je ferai mien leur comportement afin de les saupoudrer d'une fine couche de confiance pour paraître crédible.

— Tout le monde retourne sa veste à un moment donné, à condition d'en avoir une. Tu n'es pas un saint ! Nous nous verrons de temps à autre, non ?

— Comment pourrais-je me passer de toi, mon ami ? Comment renier mon sanctuaire, Smain mon étoile...

— Et Linda ? Coupa malicieusement le psychiatre.

Le silence s'épaissit et les trois paires d'yeux s'enlacèrent dans une communion complice. Le lieutenant changea de pied d'appui, poursuivit les mots qu'il fallait prononcer et exprima d'une voix à peine audible.

— Linda est ma force et ma source de volonté !

— Youpi !!! Chanta Othmane, voilà qui est joliment dit. Du crime au lyrisme sans transition, tu es vraiment fort ! On retourne au village comme la semaine dernière ? Je te garantis qu'il n'y aura pas de gras-double. Il n'est pas dans mes habitudes d'inviter mes patientes mais si Linda veut nous accompagner, nous en serons fort aise.

— Où ça ? sursauta-t-elle.

— Nous ressourcer dans mon village natal. Tu ne perdras pas ton temps, crois-moi.

Le médecin invita la pharmacienne car il sentait que sa présence apportait un plus à l'équilibre moral de Zoubir.

— Je suis curieuse de visiter le lieu de naissance d'un si grand professeur. J'appelle tout de suite mes parents pour les prévenir de mon absence.

— Nous passerons la nuit là-bas, ce n'est pas la porte à côté.

— Dans ce cas, je rapporte mes affaires et je reviens dans une heure.

— Il possède une roseraie, une magnifique pépinière qui t'envoutera, tu verras !

— Ne m'en dites pas plus, j'ai hâte d'y être.

Les deux hommes prirent une douche dans la salle de bains attenante, une heure ne s'était pas écoulée que la jeune femme revint. Ils lui conseillèrent de laisser son véhicule sur le parking de la clinique et montèrent dans celui d'Othmane. Ils se rendirent au domicile du psychiatre qui ramassa rapidement des vêtements indispensables à la nuit puis à celui du lieutenant qui faillit se faire mordre par un chien errant. Il était courant que des sangliers s'aventurent entre les immeubles jusqu'aux poubelles à la recherche de nourriture, comme le font les pauvres aux pieds boursouflés par les pavés tranchants de la faim. Le trajet leur parut très court grâce à la bonhomie d'Othmane qui anima la discussion, allant jusqu'à chanter les airs d'antan inconnus de Linda, repris par Zoubir qui reprenait les refrains tant bien que mal car les paroles lui échappaient parfois. La présence d'une femme rebute la morosité car la gaité féminine est contagieuse.

— Je suis déjà passée par là en allant vers Oran, clama Linda.

— C'est effectivement la direction d'Oran, nous allons tourner à droite pour rejoindre mon village. Dans un passé récent, les terres arables de mon territoire natal se destinaient à Bacchus. Entre un vignoble et un autre, il y avait un vignoble. Aussi paradoxal que cela puisse paraître, il n'y a jamais eu d'ivrogne invétéré dans la bourgade, je connais toutes les variétés de raisin. Regardez de part et d'autre de la route ! La pomme-de-terre et les petits pois ont remplacé les ceps de vigne, augmentant le nombre d'alcooliques et poussant les gens à picoler entre deux arbres.

Ils rirent en chœur et suivirent les tracteurs roulant à la queue leu-leu, ce qui leur permit d'admirer les immenses étendues vertes. De bonne foi, elle s'attendait à une véritable roseraie et fut fascinée par la propreté des lieux et la disponibilité du personnel. Linda serrait contre elle les bébés qu'elle soulevait de leurs berceaux pour les humer.

— J'aime bien l'odeur de lait qu'ils dégagent, une source de bien-être qui contamine les adultes.

A l'instar de tout humain normal, elle s'extasiait devant les frimousses des poupons et posait des tas de questions sur leur âge et leur devenir. Ce fut l'heure des biberons, la pharmacienne se porta volontaire pour nourrir une petite fille. Accoutumé à l'odeur d'une autre femme, le nourrisson émit des pleurs imperceptibles, vite envolés par les caresses et les sourires de Linda pratiquement liquéfiée par la sensation maternelle. Elle se rendit compte que le fonctionnement de la Roseraie d'Ali était homogène, réglé comme du papier à musique et ne tolérait aucune improvisation.

— Ces chérubins sont plus beaux que les roses auxquelles je m'attendais. Les gens sont charmés par les fleurs mais ici, les roses s'attachent à ceux qui les arrosent de leur tendresse et de leur amour.

— Je ne doute pas de ta sensibilité, Linda, ajouta Othmane. Nous sommes subjugués par la beauté d'une rose, enivrés par son parfum, et ne devons pas la cueillir si nous voulons la voir éclore et grandir jusqu'à ce que ses pétales tombent de vieillesse. Dans la Roseraie d'Ali, on n'admire pas les fleurs pour leur aspect, on les aime pour ce qu'elles représentent. Nous les regardons s'épanouir dans la bonté et je n'aimerai pas être là quand elles se faneront, toute la différence est là ! Les roses d'Ali durent plus que l'espace d'un matin et conservent leur sève toute une vie, même dans la sécheresse des cœurs._ Il apostropha Fatma qui trottinait près de lui_ Khalti Fatma, faisons honneur à notre invitée pour une fois que nous en avons une ! Peux-tu nous mijoter un de ces plats traditionnels que tu sais si bien faire ? Nous dinerons chez toi, si tu ne vois pas d'inconvénient !

— J'allais vous le proposer. Dis-donc, tu te frottes à plus fort que toi ? Pourquoi ces ecchymoses et ces bleus ?

— Les risques du métier ! Je me suis approché de trop près d'un patient à la clinique, il m'a démontré qu'il n'était pas agressif et il a forcé sur les caresses.

Le rituel du cimetière se répéta le lendemain, mais avec cette fois-ci une question maladroite de Linda qui voulut connaître l'emplacement des parents du psychiatre.

— Je n'en ai jamais eu. Personne ne m'a interrogé à ce sujet jusqu'à maintenant.

— Désolée...

— Ne sois pas désolée, il faut bien que quelqu'un le sache. Mon paternel est mort en service commandé, ma mère l'a suivi quelques mois après. Que veux-tu que je garde d'eux comme souvenir ? Les parents ne sont pas ceux qui conçoivent des enfants mais ceux qui les élèvent et leur apprennent à voler de leurs propres ailes, sans les éjointer lorsqu'ils grandissent. Les pensionnaires de la Roseraie d'Ali en sont les exemples vivants. Penses-tu que les géniteurs qui les ont abandonnés soient des parents ?_ Le trio se tut lorsqu'une femme en haïk se détacha d'un groupe et vint à eux d'un air gêné. Othmane lui sourit et la mit à l'aise.

— Il m'est désagréable de solliciter un service en ce lieu, mais j'ai besoin d'aide. Mon mari était grutier dans une entreprise privée. Il travaillait au noir et sans assurance. Je ne demande pas l'aumône pour manger, nos voisins nous pourvoient en nourriture, Dieu merci ! Si je viens à toi, c'est pour mon fils !

— Il n'y a pas d'endroit adéquat pour secourir ses semblables, madame. De quoi a besoin ton fils ?

— Il entrera au lycée en qualité d'interne. Nous n'avons ni les moyens de le vêtir et encore moins de lui acheter les livres et les articles scolaires indispensables.

Othmane s'immobilisa de longues minutes, se remémorant son enfance. Dieu que c'était douloureux à entendre ! Il contempla le monticule de terre qui recouvrait Ali. « Evidemment qu'il soutiendrait le garçon, la vie est un perpétuel recommencement. Pour sûr qu'il n'abandonnerait pas un adepte du savoir. Il lui rendra le sourire qui l'encouragera à s'investir dans la voie de la générosité envers autrui. A chacun son tour ! » N'ayant pas d'écho, la femme recula d'un pas et le réveilla de sa torpeur.

« Ton fils doit étudier ! La connaissance éloigne la misère comme le vent assèche la flaque d'eau. Cet homme, Ali, que tu vois là, a embrassé le soleil pour illuminer les siens, ce même soleil qui embrase les cœurs noirs. Tout part un jour mais l'esprit demeure. Quel est le handicap de ton mari ?

— Amputé des deux jambes suite à l'accident de chantier, il se déplace avec des béquilles.

— Tu n'aurais pas un bout de papier, Linda ?

— Si !_ Elle déchira une feuille en deux_ Voilà la moitié du papier sur le quel j'ai noté hier la recette du *méthawam*, un succulent plat que je referai chez moi. Ma mère le cuisine aussi mais avec un goût différent. _ Le docteur griffonna un mot et le remit à la malheureuse qui fondit en remerciements avant de rebrousser chemin, troublée par l'incroyable bonté.

— Attends ! Tu remettras ce mot au gérant de la laiterie qui se chargera de la chaise roulante et dénichera un poste à ton époux en fonction de son infirmité. Ce chèque est, je pense, largement suffisant pour subvenir aux besoins de ton fils, à charge pour toi de lui transmettre un message. Tu lui diras que le rêve ne se réalise que si on lui accorde une importance accrue !

— Ce qui veut dire ?

— Il ne saisira certainement pas lui aussi la portée du message. C'est la force de l'incompréhensible qui marque les mémoires car un esprit ne s'ouvre qu'à la culture.

La femme ne cessa pas de le louer auprès du Seigneur et lui souhaita une longue vie avant de disparaitre. Othmane planait comme on plane toujours après avoir commis une bonne action. Il se sentit léger, le cœur dans un écrin de soie douce au contact apaisant. Un sentiment d'ivresse et d'utilité qu'il recherchait comme d'autres prospectaient des oreilles attentives à leurs confessions.

Envoutée par le charme du village et de ses chaleureux habitants, Linda se mura dans le silence tout au long du trajet vers la clinique, perdue dans ses songes. Au moment de repartir chez elle, elle ne s'empêcha pas de leur demander la date de la prochaine descente à la Roseraie d'Ali.

A El Biar, les agents et leur chef attendaient en grande pompe le trio d'inspecteurs. Tenues impeccables bien repassées, chaussures luisantes, rasage de près et sol brillant. Les deux enquêteurs qui accompagnaient Zoubir dans la mission étaient de vieux chevaux de retour, anciens dans le secteur, qui avaient escaladé les échelons pour atteindre le dernier palier au crépuscule de leur carrière. Le fonctionnaire ambitieux n'arpente pas sa carrière de long en large, mais en hauteur, et doit être d'une souplesse de singe. Quand il ne veut ou ne peut pas résoudre un problème inhérent à sa fonction, il rejette la patate brulante à plus haut que lui. « Cela vient d'en haut », une phrase qui a le mérite d'être glauque, vaseuse et imparable. Le problème vadrouille de bas en haut, et de plus en plus haut, il atterrit et se réfugie chez le Très Haut. Cela s'appelle le fatalisme communicatif, qui clôt un dossier sans l'ouvrir.

Du trio, seul Zoubir possédait un bagage universitaire, léger mais suffisant pour paraître intelligent. Les deux inspecteurs déléguèrent naturellement la direction des opérations au lettré qui côtoyait les lois obscures à double sens, Zoubir en l'occurrence.

— Messieurs, jasa le commissaire en leur servant du thé dans son bureau avec les égards dûs à l'objet de leur mission. Nous sommes prêts à répondre aux questions que vous jugerez opportunes et à vos désirs, cela va de soi.

— Que s'est-il passé avec le type que vous avez tabassé la semaine dernière ?

— Nuance ! Croassa le gradé, c'est lui qui a agressé mes hommes. Il a même mordu la main d'un agent.

— Nous prendrons les empreintes dentaires pour vérifier vos allégations, suggéra un élément du trio.

– Je ne crois pas que ces empreintes apporteraient une preuve tangible. Mes hommes m'ont affirmé que le type avait les dents longues et trop blanches pour être vraies. Il portait sûrement un dentier !

— Dans ce cas, le dentier serait resté dans la main de votre agent ! Intervint un inspecteur._ Zoubir faillit s'évanouir, l'enquête prenait une tournure burlesque. Ils péroraient de dentier et oubliaient les coups et blessures_ Il les remit sur les rails.

— Vous étiez présent lors de l'altercation, commissaire ?

— Heu...Non...J'étais en réunion familiale. Vous êtes le lieutenant Zoubir de la brigade criminelle si je ne me trompe !

— Exact, et voici mes deux collègues de la police judiciaire. Punaise, j'ai perdu mon stylo pour prendre des notes, vous n'en auriez pas un en plus ?

Le commissaire interpréta le besoin comme une perche tendue et ouvrit le tiroir de son bureau. Il offrit à chacun un joli stylo à plume dans un coffret décoré, joint à un paquet de cartouches. Les deux enquêteurs enfouirent les leurs dans des cartables en proférant un bref merci, signifiant que cela n'était pas suffisant pour une mansuétude. Il remarqua que Zoubir avait un ascendant sur les deux autres et se plia en quatre pour lui plaire.

— Un autre thé lieutenant ?

— Non merci, apportez-moi le registre !

— Vous en voulez combien, les feuilles sont d'une excellente qualité !

— Je vise la main courante, un registre où sont inscrits chaque jour les évènements marquants.

Le gradé semblait ignorer l'appellation du jargon usuel, accoutumé qu'il était à la main étrangère qui avait bon dos pour anesthésier les peuples, ou à la main baladeuse qu'aucune loi n'éradiquait. Un policier rapporta le registre que le lieutenant feuilleta négligemment du moins en apparence. A partir d'un feuillet du milieu, le numérotage était surchargé. Ce n'était pas une erreur de chiffre corrigé, le livret étant côté et paraphé avant son utilisation par un magistrat. Les ratures débutaient et coïncidaient avec la période durant laquelle Bilal et sa femme avaient été incarcérés.

— Tout parait normal à part quelques biffures qu'il faut éviter à l'avenir, conclura Zoubir, impassible.

— Entre nous, lieutenant, je ne vérifie presque jamais ce registre, je fais confiance à mon adjoint.

— L'officier aux deux étoiles étincelantes que nous avons vu à l'entrée ?

— C'est lui qui dirige la boutique pendant mon absence. Ma femme est sérieusement malade, ma présence à son chevet met un baume à sa souffrance.

— Nous lui souhaitons une prompte guérison ! Nous voudrions maintenant procéder à l'interrogatoire individuel de vos hommes. Si vous voulez bien nous laisser s'il vous plait.

Les agents défilèrent un à un devant le trio d'inspecteurs et répondirent d'une seule voix aux questions posées. C'était une classe de quarante élèves éveillés et disciplinés qui récitaient magistralement la leçon apprise par cœur, à une exception près. L'homme aux deux étoiles leur tint tête et leur répondait avec mépris. Toujours est-il que les enquêteurs ne se méprirent pas, expérience oblige. Il simulait l'indifférence mais la peur le tenaillait car il fuyait leur regard et se réfugiait dans l'insolence, vite remis à sa place par le plus vieux du trio.

— Ecoute, petit, personne n'est au-dessus des lois et ton attitude te dessert. Tu ne feras pas long feu dans la famille. Si les nuages arrivent à cacher la lune, les étoiles ne te sauveront pas de l'opacité d'une rancœur.

Zoubir se chargea de récapituler au commissaire ce qu'ils avaient retenu de leurs conclusions, surprenant l'assistance par sa sentence. « Les réponses de vos hommes tiennent la route, nous devons conserver notre solidarité car l'avenir de la corporation est en jeu. L'homme qui s'est plaint méritait qu'on le tabasse ! »

— Il parait pourtant que c'est un grand professeur de médecine.

— Et alors ? Il n'y a que les grands qui piétinent les lois. S'il était aussi grand que vous le dites, il n'aurait pas mordu la main qui le protège des hors-la-loi. Il dort tranquillement alors que nous veillons à la sécurité de la population. Pour la morsure, il ne faut pas pousser le bouchon trop loin non plus, elle n'est pas très convaincante mais il faut vous en tenir à votre version. Les hypocrites de l'acabit de ce professeur sont à mater durement. — il remit un rapport à son chef Bachir qui, à sa lecture, leva les yeux sur lui, dubitatif. Il grommela_

— C'est ton expertise ou la leur ?

— La nôtre, établie collégialement !

— Ce sont les faits réels ? D'habitude tu es circonspect mais là, tu es catégorique.

— On ne peut pas travestir indéfiniment la vérité, chef !

Le lendemain, il revint sur les lieux et stationna volontairement dans un coin interdit afin d'être interpellé. L'effet fut immédiat. Le groupe déboula décidé à en découdre, encouragé par les conclusions permissives de l'inspection. Les uniformes le reconnurent et s'empressèrent de lui donner l'accolade comme à un vieil ami qu'ils n'avaient plus revu depuis une décennie. Le lieutenant se laissa faire et accepta leur invitation à un déjeuner.

Il se mit à les fréquenter, particulièrement le soir où ils s'offraient du bon temps, claquant à tout vent leur argent dont l'origine le rendait perplexe. Sans compter les indics, ils achetaient la collaboration des malfrats de bas étage pour débaucher des mineures. La bande ne s'arrêtait pas en si bon chemin et harcelait également les mères de familles qui leur plaisaient, souvent sous la menace.

Les hommes jeunes et vigoureux n'osaient pas se mettre en travers de leur passage, par lâcheté et suffisance ; les vieux, aigris par tant d'arbitraire avaient parfois le courage de leur cracher au visage, aussitôt malmenés sauvagement. Zoubir les suivait contraint par son plan, et se savait observé par Linda qui ne faisait pour sa part aucun signe qui risquait de trahir leur entente.

Sa nouvelle personnalité le faisait vomir à chaque fois qu'il se trouvait seul chez lui. Il jouait le rôle de trois personnages et endossait leurs différents comportements : le sien, celui qu'il tenait au sein de la brigade et le comédien qu'il assumait dans le groupe qui ressemblait plus à la pègre des bas-fonds qu'à un amas de représentants de la loi. L'effort au-dessus de ses forces était de conserver son identité originelle à laquelle il s'accrochait désespérément. Ils lui accordaient leur confiance à petites doses et se confiaient progressivement à lui, dévoilaient leurs sources d'information parmi lesquelles figuraient des voleurs de tout bord ainsi que des dealers disséminés dans la ville.

Il n'hésitait pas à encaisser les petites sommes qu'ils lui refilaient pour le mouiller dans leurs combines. Le lieutenant évitait d'avoir la haute main sur eux par crainte de les brusquer ou de se griller. Ils consommaient beaucoup de préservatifs et il les accompagnait pour en acheter quand la nécessité se faisait sentir, parfois des contraceptifs qu'il faisait avaler de force aux filles dont ils abusaient.

Linda ne bronchait pas à ses entrées dans la pharmacie, elle le servait au même titre que les autres clients. A la suite de plusieurs tentatives de ses compères, il eut gain de cause et ne fut pas associé à leurs orgies. Il s'était réfugié sous la couverture religieuse et luttait inlassablement pour ne pas sombrer dans l'abime de la déchéance. Le groupe se souda et les cinq énergumènes devinrent inséparables. Leur officier, dont ils n'évoquaient pas le nom, accompagnait rarement ses sbires dans leurs expéditions et ne se faisait escorter par eux que lorsqu'il faisait la tournée des grands magasins où il entrait seul pour en ressortir les mains vides.

La capitale s'anima par une journée chaude de repos hebdomadaire, les avertisseurs de voitures peintes aux couleurs des clubs de football créèrent une ambiance assourdissante, un derby déterminant entre deux équipes qui se disputaient la première place du championnat. Le spectacle avait débuté la veille du match avec les feux d'artifice et les fumigènes, confirmant les deux caractéristiques du peuple : le foot et la politique.

Saïd, le molosse mordu du jeu à onze au ventre augmentant de volume à chaque rencontre, impatient d'être le lendemain afin de ne rater aucune miette du spectacle, proposa au lieutenant d'y aller ensemble.

— Le foot n'est pas ma tasse de thé, j'ai lu dans les journaux que le dernier club est à deux points du premier. Ce sera un bide et on perdra notre temps.

— Je t'assure que ce sera un bon spectacle. Je suis fan d'un club et je souhaite qu'il gagne. Allez, fais un effort, je t'offre le ticket !

— Demande à Amine de t'accompagner, tu lui feras plaisir !

— Nos amis ne sont pas portés sur ce jeu, et ils travaillent demain. Je sacrifierai mon après midi pour y aller seul puisque le match commence à 17 heures._ Rambo, Fouad et Amine allèrent vers un marchand de glaces, ce dont en profita Zoubir pour glisser à l'oreille de Saïd.

— Bon, d'accord, mais il ne faut pas le dire aux autres, ils me prendront pour une girouette. Tu me trouveras au café à l'entrée de Chéraga près du point de vente des matériaux de construction, à 14 heures précises.

— Youpi !!! Merci mon ami, on va bien s'amuser, tu verras !

Leur soirée débuta par les séances de drague vulgaire et les provocations des riverains qui changeaient de trottoir. Restant en retrait, Zoubir les suivait submergé de honte et se demandait si son entêtement à copier leur ignoble comportement le mènerait à la réussite de son plan. Il se souciait de son acoquinement avec des crapules qui n'hésiteraient pas à le balancer à la vindicte populaire an cas d'accroc. A sa décharge et inconsciemment, il répétait la démarche de Smain qui avait décidé de déranger son esprit pour aboutir à ses fins en faisant l'homme dépourvu de scrupules.

Quand le vieux psychiatre disparu écrivait qu'il fallait honorer les morts et les écouter, il ne voulait absolument pas dire qu'il fallait venger les victimes de mort violente. Il avertissait du danger mortel de l'oubli, que Zoubir avait interprété comme une incitation au châtiment et n'en démordait pas. Le lieutenant dormit du sommeil du juste, aucune idée noire ne vint compromettre son repos.

Il prit le temps de se raser à son réveil, se fit un café fort et visqueux qu'il aurait été ardu de remuer avec une simple cuillère, semblable à une marée noire qui emprisonne un albatros, et enfila un costume bleu de chauffe trop ample pour lui. Il se coiffa d'une casquette de marin, farfouilla dans une boite à outil et s'éjecta de son appartement pour enfouir un vieux survêtement dans la malle de sa voiture.

La circulation dense et lente irritait les automobilistes qui lançaient des imprécations aux jeunes malins qui se faufilaient dans la file pour gagner quelques mètres. Une gargote insalubre bondée de gens affamés engloutissant d'énormes casse-croûtes qui leur creusaient l'appétit au lieu de les rassasier, l'attira. Casse-croûtes était un bien grand mot eu égard aux ronds de galettes fourrées de viande hachée d'un animal abattu sans contrôle et sans traçabilité. Les clients ne savaient jamais si c'était de la chair d'âne, de bœuf ou de chacal, mais ils en mangeaient quand même, car moins chère et préparée à l'avance parmi une nuée de mouches bleues.

Zoubir en avala trois et gara sa berline dans une ruelle bordée d'imposantes habitations que l'on nommait à tort villas. Tout en béton, pas d'architecture recherchée, pas de style, pas de décor et pas d'espaces verts, de véritables bunkers. Le peuple étant pauvre, les nouveaux riches construisaient tout en hauteur, pas un mètre de terrain n'était épargné ; plus c'était haut et plus c'était clinquant. A la décharge des parvenus, il est utile de souligner que durant leur traversée du désert, en pleine disette, ils avaient conçu beaucoup d'enfants à défaut d'autres loisirs. Ils se rattrapaient dans l'habitat et réservaient une chambre à chacun d'eux. Les pièces des étages supérieures s'alignaient sur celle du rez-de-chaussée, un long couloir enfilait les chambres comme dans une prison de haute sécurité.

Il emprunta le bus de Chéraga, un cercueil ambulant où les voyageurs debout étaient plus nombreux que les assis, duquel il descendit juste devant le café du rendez-vous. Il n'eut pas fini de boire sa limonade que Saïd pointa sa carcasse. Ils partirent ensemble à la chasse d'une place de stationnement dans le parking du stade. Ils croisèrent une marée humaine qui s'égosillait en agitant des drapeaux et dansant sur la route.

A première vue, le nombre de tickets d'entrée vendus était largement supérieur à la capacité du stade. La cohue des spectateurs se heurtait par vagues successives aux policiers postés devant les grilles des accès. Les spectateurs forts de leur droit brandissaient leurs billets et formaient des carrés de centurions où ceux de derrière poussaient ceux de devant. Ces derniers encaissaient les coups de matraque assénés à tour de bras et servis en tourniquets.

Les gros bras en tenue n'y allaient pas de main morte et brisaient les cranes tendus en offrande et incapables d'esquiver comme des noix. Il y eut un moment de bousculade provoquée par les bataillons antiémeutes appelés en renfort, analogues aux équipes de la voirie venus nettoyer des détritus. Un jeune spectateur enragé par la déception de ne pas voir le match écrasa par inadvertance le pied de Saïd qui lui porta une fâcheuse pichenette du coude qui lui brisa le nez. Les camarades du blessé sautèrent sur le colosse qui plia sous le nombre et tomba à genoux, entrainant le lieutenant dans sa chute.

Zoubir réussit à se relever de sous la masse des corps et se dégagea de la mêlée pour prendre les jambes à son cou. Il entendit dans sa fuite des cris « il est mort ! Il est mort ! » Puis ce fut le sauve-qui-peut général. Il ne cessa sa course éperdue que sur l'esplanade du parking où il se sentit en sécurité, étant assez loin du champ de bataille. Il retira sa casquette et courut en dératé à la poursuite d'une voiture qui démarrait et supplia le propriétaire de le ramener à Chéraga.

Voyant le bleu de chauffe et la casquette élimée, le jeune homme eut pitié de lui. Comme la majorité des jeunes de son époque, il sublimait la mer et ses gens, et au premier coup d'œil son passager avait l'air d'un pêcheur ou d'un marchand de sardines.

— Tu es venu à pied de Chéraga ?

— Oui, mentit Zoubir— savoir mentir est un art où il excellait — mais on ne m'y reprendra plus ! C'est la dernière fois que je mets les pieds dans un stade. D'abord parce que même avec un ticket coutant les yeux de la tête, on n'est pas sûr de voir un match et ensuite on se fait taper dessus.

— C'est aussi mon avis, quoi qu'il n'existe pas de grande différence entre le foot et la pèche, claironna le samaritain. Le poisson que vous vendez n'est pas à la portée de toutes les bourses. Je n'en vois pas sur le marché actuellement !

— La réponse est simple, tacla Zoubir, on le rejette à la mer pour ne pas baisser les prix.

— La sardine est la viande du peuple comme le foot en est l'opium. Excuse ma franchise mais vous êtes des salauds !

— La populace n'a que ce qu'elle mérite, ça ne lui arrive jamais de bouffer du gros poisson ?

— Heu... si...mais s'il s'engraisse du petit que vous rejetez, il devient inaccessible.

— Dépose-moi là et merci !

Il refit le même trajet qu'il avait fait en bus pour reprendre sa voiture_ Vous êtes le propriétaire ? Déclara un habitant qui sortit devant sa porte au bruit du moteur. Vous m'avez forcé à faire le tour du pâté de maisons dans mon camion pour pouvoir rentrer chez moi. Vous n'êtes pas d'ici ?

— J'habite juste à coté, je le dissimule n'importe où pour empêcher mon frère cadet de frimer avec. Avec les jeunes d'aujourd'hui, un accident est vite arrivé. Zoubir se dirigea vers un lieu discret en sortant de la route, puis mit le survêtement et se débarrassa de son costume bleu de chauffe en le jetant en boule au pied d'un arbre.

A la première heure de la reprise de travail du lendemain, le commissaire Bachir fit irruption dans son bureau, énervé et fouillant ses poches à la recherche d'une cigarette à griller pour se donner une dégaine sereine, qu'il ne trouva point.

— Reporte pour plus tard ce que tu as à a faire et file au commissariat d'El-Biar, un policier a été assassiné !

— Quand ? Ce matin ?

— Que sais-je ? Pose les questions qui te trottent dans la tête quand tu seras là-bas.

Sur place, il tomba sur une réunion de la cellule de crise composée du commissaire, Rambo blanc comme un linge délavé et de l'officier antipathique assis les jambes croisées et goguenard.

— De quoi est mort Saïd, s'enquerra-t-il.

— Abattu par un tournevis en plein cœur alors qu'il s'apprêtait à voir le match de foot d'hier.

— Ni témoin ni indice ?

— Des témoins ? Il y en a trop ! Plus de 5000 brandissant leurs billets devant les accès du stade. Quand les antiémeutes les ont chargés, ce fut un tremblement de terre, le chaos. Que voulez-vous avoir comme indice ou témoin dans une telle débandade ?

— Je ne crois pas, non ! Coupa l'officier de sa voix fluette. Le décès de Saïd importe peu ! Par contre, la plaquette de kif découverte dans sa voiture sur le parking m'inquiète beaucoup. Je penche pour un règlement de compte.

— Il a déjà reçu des menaces à ce sujet ? S'enquit le lieutenant.

— Une hypothèse plausible qui colle à la trouvaille. Deux de ses indicateurs sont des dealers qui lui ont rendu pas mal de services, il est probable que Saïd...

— Ses informateurs ne l'auraient pas tué, ils sont ne sont pas idiots au point de laisser des traces grossières qui les accuseraient. Quelqu'un d'autre a déposé la drogue pour orienter les soupçons sur eux, affirma Zoubir.

— Je ne le crois pas non plus, persista l'officier. La voiture était verrouillée, Saïd connaissait donc son meurtrier. Le kif a été déposé avant qu'il ne soit transpercé par le tournevis.

— A moins que le défunt n'ait pris attache avec un réseau rival, ce qui aurait déplu à ses collaborateurs.

— Possible et facile à vérifier, affirma Rambo, je vais de ce pas mettre sur le gril les deux énergumènes et les forcer à avouer.

— Et s'ils sont innocents ? S'inquiéta le lieutenant. Ne perdez pas de vue que c'est moi qui mène le bal. Je réfléchirai à ce qu'il faut faire et cela ne vous regarde plus désormais. Vous pouvez à titre bénévole récolter des tuyaux pour moi, mais la décision finale m'appartient.

Il marcha sans but dans le quartier, songeant à la manière de boucler son enquête sans se départir du vraisemblable. Il croisa des habitants réjouis par la nouvelle et qui ne se gênaient pas de le montrer. La fin d'une souffrance ne diminuait en rien la volonté d'exacerber le désir de vengeance. Sur les visages rieurs, il constata la veulerie, cet état d'esprit qui oxyde les consciences. Rares étaient ceux qui le regardaient avec un masque de compassion feinte ou réelle.

Trois jours plus tard, un dealer inconnu du fichier fut retrouvé mort, poussé sur la voie du tramway par deux indics de Saïd. Des témoins qui les avaient vus à l'œuvre furent rappelés à l'ordre et se rétractèrent.

On pensa que les deux tristes sires avaient vengé leur protecteur, d'autant plus que l'homme déchiqueté était électricien, un habitué des tournevis. Le dossier fut clos à la satisfaction de Zoubir qui y entrevit une main divine. Il eut Othmane au téléphone qui exigea une rencontre urgente, demande à laquelle il obtempéra en se rendant à la Maison de Smain où il le trouva dans tous ses états.

— Dis-moi la vérité, es-tu pour quelque chose dans ce meurtre ? Je sais qu'il figurait dans la liste des quatre qui m'ont bousculé et violé la femme de ton ami.

— Cela te dérangerait si c'était le cas ?

— Beaucoup ! Il est plus facile d'enterrer quelqu'un que de l'aider à corriger sa violence. Je doute que tu saches pardonner et je te répète ma question : Y es-tu pour quelque chose ?

— Non ! Rétorqua le lieutenant sans sourciller.

—Tu me rassures même quand tu mens. Il y a une part de toi qui dispute l'honnêteté à l'autre partie. Il est vrai que la pente de l'inhumanité est si douce que l'homme est enclin à l'apprécier car elle annihile la raison.

— Il y a des moments où, aveuglé par le sacré de l'amitié, je ne peux plus raisonner paisiblement. L'homme idéal est un ascète sans envie, sans amour et sans amitié.

— A chaud comme ça, tu me déroutes et je te réponds à l'emporte-pièce. Tes idées funestes t'obsèdent, te broient sans que je puisse t'aider. Je n'ai rien d'autre à te proposer que de lire le livre de Smain, peut-être y trouveras-tu ce que tu cherches. As-tu vu Linda ?

— Je la vois quelques secondes de temps à autre sans lui parler car je ne suis pas seul dans l'officine où j'y vais pour l'achat de babioles sexuelles dont j'ai honte.

— Assieds-toi, elle sera bientôt là. Je t'avais prévenu qu'il ne fallait pas jouer avec le feu. Une femme est une femme quel que soit son instruction ou rang social. Elle ne pense pas comme un homme.

— Mais qu'est-ce que j'ai encore fait ?

— Tu t'es barricadé derrière l'indifférence, incapable de ressentir autre chose que la pitié ou la haine.

Son amour-propre ayant pris un coup, le lieutenant se leva pour battre en retraite et se trouva nez à nez avec la pharmacienne qui entrait.

— Ah, te voilà enfin, sourit-elle en le saluant. A l' instant où il lui sera la main, il sentit s'envoler son courroux par enchantement. Il fut content sans en connaître la cause.

— Alors Zoubir, tu ne fais plus le conquérant ou ne suis-je pas assez convaincant ? Railla le psychiatre.

— Que se passe-t-il, interrogea la jeune femme revendiquant une explication.

— Notre ami était impatient de te revoir, ton retard l'a énervé.

— C'est vrai ? Roucoula-t-elle, les centaines de préservatifs que tu stockais n'étaient donc pas pour toi ?

— Tu sais que je devais faire leur jeu pour paraître crédible et gagner leur confiance. Je n'ai pas besoin de ces trucs, ne connaissant aucune fille !

— Si je comprends bien, je suis un objet de décor, ironisa-t-elle.

— Toi, c'est différent, tu....heu...Toussota Zoubir.

— Voilà qu'il lève le drapeau blanc ! Taquina Othmane.

Le mot drapeau dressa les oreilles du lieutenant qui se souvint de son père et de son sifflet. « Pour Linda, rêva-t-il, je brandirai tous les drapeaux du monde. Je serai la locomotive qui nous éloignera des tracas de ce monde et des berges polluées, je.... »

— As-tu remarqué la tristesse des copains de Saïd ? Clama-t-elle.

— J'ignore si c'est la tristesse ou la peur.

— Peur de quoi ? S'étonna Othmane

— L'appréhension de leur environnement, de leurs relations. Ils sont tout le temps dans la vase, il y a forcément un moment ou le marais s'assèche.

— Pourquoi restes-tu dans leur groupe au risque d'être pris pour cible, n'est-il pas temps de te retirer ? Enquêter sur la mort de ton ami te sert à quoi ?

— A faire éclater la vérité !

— Admettons que tu parviennes à les confondre, et après ? Crois-tu qu'ils vont être inquiétés ?

— La page déchirée du registre les accuse, leur forfait ne doit pas demeurer impuni.

— Mon avis est que tu t'extirpes au plus vite de cette bouillabaisse avant qu'ils ne te boutent hors de leur clan dans un caisson en bois d'eucalyptus, lui fit remarquer le docteur. Tu ferais mieux de t'occuper de tes histoires de bidonvilles.

— Qu'importent les retombées en cas d'échec, je te soutiendrais toujours, le rassura Linda.

— Héhé, ricana Othmane, la poule qui caquète commence à chanter comme un coq. Au lieu de le raisonner pour préserver sa vie, tu le pousses dans une impasse. Comme l'on dit au village, apprends-leur la prière et ils te devanceront sur le tapis.

— Vous vous chamaillez pour rien à mon sujet, dit le lieutenant. Entre amis, je n'ai pas à vous remercier pour vos avis qui me perturbent plus qu'ils ne me soulagent. Ils divergent tellement sur un objectif que je n'ai pas à l'esprit !

— Sans rire ? Bouda Othmane.

— Sérieusement dit, je ne suis pas né pour occire des gens même s'ils commettent des crimes. Il est vrai que je suis brutal dans les punitions afin de prévenir les récidives.

— Puisqu'elle te soutient dans ton entreprise, je ne te fermerai pas ma porte mais débrouillez-vous pour le reste.

— Changeons d'atmosphère, voulez-vous ? Je vous invite ce soir.

— Où ça ? S'intéressa Zoubir, à la Corne d'Or de Tipasa ?

— Pas du tout ! La lumière tamisée, les chuchotements, la musique imperceptible, tout est faux !

— Excellent ! Applaudit Othmane. Tu lui as remis « les raisons de la folie » ? Demanda-t-il à son ami.

— Je ne l'ai pas encore terminé, les derniers chapitres sont rudement durs à interpréter. Smain martèle effectivement au long de plusieurs pages que tout n'est qu'apparence, que l'irréel et les fantasmes sont le fruit de la paresse de l'esprit.

— Un salon littéraire pour radoter des histoires de fous ? Interrompit la jeune femme. J'ai tout préparé avec l'aide de ma mère, vous aurez le loisir d'évaluer la cuisine d'une citadine aux doigts de fée.

— Nous partons chez toi ? Si on se déplace pour des frites et des semelles grillées, autant se contenter d'une « *doubara* » traditionnelle, ma chère amie, osa le médecin.

— Vous oublierez les plats ruraux que vous vantez à longueur de journée. Je retiens ceux que j'estime par l'estomac, tout humain y est sensible.

— Pour éviter de nous faire repérer, nous partons dans ta voiture, conseilla le lieutenant.

Dès qu'il vit Zoubir, le père fronça les sourcils et ne tendit pas la main pour le saluer, animé par une sensation de répulsion. Il lui tourna le dos et pilonna sa fille du regard. Comment osait-elle introduire un truand de son espèce chez lui ? Que penseraient les voisins quand ils le sauront, s'ils ne le savaient pas déjà ? Il revint à de meilleurs sentiments sous le coude bien appuyé de sa femme dans les côtes.

Les présentations effectuées, les invités et leurs hôtes s'affalèrent dans le salon au sol recouvert d'un épais tapis de laine tissé à la main, comme on le faisait toujours dans les mechtas des Aurès. Une belle pièce de patrimoine que d'aucuns collectionnaient et étalaient durant les fêtes.

Une chape de méfiance plomba la rencontre, due essentiellement au comportement du père qui regardait le plafond, ne voulant point se mêler à la conversation que Zoubir et Othmane se hasardaient à animer tant bien que mal. Les deux hommes perçurent son malaise et surent qu'ils étaient de trop dans la maison en dépit de Linda qui se dépensait considérablement pour débloquer la situation.

Ce fut une tranche de temps constipée, alourdie par l'absence de convivialité, trainant en longueur par politesse. La pharmacienne subodora leur impatience et ne sut comment désamorcer la bombe qui risquait d'éclater à tout moment. La maitresse de maison, cramoisie par la pudeur qui l'empêchait de sermonner publiquement son mari pour son manque d'entrain et d'hospitalité, prolongeait des soupirs d'impuissance.

Zoubir que le tact n'étouffait pas, se leva, s'étira comme un chat à son réveil et montra ses dents en guise de sourire.

— Il se fait tard, monsieur, nous vous remercions de votre chaleureux accueil !

— Papa, clapit Linda la gorge serrée, tu es content de ce que tu viens de faire ?

— Laisse-le, Linda, il a raison. Au moins un homme qui n'est pas hypocrite et qui ne cache pas ce qu'il pense.

— Je n'aime pas les policiers de sa trempe, avoua le père. Ils s'aplatissent devant la puissance de l'argent et roulent des mécaniques devant les faibles.

— Il existe des agents intègres qui meurent au service de leurs concitoyens, plaida Linda.

— S'ils sont semblables à celui de notre arrondissement qui a passé l'arme à gauche l'autre jour, qu'ils crèvent tous ! Je ne savais pas que tu avais de telles fréquentations.

— Tu parles de Zoubir ? C'est un faux policier !

— Ne me raconte pas d'histoire ma fille, je l'ai vu trainer avec la meute qui a fait main basse sur la ville.

— Tais-toi donc, riposta sa femme au bord de l'apoplexie, je t'assure que c'est le meilleur des hommes. Je te dirai tout plus tard !

Linda adressa à sa mère un sourire de gratitude. L'assistance se détendit lorsqu'Othmane leur conta ses déboires de jeunesse. Il avait la singularité d'employer le rire pour dénouer les malentendus. Il leur narra le procès de Smaïn, son père spirituel qui avait trucidé par inadvertance Bouboul le chat. « J'étais jeune, leur dit-il, et croyez-moi, cette affaire a fait jurisprudence. Depuis ce jour-là, les chats, les chiens et même les tortues étourdies qui se déhanchaient sur les sentiers furent protégées sans l'aide d'association ou d'Amar Bouzouar.

— La belle époque, exulta le père, les animaux avaient bien des égards en comparaison aux hommes. Au fait, vous faites quoi dans la vie ?

— Vous êtes le seul à ne pas me reconnaître, il va falloir que je vous soigne, s'esclaffa Othmane. Je suis psychiatre !

— Dans une minute, vous me direz que vous êtes le patron de la Maison de Smaïn.

— Quand on ignore une chose, il faut se renseigner, père ! Il est en effet le patron de la clinique.

— Vous soignez les débiles mentaux ? Les boites crâniennes que la démence fissure ?

— Absolument pas, petit père ! Dans la clinique, je protège ceux qui sont à l'intérieur de ceux qui sont dehors et qui sont les plus dangereux parce qu'ils circulent librement.

Éberlué d'abord, le maitre de céans pataugea dans un rire épais et sans fin, un abysse d'hilarité augmentant d'intensité jusqu'à l'asphyxie. Il eut des hoquets paralysants qui astreignirent sa femme à lui faire boire un verre d'eau cul sec. Il essuya ses yeux d'un revers de manche et dit à sa fille.

— Maintenant je comprends pourquoi tu insistais pour me les présenter. Un faux lieutenant de police affublé d'un guérisseur de têtes malades, une jolie sorcière pour couronner le tout !

Soulagée par la tournure joyeuse de la soirée, la mère se leva et les invita à table quand elle eut fini de mettre le couvert. Des plats mijotés montait une agréable odeur qui chatouillait les narines, celle du pain chaud cuit dans le four d'une cuisinière. Doté d'un odorat et d'un palais infaillibles, Othmane s'assura de l'incontestable qualité de la bombance.

— Avant que vous ne vous trompiez de destinataire pour vos critiques, je vous annonce que Linda a cuisiné seule ! Précisa la mère.

Le lieutenant vit rougir la concernée pour la première fois. Ils s'assirent à table et l'on n'entendit que les mâchoires qui mastiquaient et le tintement des couverts. A voir l'expression des visages, la mention était acquise. Le passage des mets était mûrement étudié, les aliments bien cuits et les épices appropriées. La chorba frick irisée de persil et de coriandre frais précédait un *Méthawam* appétissant, lui-même suivi d'une salade variée assaisonnée d'huile d'olive. Une exquise tarte au citron pour terminer en apothéose.

— Si ce n'est pas trop te demander, souffla Othmane en desserrant de plusieurs crans sa ceinture, il nous faut à présent un bon thé à la menthe pour faire transiter tout ça !

— Nos invités paraissent satisfaits, lança la mère à sa fille, tu as réussi brillamment ton examen en leur bouchant un coin.

— Ne l'écoutez pas, ajouta le père dans une suffisance tonitruante, elle fait la promotion de sa fille. Ne te fatigue pas, ils sont sûrement mariés à leur âge, n'est-ce pas vrai ?

— Que non ! Objecta le psychiatre, nous ne sommes pas si chancelants que ça que diable ! Nous resplendissons de jeunesse.

— Qu'attendez-vous ? De mon temps, on se mariait au sortir de l'adolescence pour voir grandir nos enfants et leurs problèmes. Si vous n'aimez pas les enfants, vous n'avez pas tort !

— Je les adore et j'en ai une ribambelle !

— Vous vous en occupez vous-même ? Leur mère n'est plus ?

— Je ne sais pas s'ils ont eu ce que vous appelez mère. Il y a une équipe formidable qui s'occupe d'eux.

— Je te le détaillerai incessamment, père. Othmane parle sérieusement !

— A chaque fois que j'ouvre la bouche pour comprendre, vous me remballez à plus tard. La vie est brève, je risque de mourir idiot. _ Et vous monsieur le faux policier, avez-vous aussi des enfants sans mère ?

— Ni femme ni enfant, je n'y ai pas songé. Peut-être dans quelques années quand je rencontrerai une vraie femme, répliqua Zoubir avec un regard furtif à Linda qui détourna la tête.

— Je ne discerne plus le vrai du faux, vous ébranlez mes certitudes les enfants !

Linda les ramena à la clinique et en manœuvrant pour faire demi-tour, elle fit signe à Zoubir qui s'approcha de la vitre baissée pour s'entendre demander.

— Que voulais-tu dire par vraie femme ?

— Une femme comme toi, belle et intelligente malgré l'incompatibilité de ces deux qualités. Il lui ébouriffa la chevelure et trotta pour rattraper Othmane.

Elle médita un long moment collée au volant puis ouvrit la portière pour courir sur ses traces mais il avait disparu de son champ de vision. L'opinion qu'elle se faisait de lui était sans condescendance. D'un caractère indéfinissable pour ceux qui ne le côtoyaient que par occasion, il avait des agissements imprévisibles à la limite du rustre. Un rustre raffiné par ses prises de position tranchées où la loyauté occupait une grande place dans ses préoccupations.

Un pan entier de son attitude s'étayait par l'amitié, sentiment tapi au fond de son cœur. Elle avait déduit dès ses premières confessions que c'était un homme qui se culpabilisait de ne pas avoir été là quand il le fallait. Tourmenté à l'extrême, Zoubir se rebiffait lorsque quelqu'un tentait de sonder ses pensées pour le comprendre. Il ne désirait pas être compris.

Il y a des hommes qui refusent d'être suivis dans leur conviction, pas pour cacher le tréfonds de leurs entrailles mais surtout pour se sentir libres dans leurs actes. Des hommes indomptables qui ne peuvent être dressés que par la tendresse désintéressée, et Linda se voulait terriblement femme pour apprivoiser la timidité maladive du lieutenant. Elle comprenait ses dérobades sentimentales quand elle quêtait secrètement un mot gentil et rassurant, un bout de ficelle pour construire une passerelle et franchir l'obstacle qui les séparait.

Linda avait senti qu'il voulait lui caresser les cheveux et qu'il s'était ravisé au dernier moment parce qu'il ne savait pas le faire, étant plus habitué aux gestes d'amitié qu'aux messages d'amour. Zoubir parlait avec ses yeux, sa bouche n'avait rien à dire et son attitude émouvait la jeune femme au bord des larmes. Elle pressentait de lourdes conséquences à sa relation avec le lieutenant, principalement en cette période trouble où il serait tôt ou tard soupçonné d'être l'auteur du meurtre. Elle acceptait néanmoins cette attirance et luttait contre sa raison qui s'y opposait.

Pour sa part, Zoubir idéalisait la jeune femme qu'il ne connaissait pourtant que depuis peu. Il recherchait sa présence sachant pertinemment qu'elle pouvait payer le prix de ses propres actes engendrés par une soif de justice, fut-elle parallèle à celle que rendait la société au nom du peuple. Si Bilal vivait encore et que le lieutenant devait choisir entre son amitié et l'amour de Linda, il aurait rejoint sans regret le camp de son ami. Bilal n'était plus, il avait décrété que ceux qui lui avaient ôté la vie à la fleur de l'âge devaient chèrement payer leur forfaiture et qu'il n'aurait de paix que s'il y parvenait. C'était son choix.

Pourquoi persistait-il à fréquenter les personnes qu'il haïssait ? Pour les habituer à l'insouciance avant de les faire disparaître. Pour accéder à ses fins, le lieutenant nageait dans le cynisme, à contre-courant de la logique. Ses relations douteuses et sa tendance à s'acoquiner aux voyous qu'il visait restaient un dilemme, un mystère pour Othmane qui peinait à percer ses penchants pour pouvoir les disséquer.

Son désir de châtier les criminels de son ami l'obnubilait au point de délaisser le travail pour lequel il était payé, qu'il bâclait délibérément afin de se consacrer à son objectif primordial. Son métier n'était pas de tout repos, il fut sujet à d'énormes tracas dont la finalité était de l'écarter des investigations qui pouvaient mener loin. Il était conscient qu'il ne ferait pas de vieux os dans la profession, mais bravant les menaces réelles ou imaginaires, il s'entêtait à démêler les fils inextricables des écheveaux.

Le lieutenant fut l'objet d'un attentat dont il eut la prémonition. Ce matin-là, à son réveil, dévalant les marches de l'immeuble dans lequel il résidait, il sentit une odeur putride avant d'atteindre le hall d'entrée. Il aperçut à droite de la roue arrière de son véhicule garé à quelques mètres, un chat aux taches marron couché sur son flanc, le ventre gonflé qui exhalait une pestilence. Il contourna la voiture et démarra sans chauffer le moteur comme il en avait l'habitude.. Ce n'est qu'en s'éloignant du chat mort qu'il baissa les vitres pour aérer l'habitacle qui sentait la charogne.

Zoubir avait coutume de diversifier ses itinéraires pour rejoindre son travail. Il emprunta une route bordée d'eucalyptus plantés en rangs serrés, esquivant les bosses de goudron et les crevasses produites par les racines tentaculaires qui s'entrelaçaient sous terre. Les automobilistes étaient rares à cette heure. Il vit un adolescent sac sur le dos, faire de l'auto-stop. La pratique était courante. La ligne n'était pas rentable et les bus la dédaignaient. Les travailleurs, les écoliers et les étudiants parcouraient la distance à pied pour arriver à destination.

Le lieutenant n'hésitait pas à transporter ceux qui le sollicitaient lorsqu'il passait par cette route qui nécessitait plus de vigilance dans la conduite, pour son manque de visibilité. En effet, des enfants, des tracteurs ou des motocyclistes débouchaient sans avertir d'entre les arbres dissimulant des chemins vicinaux, et provoquaient des accidents où les automobilistes étaient toujours coupables vis-à-vis des parents des victimes.

Il actionna son clignotant et ralentit pour s'arrêter à la hauteur de l'auto-stoppeur quand il remarqua en une fraction de seconde un mouvement derrière un gros tronc d'eucalyptus. Son instinct de chasseur lui dicta de foncer. Il accéléra brusquement mais ne fut pas tiré d'affaire car une remorque de tracteur surgit d'un chemin perpendiculaire pour lui bloquer la route. Le lieutenant se fia à sa bonne étoile et joua son va-tout. Il sortit son Beretta en maintenant sa vitesse pour émerger du guet-apens avant que le tracteur et sa remorque n'obstruent totalement le passage. Il tira à travers la vitre en supputant sur la position du tractoriste, recevant des salves en réponse à son pistolet. Il donna un léger coup de volant pour ne pas déraper et passa de justesse entre un arbre et l'arrière du halage. Il s'en est fallu de peu pour que le choc ait lieu avec des conséquences désastreuses où il aurait été réduit en bouillie après avoir évité d'être transformé en passoire.

La sueur inondait son front, lui piquait les yeux et s'introduisait entre ses lèvres sèches. Il voulut l'essuyer avec sa manche mais son bras ne lui répondit pas et propagea une douleur lancinante. Il ressentit la chaleur d'un liquide sur son pantalon, et c'est alors qu'il vit des gouttes de sang dégouliner le long de son bras pour imprégner sa cuisse. Se sentant faiblir, il bifurqua directement vers un hôpital et se fit admettre aux urgences.

Une balle lui avait entaillé le bras emportant une lame de chair, en épargnant l'os, libérant le sang qui coulait abondamment. Alerté par les renseignements généraux à l'affut des cas de fusillade, le commissaire Bachir se déplaça aussitôt pour s'enquérir de son état.

— Tu penses que ces zigotos s'étaient embusqués pour te gommer ? Comment savaient-ils que tu passerais par cet endroit et à cette heure précise ?

— Vous m'en voyez étonné, chef ! Je n'en sais pas plus que vous mais je le saurai bientôt.

— Je suis ici pour te dissuader d'enquêter sur cette agression. Tu ne peux pas être juge et partie, ce chevauchement altérera ton discernement.

— Je suis le principal concerné et personne d'autre n'éprouvera ce que j'ai ressenti à ce moment. Dieu merci, je n'ai pas paniqué mais j'avoue que j'ai eu affreusement peur. La peur est une défense indicible qui se déclenche à l'insu de l'esprit comme un malade qui lutte contre son mal en fabriquant ses propres anticorps.

— Tu n'as touché aucun de tes assaillants ?

— J'ai tiré au jugé sans réfléchir, pour me dégager de la tenaille, en fonction de mon instinct et de mon expérience. Je suis l'antithèse d'un héros, commissaire, j'ai les jambes qui tremblent encore !

— Bon signe, petit. La peur est la marque des héros. Il n'y a que les fous qui ne craignent rien car sentimentalement éteints et insensibles au danger.

« Cause toujours, monologua le lieutenant, la folie à bon dos pour supporter les vices de la terre. Les fous ont peur aussi. Ils ont peur de la solitude et se parlent à eux-mêmes, peur de leurs semblables car une bonté inattendue leur parait absurde. Ils ont peur de leur ombre qu'ils conçoivent en ennemie parce qu'elle les suit partout. Les fous n'ont pas de dieu dans lequel ils se réfugient pour bénéficier d'une miséricorde après leurs actions irréfléchies, pas d'amis ou de famille pour les dorloter et les rassurer. Ces gens-là sont apatrides et rejetés par les religions. Ni esclaves ni maitres. Un fou est ce qu'il y a de plus beau quand il parle sans s'autocensurer. Il est vrai et le revendique. Tout comme nous, c'est un postulat impossible à expliquer ou à définir comme le disait Smain. »

— Tu somnoles ? Je dirai au médecin de te prescrire dix jours de repos que tu mettras à profit pour reprendre des forces. Va chez tes parents et replonge-toi dans le cocon familial, cela te fera du bien. Entretemps, je confierai l'affaire à Messaoud, il se fera les dents.

— Messaoud ? Sursauta Zoubir se mettant sur son séant. C'est différent d'un détournement de fonds, il compliquera les choses !

— Il te mâchera le travail, je le connais. Ne serait-ce que pour prouver sa compétence dans d'autres domaines, c'est son péché mignon.

— Je n'aime pas Messaoud, patron ! C'est notoire, il faut qu'il sache que mes agresseurs ne font pas dans la dentelle.

Le lieutenant repassa dans son appartement, agréablement surpris par l'enlèvement du cadavre du chat dont l'emplacement avait été recouvert d'une couche de terre vidée d'un vase, et qui comportait encore des bouts de racines fines et blanches similaires à de longs asticots inertes. Il chargea un sac de sport de vêtements de rechange et fila à la Maison de Smain, enfilant une veste pour dissimuler le bandage de son bras que des douleurs picoraient par intermittence.

Il se tritura vainement les méninges pour recueillir quelques gouttes de compréhension. Des innombrables suppositions qu'il décortiquait, aucune ne le renseignait sur le mobile de l'attaque. L'aide du psychiatre était fondamentale pour trouver un fil conducteur.

— Réfléchissons calmement, nota Othmane, tu n'as flairé aucune menace avant cette agression ?

— Mais non voyons ! Sinon j'aurais fait attention.

— Parmi tes informateurs, tu n'as pas de rancuniers ou de dépressifs ?

— Je n'emploie pas d'indics, les résultats dépendent de mes cogitations.

— Il faut en recruter, mon ami, aucune police au monde ne travaille sans indicateurs.

— Tu as peut-être raison, je me méfiais de ces collaborateurs qui gênent plus qu'ils ne rendent service. Quand ils se sentent protégés pour service rendu, ils commettent des délits potentiellement dangereux qu'il est difficile de couvrir. Je consens finalement à en avoir pour sauver ma peau.

Linda fit irruption dans le bureau comme un brusque courant d'air, claquant portes et fenêtres. « Je suis la dernière à le savoir, hein ? Tu aurais pu rester sur le carreau avec personne pour te pleurer ! »

— Bonjour mademoiselle, hennit le psychiatre en se bouchant les oreilles avec les paumes de ses mains, s'ébrouant la broussaille de ses cheveux.

— Pardon Othmane, la nouvelle m'a assommée.

— Par quel canal l'as-tu su ? Bredouilla Zoubir

— Comment ? Mais tout le monde en parle à présent ! Tes nouveaux acolytes l'ont chanté sur tous les toits, et l'on ne peut pas dire qu'ils étaient malheureux. Les citoyens ont applaudi l'évènement et souhaitent la même leçon à un autre. Tu es haï des deux côtés de la barrière.

— Pour quel motif mes acolytes comme tu les désignes se délecteraient de ma mésaventure ?

— Je pense que tu leur as fait de l'ombre avec ton arrogance et ta suffisance simulée ou réelle, à tel point qu'ils espéraient ta mort. Tes collègues et les habitants, unis dans la haine, te craignent pour ta puissance supposée mais ne t'aiment pas.

— Je n'ai jamais cru ce qu'on disait de moi, bon ou mauvais, bourdonna le lieutenant. Je refuse d'être ce qu'ils veulent que je sois !

— Nous dévions du sujet, hulula Othmane, assez de chamailleries. D'après tes dires, ces gars t'ont attaqué à l'aide de fusils d'assaut ? Comment se fait-il que des délinquants se baladent avec des armes de guerre en plein jour ?

— Ils m'ont tiré dessus par rafales et c'est ce qui me turlupine. Mon chef m'a retiré cette affaire, j'enrage quand je pense que Messaoud l'instruira à ma place. J'escompte d'ores et déjà le résultat, il ne trouvera rien !

— Ce commando doit être puissant, affirma Othmane. Il n'aurait pas pu te tendre une telle embuscade s'il n'était pas assuré d'une impunité. Ces tueurs ont éventuellement des complices au sein même de la cité où tu habites. Ils t'ont épié pendant plusieurs jours et connaissent tes différents itinéraires. Ils sont résolus à t'abattre de jour comme de nuit.

— La puissance ne se mesure pas à la capacité de détruire, mais à celle de construire. C'est ce que je m'efforce d'accomplir !

La pharmacienne insista pour voir la blessure et après deux tentatives avortées, elle réussit à lui enlever la veste. Othmane, pour les taquiner, ôta ses chaussures et resta pieds nus. Ahuri par cette attitude inconsidérée, Zoubir l'interrogea du regard.

« C'est une méthode infaillible pour se calmer et oublier ses illusions. A défaut de les plonger dans l'eau glacée, je desserre l'étau du cuir »

— Je peux enlever le bandage ? Chevrota Linda.

— Non, répliqua-t-il, ce n'est pas beau à voir et cela va saigner encore.

— Tu retournes à Sétif chez tes parents ?

— Pas question, rugit le docteur. Le trajet est long et fatiguant et qui peut prévoir ce qui adviendra ? Si l'embuscade a été possible ici, ils ne te rateront sûrement pas là-bas si toutefois tu y arrives vivant !

— Que proposes-tu ?

— Nous partons immédiatement au village où tu résideras durant les dix jours prescrits. Linda nous suivra pour me ramener demain matin.

— Ton village est sûr ? Chicota la jeune femme.

— Plus sûr qu'une caserne ! Tu t'entraineras dans le bois derrière l'usine de lait pour la reprise fonctionnelle de ton bras, dit-il au lieutenant. Un lieu idéal pour des séances de tir. »

Le couple resta sans voix. Voilà un respectable psychiatre censé raisonner et guérir les déprimés qui planifie une mise au vert d'un ami comme un parrain de la mafia pour ses hommes.

« Pourquoi me regardez-vous comme ça ?

— Non, rien, répliquèrent-ils en chœur, tu as tout prévu à l'avance ?

— Il faut protéger ses arrières, la vie est faite de compromis et de trahisons. Smain a commis bien des erreurs, mais en le couchant sur papier, il m'a rendu un inestimable service qui m'incite à ne pas les reproduire. Un homme qui sait est impardonnable. Il ne s'est jamais consolé de la perte de son ami Ali et se culpabilisait jusqu'à sa disparition. Pour ma part, je ne me laisserai pas faire et je garderai mes amis vivants.

— Merci Othmane, prononça le lieutenant d'une voix éraillée par la lassitude et l'émotion.

— A t'écouter, vous n'êtes pas tellement dissemblables, vous deux ! Agrémenta Linda

— Dorénavant, c'est la guerre, déclara le docteur dans un élan de solidarité. Les fous déclenchent les hostilités aux criminels. La différence n'est pas palpable, je vous aime et tiens à vous ! On ne meurt qu'une fois, autant mourir pour une rose._ il termina sa diatribe dans un rire lugubre, mi-hurlement mi-hululement qui leur dressa les cheveux sur la tête_

Zoubir profita de son congé forcé pour s'adonner à ses activités favorites dans un cadre agréable, oxygéné par l'air sain de la campagne, débarrassé des tracas professionnels. Les gens étaient sympathiques et prenaient le temps d'entamer une causette, le traitaient en important personnage. Il se laissait surveiller par des vigiles aussi discrets que des nez sur les visages. Cela l'amusait plus que cela ne le gênait car ils n'interféraient point dans ses désirs. La nuit, il les apercevait, postés à proximité de la maison, leur fusil de chasse à canon scié sous la kachabia. Une femme venait tous les matins assurer la restauration et le ménage.

Le jour, il courait à grandes foulées autour des vergers et des champs en jachère. Ses gardes ne le suivaient pas dans ses courses éperdues, mais il se rendait compte qu'il était étroitement épié en croisant quelques-uns assis sur des rochers surélevés comme des vaches regardant passer un train. Il dérouillait ses os sous les arbres dont les troncs encaissaient stoïquement les coups de pieds nus qu'il leur assénait, réduisant ses muscles en armes redoutables, des appendices transformés en arguments de combat.

Il eut la satisfaction d'avoir gardé ses réflexes de fauve, avant de s'exercer au tir pour parfaire l'équilibre de son corps. Il ne rodait pas aux alentours de la Roseraie d'Ali, suivant la volonté d'Othmane qui ne désirait pas troubler la quiétude des enfants. La nuit lui servait à élaborer ses plans d'attaque. Il refusait de continuer à vivre en regardant par-dessus son épaule à chaque déplacement. Il résolut de jouer l'offensive à outrance et ne donner aucun répit à ses adversaires.

A l'intérieur de la maison, ses lectures aidant, il crut à la présence de Smain qu'il souhaitait avoir comme interlocuteur. « Smain aurait sans nul doute approuvé ma décision de mettre fin à cette cavale en affrontant les causes. Il était un idéaliste qui préférait les mots à la violence et ne confondait pas amitié et condescendance. » Othmane avait conservé la philosophie de son gourou en l'actualisant au besoin du moment et préconisait une riposte. A l'époque du vieux incompris_ interné plusieurs fois pour ses vérités claironnées crument, batailles perdues face à l'étanchéité des mémoires_ les mots causaient plus de dégâts que les réformes dans les mentalités. Personne n'exprimait une pensée libre si elle n'était pas préalablement arrondie aux angles.

En son temps, Othmane avait déduit que les choses s'étaient figées en l'état. Tout le monde disait n'importe quoi et rien ne changeait. Un marché de dupes qui donnait l'illusion d'une liberté d'expression dans laquelle la fausseté s'incrustait pour longtemps. En sa qualité de rempailleur des mémoires altérées, Othmane avait abouti au refus de dialoguer avec les cerveaux hermétiques des criminels.

Exception faite des livres qu'il feuilletait dans la maison du psychiatre, Zoubir se complaisait de sa déconnexion d'un monde en perpétuel mouvement. Une conversation tenue par hasard avec un agriculteur qu'il ne pouvait taxer de revanchard sur la vie ou le temps, le marqua de façon particulière. Arrachant les herbes folles qui étranglaient ses petits pois, il parlait sans le regarder.

« Ne pas se mêler de politique est le meilleur moyen de vivre plus longtemps, affirmait-il, catégorique. Si tout le monde travaillait dans des conditions dignes, personne n'aurait peur de ne laisser que des cailloux à ceux qui nous succèderont. Chacun, hélas, croit être le dernier homme vivant et rafle tout. Nul n'est censé ignorer que la terre a besoin de repos, elle est humaine et respire comme nous. Boulimiques, nous dévorons ce qu'il y a dans le ciel, la mer, sur et sous terre. La terre est semblable à la femme, vous savez ! En enfantant tous les ans, elle flétrit rapidement comme un bambou surpris par la désertification. A force de traire une vache plus qu'il n'en faut, on finir par en tirer du sang »

— Vous militez pour un parti écologiste ? Hasarda Zoubir.

— C'est quoi ce truc, de la politique ?

— La nature a besoin d'être préservée, et pour la préserver il faut la défendre. Pour la défendre, il faut une volonté politique !

— Non monsieur ! Beugla l'agriculteur, se relevant pour lui faire face, décidé à lui faire avaler ses arguments._ Il était anormalement grand. Immense avec ses mains géantes et calleuses, la peau tannée par le soleil ardent_ On ne défend pas la nature ou une cause par des mots, l'action est requise dans beaucoup de cas.

— C'est-à-dire ?

— Prenons un arbre pour exemple. Supposez qu'un individu coupe un arbre qu'il soit fruitier ou autre, parce qu'il gêne pour entrer sa voiture dans son garage. Le motif importe peu, il se peut qu'il l'utilise pour la cuisson ou le chauffage. Quelle serait votre réaction ?

— Ben...je luis enseignerais l'impossibilité d'un monde sans verdure et lui expliquerais la conséquence sur l'écosystème.

— Et c'est tout ? Vous êtes laxiste monsieur ! Des années sont nécessaires à l'arbre pour devenir adulte et moins de cinq minutes pour l'abattre, ce n'est pas un meurtre ? Il est doté de sève de branches et de racines comme l'homme. La sanction doit être égale à un assassinat, sauf si c'est un bucheron qui est appelé à le faire, identique au bourreau que l'on paye pour les humains.

— Vous soutenez que le bucheron et le bourreau— individuellement ou en peloton— sont des criminels légaux payés pour ôter des vies ?

— Pas de conclusion hâtive, monsieur, le problème est complexe et on est encore loin de condamner sévèrement une atteinte à l'intégrité de la nature.

—Appliquer la peine de mort pour tout acte répréhensible ne me parait pas sage, blâma le lieutenant debout sur la pointe des pieds pour être à la même hauteur que l'agriculteur.

—La sagesse est un état d'esprit fangeux, une monumentale supercherie rabâchée pour pallier l'impuissance. Qui se prétend sage ne l'est plus lorsqu'il est confronté à un cas de conscience qui lézarde ses certitudes. »

Le lieutenant retomba sur ses talons et pâlit, se sentant visé par les paroles de l'agriculteur insensible à l'appesantissement. Le discours le contrariait mais avait néanmoins le mérite de satisfaire son appétence. Imbus de leur bon sens qui les enferrait dans leur survie, les paysans se politisaient de plus en plus et ne revendiquaient aucune étiquette partisane. Les dix jours de farniente requinquèrent le lieutenant dont l'état de santé s'améliora plus qu'espéré. Ce fut dans cette douce oisiveté que ses deux compagnons le récupérèrent.

5

L'absence de Zoubir n'avait aucunement servi à Messaoud pour prouver son habileté à glaner des indices. Les seuls traces concrètes qu'il lui exhiba à son retour de convalescence étaient des douilles ramassées sur les lieux de l'embuscade. Le commissaire était naturellement furieux des maigres résultats mais n'en disait mot par crainte de fournir du grain à moudre aux sarcasmes du lieutenant, pour qui le fiasco était prévisible.

Il n'était pas indispensable de faire des analyses balistiques, les douilles provenaient de son Beretta et de pistolets mitrailleurs, armes que l'on pouvait aisément acquérir dans les souks des pays en guerre qui étaient légion sur le continent. En proie au doute, Bachir ne savait pas par quoi commencer ni à qui s'adresser pour éclaircir la présence des fusils d'assaut.

« Vous le savez pourtant, chef ! Les bandits s'arment lourdement à présent et suivent un entrainement approprié. Hérisser les poils les alertera et les poussera à se terrer le temps que l'affaire se tasse.

— Je crains que nous soyons dépassés par les évènements, lieutenant, il sera trop tard lorsque nous nous réveillerons. Il serait judicieux de refiler l'os à la brigade chargée de la lutte contre le grand banditisme. Ses agents ont des techniques qui nous font défaut et leurs bavures sont ensevelies avec leurs victimes.

— J'emploierai les mêmes méthodes, patron, c'est le résultat qui compte pour nous comme pour eux.

— Je suis enclin à accepter ton offre à condition que tu ne comptes pas sur moi pour absoudre tes dérives, si dérives il y aura.

— Ne vous inquiétez pas chef, je relève le défi et je livrerai bataille sur un terrain inconnu. Vous couvrirez mes arrières au cas où il y aurait des traitrises. Ces gredins ne me font pas peur, j'ai peur d'être déçu par les miens !

— Tu te doutes d'une taupe ou tu dis cela en pensant à Messaoud ? C'est un homme un chouia prétentieux avec une grosse ambition, mais pas au point de vendre un collègue !

— Je ne vise pas Messaoud. Sans vous vexer, je vous demanderai de ne pas ébruiter ma mission et mes déplacements, il y va de ma survie.

— Étant si sûr de toi, tu as certainement une idée derrière la tête. Je ne veux pas connaître tes intentions, pourvu que tu ne me portes pas préjudice. Pour moi, tu es toujours en convalescence. Je ne t'appellerais qu'en cas d'urgence absolue. Tu peux rayer Messaoud de la liste de tes suspects parce qu'il stoppera ses recherches dès cet instant.

Affranchi, le lieutenant se mit à l'ouvrage en respectant à la lettre le plan élaboré durant son repos, qui nécessitait avant tout une bonne assise d'informateurs comme le lui avait soufflé Othmane, même si l'idée le rebutait. On n'avait jamais rien sans rien avec ces gars, encore fallait-il qu'ils soient efficaces. L'enjeu étant important, il songea à enrôler des individus inconnus des services dont le visage inspirait confiance. Il jeta son dévolu sur les bidonvilles, à la recherche d'hommes et de femmes qui avaient le profil idéal pour ce genre de travail. Il les choisit dans le milieu des voleurs et des escrocs, marginalisant les toxicomanes car trop vulnérables en état de manque. Il contacta huit hommes et deux femmes parmi ceux qui ne lui étaient pas redevables.

Un truand obligé est un mauvais collaborateur qui se presse de rendre service pour être quitte, au détriment de la fiabilité du tuyau qu'il balance.

Il les rencontra individuellement, leur tint le même discours et leur donna son numéro de téléphone en leur recommandant de laisser un message. Leur premier objectif assigné était de se renseigner sur les malfrats possédants des armes à feu, particulièrement des fusils d'assaut.

La conjoncture servit à point la démarche du lieutenant. Un hold-up à main armée fut commis dans une banque où apparemment les auteurs bénéficiaient d'une complicité de l'intérieur. Il se chargea personnellement des investigations, le cambriolage était dans ses cordes et n'imposait pas une autorisation officielle, surtout en un laps de temps très court après les faits. En visionnant les enregistrements des caméras de surveillance, il eut la certitude que le caissier était de mèche car il s'était levé juste quelques secondes avant l'irruption du gang cagoulé.

Celui qui s'était approché de la caisse ressortit si rapidement de la banque en trainant un énorme sac poubelle bourré de billets de banque, que le lieutenant dut se reprendre à deux fois pour percer le mystère. Il repassa au ralenti l'enregistrement et confirma que le sac était prêt à l'entrée des voleurs, dissimulé sous le comptoir du guichet. Les clients étaient allongés sur le ventre et l'alarme ne fut déclenchée que bien après le départ des encagoulés, une réaction qui lui sembla assez lente.

Sur la vidéo, Zoubir distingua nettement deux sbires tenant des kalachnikovs à bout de bras. Aucun coup de feu ne fut tiré, tout s'était déroulé en silence. Les hommes collaient leur face au sol et les femmes n'avaient même pas poussé un soupir, elles qui hurlaient à l'apparition d'une souris. Les armes des assaillants étaient très convaincantes. Les cambrioleurs avaient minutieusement préparé leur coup en début d'après-midi comme le prouva l'enquête. Ils avaient profité de l'absence momentanée de l'agent de sécurité parti rapporter son gobelet de café habituel.

Les policiers arrivés peu après ne purent rien tirer des employés sous le choc. Le lieutenant les releva et libéra clients et préposés sauf le caissier qui simulait la perte de mémoire. Les agents voyaient d'un mauvais œil ce lieutenant arrogant s'acharner sur un pauvre caissier qui venait d'échapper à une mort certaine. Celui-ci craqua sous les questions répétitives de Zoubir qui lui présenta les preuves irréfutables contenues dans la vidéo.

Il avoua qu'il avait peur pour sa fille de onze ans kidnappée la veille pour le contraindre à collaborer. Il avait été contacté après le rapt par un homme qu'il n'avait jamais vu auparavant. Le lieutenant l'embarqua dans une voiture, et accompagné de plusieurs uniformes, il se rendit au domicile du caissier pour vérifier ses dires. Il demanda d'emblée à l'épouse où était sa fille.

— Nous ne l'avons plus revue depuis sa sortie de l'école hier soir, dit-elle en pleurs, tenant son dernier né dans ses bras.

— Vous ne l'avez pas signalé à la police ?

— Mon mari me l'a interdit. Il m'a fait comprendre que notre fille serait sacrifiée si on s'adressait aux autorités. »

Zoubir mit le caissier dans une cellule pour garantir sa sécurité, les brigands n'étaient pas à un crime près et n'hésiteraient pas à gommer le seul témoin susceptible de les faire chuter.

Deux jours après le hold-up admirablement exécuté, l'officier reçut un message sur son cellulaire et vola au lieu indiqué, une bicoque où l'on préparait des jus de citron et d'orange, au moyen d'une poudre mélangée à l'eau refroidie par des blocs de glace. Sur une caisse recouverte de papier blanc étaient déposés des beignets fourrés de confiture d'abricots. Il y avait plus d'enfants que d'adultes qui se pressaient au comptoir improvisé, un assemblage de planches sur deux tréteaux.

Il détecta l'informateur à l'allure fébrile qui balayait la place d'un regard apeuré. A l'instant où il le vit, il regretta d'avoir entrainé les dix personnes dans son sillage. Peut-être ne lui faisaient-ils pas confiance eux aussi ? Toujours est-il qu'il l'aborda en le rassurant.

— Tout travail mérite salaire, jeune homme ! Si ton information s'avère bonne, tu jouiras d'une forte récompense, tu as ma parole. De quoi s'agit-il ?

— C'est la première et la dernière fois que l'on se voit. Dans le milieu, on soupçonne la bande à Kamel le borgne d'être dans le coup. C'est une équipe de six hommes capables de tout, dont trois trimballent des kalachnikovs qu'ils possèdent depuis un bon bout de temps. Ils écument les trains en partance pour l'ouest du pays.

— Par quel moyen ont-ils acquis ces armes et où se rencontrent-ils ?

— Vous m'en demandez plus que je ne sais. Je vous signale qu'ils ne se sont jamais fait épingler malgré de nombreuses plaintes. Les gangs concurrents se posent des questions !

— Merci jeune homme, voici une avance, je n'oublierai pas pour le reste._ il lui tendit une enveloppe contenant quelques billets que l'homme refusa avec véhémence_

— Un service payé n'est plus un service. Je ne veux pas de votre argent. A charge de revanche, même si au fond, je prie pour ne plus avoir affaire à vous. »

Zoubir remit l'enveloppe dans sa poche sans insister et alla à la clinique retrouver Othmane à qui il demanda une somme d'argent ainsi qu'un échange de véhicule, qu'il choisit de marque courante dans le parc.

« Je suppose que tu ne me révèleras pas ta destination. Au vu de la somme que tu sollicites, je subodore un long voyage. Sois sur tes gardes et ne t'aventure pas dans des équipées tortueuses »

— Mon absence sera très brève, mentit le lieutenant, juste pour vérifier une information.

— Que vais-je répondre à Linda si elle demande après toi ?

— Dis-lui que j'ai la nostalgie du bled et que mes parents me manquent !

Zoubir ne fit pas d'escale à Sétif, qu'il contourna en se rendant à Tébessa, ville frontalière. Les touristes en partance vers la Tunisie flânaient en flots ininterrompus dans les ruelles, humant les arômes des épices exposées devant les échoppes. Ville charnière de la contrebande, rares étaient les produits que l'on ne trouvait pas dans les souks. Il n'était pas revenu dans la ville depuis deux ans et la trouva partiellement transformée, l'immense patrimoine historique abandonné à l'outrage du temps.

Se repérant grâce aux vieilles boutiques encore debout qui luttaient contre l'oubli, il identifia la bicoque dans laquelle un vieil homme et son fils s'échinaient à perpétuer le peu d'art culinaire qui pendait aux glandes salivaires en mal de succulences traditionnelles. Le vieillard fabriquait des briks au goût inimitable sous le regard attentif de son fils debout devant la caisse.

Les petits bouts de pâte triangulaires, farcis et pimentés à la demande, étaient frits et servis dans des soucoupes éraflés par l'usage et les maladresses des clients. Il cuisinait des briks en été et la « doubara » en hiver où les basses températures devenaient insupportables ; ce dernier plat restait un rituel pour les travailleurs manuels pour son apport en énergie.

Le lieutenant joua des coudes et s'approcha du fils qui le reconnut instantanément. Il disposa de quelques minutes pour l'entretenir de l'objet de sa visite, faisant fi de la désapprobation du père. Ils se fixèrent un rendez-vous pour le lendemain à l'ouverture du commerce. Zoubir fit plaisir au vieillard en engloutissant cinq briks d'affilée pour apaiser son creux d'estomac, qui lui coupèrent la faim jusqu'au matin suivant où le jeune homme sauta dans la voiture et enfonça un paquet dans la boite à gant. Le policier lui remit en contrepartie une enveloppe à laquelle il rajouta des billets tirés de sa poche.

—Un peu cher mais cela vaut la peine. Tout y est ?

—J'ai pris la précaution de vérifier son fonctionnement, les munitions sont suffisantes, je crois. Bon retour et revenez plus souvent apprécier le paysage !

Zoubir s'arrêta à la lisière de la ville et ouvrit le paquet. Une belle pièce que le Glock enveloppé d'une serviette comme un bijou dans son écrin, un 9 mm flambant neuf avec des munitions de réserve. Exactement l'outil de démolition qu'il fallait pour le projet qu'il avait en tête et éviter le Beretta facilement repérable à ses traces que l'on pouvait suivre comme les pierres du petit Poucet.

Il retrouva la jeune fille faisant partie de son réseau des dix élus, et lui proposa d'être prête à l'accompagner à Oran dans le train de nuit. Elle eut un mouvement de réticence dû à l'heure projetée, puis accepta suite aux explications de Zoubir. Quand il revint la chercher, elle écarquilla ses yeux de stupeur. Affublé d'une longue gabardine graisseuse marron foncé, un turban lové sur le crane, il reflétait l'image d'un maquignon floué dans un souk.

Conformément aux directives de Zoubir, la fille s'était métamorphosée en midinette, des tresses de part et d'autre de ses oreilles et la mine d'ingénue qui démentait son corps d'adulte. Son corps gâté par la nature dégageait un magnétisme sensuel. Tel un père et sa fille, ils s'installèrent dans un compartiment dans lequel s'impatientait une jeune militaire en tenue bariolée, vraisemblablement en permission. Le train poussif démarra lentement. Zoubir pria pour que sa pèche soit fructueuse mais n'espéra pas trop pour ne pas nourrir une éventuelle déception. Un chasseur qui rentre bredouille s'énerve rapidement à la vue de sa besace vide. Le train s'arrêtait à chaque gare mais peu de voyageurs y grimpaient. Il avait la réputation d'un coupe-gorge et beaucoup avaient peur des mauvaises surprises, l'obscurité étant propice aux seules chauves-souris.

Les rares voyageurs erraient de wagon en wagon pour repousser le sommeil et se dégourdir les jambes. En l'absence de fait notable susceptible de lutter contre la torpeur qui l'envahissait, le lieutenant somnola à une centaine de kilomètres de l'arrivée, malgré sa volonté de maintenir sa vigilance. Il s'amusait de l'intérêt que portait le militaire à la fille et fit semblant de ne pas voir le manège auquel il s'adonnait, plein de sourires brefs et le regard insistant. L'échange de fluide sentimental chassait leur ennui et les occupait sainement pour le moment.

Au cours d'une halte dans une gare déserte, trois gars ombrageux firent main basse sur le train. De compartiment en compartiment, ils pénétrèrent dans celui du lieutenant assoupi, son turban tombant sur sa figure, laissant entrevoir deux fines meurtrières derrière lesquelles luisaient ses yeux incandescents, tel un chat surpris par une torche électrique. Les sens en alerte, le corps de Zoubir se raidit en distinguant le borgne à son œil laiteux semblable à un œdème purulent.

— Allez mademoiselle, éructa le malfamé à la jeune fille qui avait tiré le pan de sa jupe vers le bas et plié ses jambes sous la banquette, on va causer un peu dans l'autre compartiment. Il n'y a pas d'ambiance ici !

— Laissez-moi tranquille, objecta-t-elle, mon père est hypertendu et ne doit pas être contrarié.

— Ton père peut bien attendre dix minutes, nous n'allons pas le réveiller juste pour lui demander la permission ! Allez viens, insista-t-il pendant que ses deux compères s'adossaient aux portes, mimant des gestes obscènes à la malheureuse impatiente de finir la comédie.

Le jeune conscrit, muet durant le dialogue, se vit obligé d'intervenir pour montrer à la belle qu'il était à la hauteur de ce qu'elle attendait de lui.

— Cessez de l'importuner, ayez un peu de respect pour son père !

— De quoi je me mêle ? Vociféra l'une des trois canailles. Si tu veux la remplacer, on ne voit pas d'inconvénient. On n'est pas très exigeant, tu sais !

Insulté de la sorte, le soldat qui n'était pas une mauviette se rua sur eux. Il fut stoppé net en hurlant, le bras gauche sectionné par un coup de sabre que le borgne avait tiré de sous son imperméable mauve. Il chuta à terre en se tenant le bras sanguinolent avec son autre main. Une mare de sang se forma instantanément et se mêla aux gémissements du blessé.

Le lieutenant plaqua violemment la fille au sol et tira deux balles à travers la poche de sa gabardine. La première perfora le front d'un malfrat qui resta accroché à la barre d'acier servant d'appui aux passagers, la deuxième transperça le cou du second malfaiteur qui trébucha avant de s'étaler de tout son long. Zoubir rejeta promptement le turban qui l'aveuglait et bondit sur le borgne avant qu'il ne reprenne ses esprits. Il lui tordit le poignet et le brisa en un craquement de roseau sec. Il le délesta de son fusil et de son sabre, et ordonna à la fille de récupérer les armes des deux complices. Il actionna la sonnette d'alarme et attendit que le train ralentisse, puis lança un coup de pied dans le dos du borgne et sautèrent ensemble du train dont les roues crissaient à mort sur le métal des rails, provoquant des geysers d'étincelles.

Le groupe longea le train en sens inverse de sa marche et gravit le talus qui séparait la voie ferrée de l'autoroute. Ils firent halte sous les arbres du remblai où l'on n'y voyait goutte. Sous la menace du Glock, le lieutenant enleva la ceinture du pantalon du borgne avec laquelle il lui ligota les jambes et lui attacha les mains avec son propre turban. La jeune fille fut invitée à s'éloigner d'une centaine de mètres, en gardant l'arsenal récupéré.

— Ton étonnement me dit que tu m'as reconnu, pas de temps à perdre donc et discutons de choses sérieuses. Où est séquestrée la fille du caissier ?

— Nous l'avons relâchée le soir même de la récupération de l'argent. Vous pouvez le vérifier, clapit le forban.

— Je te crois ! Au seuil de la mort, on ment rarement. Avant-dernière question : Qui détient l'argent volé ?

— Nous avons partagé la moitié du sac. Je vous cède ma part si vous ne me faites pas de mal.

— Tu n'es pas en position de négocier, la réponse est incomplète. Où est l'autre moitié ?

Kamel eut un rictus de douleur qui déforma sa bouche lorsqu'il se contorsionna pour tenter de délier ses mains. Son poignet s'enflait anormalement et il ne sentait plus son bras. Zoubir empoigna le sabre et se leva.

« Dernière question. Pour quelle raison vouliez-vous me tuer l'autre jour ? Je ne vous connais pas ! Qui vous en a donné l'ordre ? »

Dans une tentative désespérée de susciter la pitié, le chef de bande éclata en sanglots. Il avait entendu parler de la férocité du lieutenant, mais ne savait pas ce qu'il avait réellement dans le ventre. Le policier fut insensible aux pleurs d'autant plus qu'il avait encore devant les yeux l'image du bras arraché au militaire.

« Je compte jusqu'à dix. Passé ce délai, je te décapite ! Ta carcasse réjouira les charognards qui remercieront la providence. Un…deux…trois…

— Nonnn ! Hurla Kamel, je vous dirai ce que je sais. L'autre moitié a été remise à un officier de police qui avait pour habitude de nous communiquer les affaires juteuses. Il nous approvisionnait également en munitions.

— Quel est son nom ?

— Je l'ignore ! C'est lui qui nous a renseigné sur l'itinéraire que vous deviez prendre, nous instruisant de vous tirer dessus pour vous intimider. On n'avait pas l'intention de vous tuer.

— Merci pour l'intention, je ne suis pas ingrat ! Aussi, à titre exceptionnel_ et je dis bien à titre exceptionnel parce que tu n'auras pas de deuxième chance_ je t'accorde deux minutes pour prier !

Les lèvres trempées de larmes ruisselant sur ses joues émaciées, le borgne se roula sur le ventre pour cacher sa terreur. Le lieutenant le remit sur le dos, le doigt sur la gâchette du Glock et lui tira à bout portant une balle en plein cœur. Kamel conserva brièvement un visage surpris puis se détendit en un dernier râle, le bruit des voitures filant à grande vitesse sur la route couvrit la détonation.

Zoubir rejoignit la fille prostrée derrière un arbre dont les branches dansaient sous le souffle léger d'une brise nocturne. Il aperçut une plaque de signalisation phosphorescente et dut refaire plusieurs fois le numéro avant qu'Othmane ne lui réponde au téléphone. Il l'orienta vers l'endroit où il se trouvait et lui demanda de le récupérer rapidement. Il vit que la fille tremblait comme une feuille et la couvrit de sa gabardine en jetant au loin le sabre devenu inutile. Elle posa sa tête sur son épaule et dormit profondément, anéantie par les frayeurs qu'elle venait de subir.

Il la réveilla trois heures plus tard et enjambèrent la murette de sécurité qui bordait l'autoroute, priant pour qu'aucun automobiliste ne perde le contrôle de son véhicule. La fille s'allongea sur le siège arrière de la voiture et se rendormit aussitôt, tandis que le lieutenant inclinait le sien pour étirer ses jambes.

— C'est le branle-bas dans la capitale, serina Othmane. Il parait qu'une banque a été cambriolée par des truands qui ont enlevé la fille du caissier pour le forcer à collaborer. Cela s'est bien terminé pour l'enfant qui a été libéré le même jour. Quant à l'argent, il est fait pour circuler sans choisir ses receleurs. Il lave les mains sales et salit les mains propres. Où est-ce qu'on...

Sa question demeura en suspens, interrompue par un ronflement sourd. Zoubir ne l'écoutait plus. Il dormait à poings fermés, la bouche ouverte et les pieds croisés. Le docteur diminua le volume de la radio qui diffusait une douce musique de chambre et continua de rouler à allure raisonnable.

Il les réveilla à l'entrée de la capitale. A la demande du lieutenant, il déposa la fille chez elle, munie d'un paquet bien garni qui équivalait à une année d'arpentage de trottoirs, paquet qui la remit de ses émotions. Zoubir prépara une seconde enveloppe qu'il rapporta à l'homme qui l'avait renseigné sur le gang, trouvé titubant de sommeil.

— Tiens l'ami, chose promise chose due, un plaisir de travailler avec toi.

— Tu joues au père Noël ? Railla Othmane. Je vais être ruiné à cette cadence !

— Dans le doute, je ne fais pas de promesse que je ne peux honorer. Si je donne ma parole, je la tiens quoi qu'il puisse m'en couter pour y arriver, dussé-je contracter une alliance avec le diable. Je ne serai le débiteur de personne !

— Excellente attitude, approuva le psychiatre.

— Ne fais pas l'âne, Othmane, je ne parle pas de toi. Tu n'es pas pareil, l'amitié ne se marchande pas ! Nous sommes tous deux redevables au destin qui nous a réunis.

— Sommes-nous obligés de tout raconter à Linda ?

— Tout sauf les détails morbides qui écœurent les femmes !

— Donc il n'y a rien à lui raconter puisque ton environnement est ensanglanté. Oui, je sais, tu me diras que c'est pour la bonne cause, mais tout de même... On saute aussi la parenthèse de la fille qui t'a accompagné ?

— Je n'ai rien à cacher. Quand la confiance se mue en méfiance, la doute s'installe durablement et le charme s'estompe.

— Ne t'énerve pas, je t'ai pétri plus que ta mère ne l'a fait dans ton enfance et je sais ce que tu vaux. Toujours est-il que la fille est vachement belle. N'oublie pas de bruler la gabardine. Que fait-on de cet arsenal ?

— Il n'y a pas d'endroit sûr ici pour le cacher ? J'en aurai peut-être besoin plus tard .

— Ici parmi les fous ? Pourquoi pas ? Une idée insensée et pas bête du tout ! La situation se complique, Zoubir, tu te rapproches de la ruche sans prendre de précautions. Il faut trier tes priorités si tu veux maitriser ton sujet. On ne combat pas un groupe lorsqu'on est seul, on procède au cas par cas.

L'entretien s'étala dans une rhétorique guerrière qui ne favorisait pas les desseins ancrés dans le crane du lieutenant plutôt enclin à croire fermement au destin. Le sien s'entêtait à lui faire admettre la nécessité d'une justice universelle satisfaisante pour tous. Un monologue se substitua au dialogue, nourri par les préceptes d'apaisement d'Othmane qui usait de théories afin d'atténuer la fougue de son ami partisan de la manière forte. L'apparition de la pharmacienne leur imposa le silence.

« Vous avez des mines d'enterrement, que se passe-t-il ? Dit-elle en préambule.

— Zoubir passe par une méchante période qui paralyse son cerveau et l'empêche de réfléchir correctement. Nous avons tous un jour ou l'autre des moments de flottement auxquels il ne faut pas céder.

— Ne dissimulons pas le soleil avec un tamis, Linda ! La vérité est que je suis un assassin. Je viens de trucider trois hommes parmi ceux qui ont attenté à ma vie l'autre jour. J'ai beau essayer de me déculpabiliser en me disant que ces quidams étaient versés eux aussi dans la spirale de la violence, mais j'assume mal ma responsabilité.

— Ces palabres philosophiques ne finiront jamais. Je suis terre-à-terre, dit-elle, et je te pose une question à laquelle tu dois répondre franchement. Ceux qui abattent des chiens enragés sont-ils des criminels ?

— Je ne vois pas le rapport, il s'agit d'humains.

— N'élude pas la question ! Les animaux enragés sont bannis de la société parce qu'ils tuent ceux qu'ils mordent. Je pense, au contraire, que tu as rendu un grand service à la population en la débarrassant de la rage et du chaos. Il y a des hommes pires que les chiens ! »

Pour une pharmacienne, Linda tranchait dans le vif autant qu'un chirurgien pressé, et usait d'une logique irréfutable. Entrer dans ses joutes verbales devenait impossible à un esprit éclairé sans perdre de plumes. Epaté par le discours abrupt de la jeune femme, Othmane se frotta énergiquement le menton et touilla dans les méandres de ses connaissances, à la recherche d'une contre-indication ou d'un remède à ce qu'elle préconisait. Il lui sembla que cette radicalisation de la pensée, proférée avec sincérité, ne pouvait que conforter le lieutenant dans sa perception du mal.

« Je serais d'accord avec toi ma chère, si en tuant le borgne et ses copains, il ne s'était pas aliéné leurs protecteurs. Il a beaucoup de monde à ses trousses maintenant. — Tu as un passeport ? demanda-t-il à Zoubir. »

— Je n'en ai jamais possédé.

— Il est toujours bon de prendre ses précautions, on ne sait jamais.

— Tu pressens un danger ? Miaula Linda

— Zoubir doit d'ores et déjà songer à une retraite sûre pour se mettre à l'abri d'un coup tordu. J'ai des amis à l'étranger qui pourraient l'accueillir.

— De quoi parlez-vous ? je suis capable de me défendre et si je devais mourir, j'emporterais des dizaines dans mon sillage !

Le carnage du train fit du bruit tant dans les journaux que par son impact sur la sérénité des usagers qui croyaient ce mode de transport plus fiable et sans danger que la route. Les journalistes, très imaginatifs quand il s'agit de mener en bateau leurs lecteurs pour vendre plus, imputaient la tuerie à un règlement de compte entre gangs rivaux se disputant les territoires. Ils accouchaient de scénarios farfelus savamment distillés en épisodes pour tenir en haleine leurs abonnés.

Pour terrasser le borgne, selon la presse, une lourde logistique avait été mise à contribution. Il avait fallu une préparation minutieuse et des moyens conséquents. Les assaillants, nombreux, organisés et bien équipés, auraient surpris le borgne dans son sommeil, profondément endormi sur ses lauriers d'intouchable, mais qui avait quand même réussi à sauter du train pour leur échapper.

Les agresseurs l'auraient poursuivi pour lui loger une balle dans le cœur. Bien sûr, le jeune conscrit n'avait pas à être au mauvais moment et au mauvais endroit. Il mourut sans savoir pourquoi...fallait-il un motif ? C'était une victime collatérale, il en faut une ou plusieurs dans chaque meurtre. La poisse est souvent héréditaire, se propage dans les lignées et s'approche à pas feutrés.

Le conducteur du train, vedette malgré lui, n'en demandait pas tant pour noircir à satiété les scènes qu'il n'avait jamais vues réellement. Selon lui, il avait accouru immédiatement vers le wagon duquel avait été déclenchée l'alarme. Il avait tenté de secourir le jeune soldat retombé dans l'au-delà après s'être vidé de son sang. Comment savait-il que c'était précisément ce wagon-là ? Simple ! Il avait entendu des rafales et des coups par coups. Il s'était démené pour venir en aide aux voyageurs. Il était responsable de leur sécurité, quoi ! Tel un pilote d'avion. Un train, c'est kif-kif. Il avait immobilisé sa machine, longé les voitures en bondissant pour esquiver les balles hésitantes. Cette gymnastique réclamait des tripes élastiques et incassables, n'est-ce pas ? Une qualité très prisée dans les chemins de fer.

L'homme ne tarissait pas de détails sanglants et inventait n'importe quoi. Les chroniqueurs lui soufflaient parfois ses réponses. De mémoire de journalistes_ ils en avaient de sélectives_ jamais autant d'exemplaires ne s'étaient vendus en trois jours pour compenser une année de vaches osseuses. Les lecteurs pataugeaient dans le bonheur, les clans rivaux jubilaient d'aise, la police respirait de soulagement et c'était bien fait pour le borgne. Il avait surestimé sa puissance imposée par le glaive et la crainte qu'il inspirait au peuple. Mort, tous lui crachaient dessus, ses griffes et ses crocs rognés par la faucheuse ne l'élevaient pas au-dessus du lot des mortels.

A la lecture des inepties publiées par les journaux qu'il avait décidé de lire par curiosité, blasé par les bobards qu'ils imprimaient pour gagner leur croûte, le lieutenant demeura ahuri. Son action avait finalement concilié pas mal de monde, les citoyens, les forces de l'ordre et la pègre. A croire que la mort rassemble ceux qui se ressemblent. Ce qui n'était pas pour lui déplaire. Un sursis providentiel avant d'entamer la seconde phase de son plan.

Consterné par l'avalanche de crimes qui bouleversait son train-train, le commissaire Bachir acquit des sautes d'humeur et devint acariâtre. Il doubla donc sa dose quotidienne de tabac et s'abrutissait dans son bureau en changeant sans cesse la courbe ascendante des délits. A défaut de les prévenir, on escamotait les statistiques, les chiffres étant neutres et insensibles.

Appâtée par le gain et les promesses tenues du lieutenant, la jeune fille qui l'avait escorté dans le train le contacta pour une éventuelle mission. Elle portait le sobriquet de Fifi et n'avait plus froid aux yeux depuis l'escarmouche du train, rodée par ce qu'elle avait appris à apprivoiser. Une idée diabolique germa dans le cerveau torturé du lieutenant en briguant l'aide de Sonia, l'autre femme de son équipe, pour chaperonner Fifi. Sonia ne résista pas longtemps à l'attrait des billets.

Zoubir avait mis le paquet pour l'intéresser, pour deux raisons. Elle avait l'apparence d'une femme convenable de par son port altier, et devait avaliser la respectabilité de Fifi. Légèrement plus âgée que sa comparse, elle disposait d'une piaule près d'un hôtel de luxe dans laquelle elle recevait ses amours d'un soir, afin d'élever son petit garçon né d'une liaison vouée d'avance à l'échec. Son homme, immature, s'était débiné lorsqu'elle était enceinte. La mission qu'il leur confia ne comportait pas de danger particulier et ne nécessitait pas sa couverture, ni de près ni de loin.

« Tu bois de l'alcool ? Demanda-t-il à Sonia.

— A l'occasion, quand le client l'exige, J'évite au maximum d'en consommer.

— Parfait. Je sais que Fifi n'en prend pas. Prépare dès maintenant des sodas chez toi, heu...je veux dire là où tu reçois tes invités. Prends ce flacon ! Tu videras le contenu d'une gélule dans la limonade que tu serviras au visiteur qui accompagnera Fifi. Attention, une seule gélule, pas deux, une seule !

— C'est quoi ce produit ?

— Un puissant barbiturique à l'effet instantané ! »

Un sédatif qu'il s'était procuré dans la pharmacie. Linda lui avait remis le flacon de gélules qu'elle conservait chez elle pour un usage qu'il ignorait. Malgré son insistance pour savoir le pourquoi de cette acquisition insolite pour un homme tel que lui, qui ronfle dès qu'il s'allonge, il resta muet et s'engagea à lui révéler plus tard son intention. Il décrivit aux deux missionnaires la proie à alpaguer et elles partirent en chasse en mettant de leur côté les atouts indispensables à leur réussite.

Les deux femmes firent le pied de grue devant le commissariat d'El Biar, dévisageant les policiers qui entraient et sortaient des locaux. Ayant épuisé les vitrines à lécher, leurs jambes commençaient à fourmiller à force de faire des va-et-vient dans la ruelle

— Chuttt, le voilà ! Signala Fifi, tu vois ce type au képi sous le bras, celui qui a la tignasse cirée qui flamboie ?

Elles traversèrent la chaussée au pas de charge et se plantèrent devant lui au moment où il saluait un collègue.

— Monsieur l'agent, nous quémandons votre aide. On nous a affirmé que vous êtes gentil et disposé à rendre service.

— Vous êtes sûres que c'est de moi qu'il s'agit ?

— Votre modestie à fleur de peau a fait le tour de la capitale. Vous êtes réputé pour l'aide que vous fournissez aux pauvres gens.

L'entrée en matière le gonfla d'orgueil. Il n'était pas dans la police pour rien. A défaut de délinquants à récolter, il avait des femmes à séduire et celles-là tombaient à pic. La sécheresse sévissait depuis la mort de Saïd.

— En quoi puis-je vous être utile ?

— Un jeune voyou importune ma sœur que voici, avança Sonia en parlant de Fifi. Nous vivons seules, nos parents sont morts dans un accident. La pièce que nous occupons suffit juste pour dormir. Parce qu'on n'a personne pour nous défendre, notre vaurien de voisin croit que nous sommes faciles. Enfin vous voyez, monsieur l'agent ? Si vous pouviez lui faire peur, il est certain qu'il ne récidivera plus !

Amine les lorgna de bas en haut. Les deux femmes étaient splendides. Elles s'étaient remarquablement retapées, et il n'avait rien à redire sur la façade. Surtout la plus jeune qui l'implorait avec ses yeux d'antilope. Son sang refluait à une vitesse infernale et il ne put contenir son émotion. Sa respiration jouait au yoyo dans sa poitrine soudain trop étroite pour son cœur. Fifi s'aperçut de l'effet produit et enfonça le clou en cambrant ses reins dans une posture sans équivoque.

— Où habitez-vous ? Bégaya-t-il. — Sonia lui expliqua le site et lui donna un rendez-vous pour le soir — Vous avez besoin d'autre chose ?

— Pas pour le moment, roucoula Fifi, la bouche délicatement entrouverte telle une cerise éclatée. Une promesse qu'il déchiffra au vol. Nous vous attendrons à 18 heures, monsieur l'agent !

— Appelez-moi Amine ! Ce salaud verra de quel bois je me chauffe !

Dans l'habitation d'une pièce cousue à une minuscule cuisine qu'un rideau séparait, Amine vint en tenue dans le but d'impressionner l'inopportun. Il fut contrarié par la présence de Sonia et ne se priva pas d'insolence pour le lui signifier, à l'aide de moues de colère.

— Elle viendra quand, cette vermine qui vous enquiquine ? Hennit-il.

— En principe, à l'entame de la nuit, brama Fifi en baissant ses yeux aguichants. Assieds-toi près de moi, ta compagnie me rassure.

— Ta sœur restera avec nous ? Dit-il avec une pointe d'impatience.

Rares sont les hommes qui réfléchissent dans une situation pareille. Ils obéissent à leur instinct animal, à leurs pulsions. Et rares encore les femmes qui ne profitent pas de cette faiblesse masculine. Amine était un animal de la pire espèce. Il ne somnolait que d'un œil dans son combat obsessionnel et était expéditif dans ses fornications sans préliminaires. Il avait grandi dans la luxure qu'il confondait avec l'amour. En l'absence de chaise, il posa ses fesses sur le bord du lit, tout près de Fifi, sa main moite de désir collée en sangsue sur le haut de sa cuisse. Elle eut peur tout à coup et supplia du regard Sonia pour qu'elle se dépêche. Fifi avait un avant-goût de ce qu'elle allait subir, un calvaire qu'elle n'osait même pas imaginer en temps normal.

Ses clients habituels y mettaient la forme, au moyen de caresses saugrenues ou de paroles saccadées. « La main de ce cochon se fait de plus en plus téméraire, adjura-t-elle, pourvu que Sonia fasse vite. Il pue la sueur et l'huile d'olive et j'ai déjà un haut le cœur. Qu'est-ce qu'elle attend ? »

Tétanisée par l'arme du policier, Sonia s'affairait mécaniquement et par peur qu'une dose ne soit insuffisante, elle rajouta une deuxième gélule dans le soda d'Amine pour s'assurer de l'effet. Un fauve en rut est difficile à endormir et Fifi paraissait si fragile. Elle lui servit le breuvage encore pétillant et fit mine de sortir.

Content de la voir partir, le policier happa d'une main le soda qu'il but d'un trait, dégrafant sa ceinture de l'autre. Avant de franchir le seuil, Sonia entendit sa compagne repousser les assauts de son prétendant d'un soir.

« Attends au moins que ma sœur sorte, que diable ! Tu n'as pas de train à rattraper que je sache. Nous avons toute la nuit devant nous, alors discutons un peu !

— Oui...je... grommela-t-il, n'arrivant plus à décoller la langue de son palais. »

Le lit grinça comme un cri de détresse qu'elle ne voulait pas écouter. A l'issue de quelques minutes de torpeur forcée, une rutilante voiture rasa le trottoir devant la porte et s'immobilisa. Malgré son luxe, le véhicule passait pour un tacot face aux superbes berlines exposées devant l'hôtel. Les curieux auraient pensé à un fêtard qui évitait le mauvais œil en se garant en ce lieu retiré. Sonia accueillit le lieutenant et l'informa qu'elle venait d'administrer la potion à Amine, et qu'il ne dormait peut-être pas encore.

« Parfait, dit-il, cela économisera du temps pour le réveiller. Ce ne sera pas long. Je lui poserai une ou deux questions avant de le déménager ailleurs. Voilà votre dû, partagez-le.

Il trouva Amine étalé sur le dos de tout son long, les jambes écartées à demi-nues. Il vit Fifi debout comme quelqu'un qui a gaffé, les mains pressant ses joues écarlates. Il secoua le policier comme un mûrier, le corps était mou et ne réagissait guère aux claques sur le visage, même avec la bouteille d'eau versée sur la tête. Dans le doute, le lieutenant plaqua son oreille sur la poitrine du dormeur et se releva d'un bond pour lui tâter le pouls. Le cœur ne battait plus.

— Tu lui as doublé la dose, blatéra-t-il, je t'avais pourtant avertie !

— Il fallait voir comment il exhibait ses crocs, il avait de l'énergie pour quatre et j'avais la trouille qu'il ne s'en prenne à moi également !

— Mon plan part en fumée, soupira-t-il dans un état d'abattement, je n'ai pas de solution de rechange. Non seulement je n'ai plus d'atout, mais j'ai maintenant un cadavre dans les bras.

Sonia chevrota des mots inintelligibles, s'agenouilla en s'écorchant le visage, le regard épouvanté. Il se rua sur elle et la retint.

— Pas de panique, Sonia, tu es en train d'esquinter ton outil de travail — Dans les complications, Zoubir ne perdait pas le nord_ De toutes les façons, il devait mourir tôt ou tard !

— Je suis une tueuse, comment en suis-je arrivée là ? Gémissait-elle, tantôt fixant le corps rigide, tantôt la tête ballottée par des mouvements effrénés. »Sa litanie cessa sous les gifles qui zébraient ses joues trempées.

« Personne n'est innocent, gronda-t-il, sinon pourquoi tous les peuples implorent la miséricorde divine s'ils n'avaient rien à se reprocher ? Allons Sonia, on croirait que tu n'as jamais écrasé une coccinelle, un cafard ou une blatte même par mégarde. Regarde-le, tu vois bien que c'est une blatte, hein ? Dis, tu confirmes que c'est une blatte ? Amine était capable de faire des avances à un scarabée en culotte, tu l'as vu à l'œuvre, dis ? Ferme ton étable et aide-moi à le mettre dans la voiture. Ou plutôt non, ouvre la portière, je le soulèverai seul !

Dans sa précipitation, Sonia fit tomber deux fois le trousseau de clés avant d'en introduire une dans la serrure. Zoubir déposa la dépouille sur le siège passager, lui enfila la ceinture de sécurité et lui reposa la tête sur l'appui du siège. Fifi le rattrapa, tenant le képi du mort qui avait roulé sous le lit. Remise de son effroi, elle ne perdait pas la tête au point d'oublier sur scène un indice qui l'aurait condamnée.

Ce geste rappela au lieutenant le flacon de barbituriques qu'il devait récupérer de la petite cuisine et d'en compter les gélules restantes. Sonia n'avait pas menti, il en manquait deux. Médusé par le décès d'Amine auquel il ne s'attendait pas et qui avait chamboulé son programme, il réfléchissait sur le sort du cadavre dont il ne savait que faire.

Il devait s'en débarrasser avant que ses collègues ne s'aperçoivent de sa disparition. Il n'avait pas d'outils pour creuser un trou où l'ensevelir. Il ne désirait pas non plus prendre le risque de le jeter dans un chemin perdu, car il souhaitait retarder son identification pour quelques jours afin d'avoir le temps d'asseoir un alibi solide. Finalement, il opta pour déguiser la mort d'Amine en accident.

Zoubir roula vers l'est en direction du plus grand barrage du pays, en empruntant des chemins connus uniquement des pêcheurs d'eau douce qu'il évita de croiser en se faufilant entre les champs boisés. Il stoppa sur une piste surplombant les eaux calmes, retira l'arme de l'étui du cadavre et lui coinça le képi sous l'épaulette. Après une dernière vérification, il balança le corps d'une hauteur de vingt mètres. Un plouf sonore lui répondit en écho. Zoubir disposait d'un répit avant la remontée du cadavre si toutefois la vase gluante le libérait. Dans le cas contraire, Amine serait prisonnier à jamais sous l'eau, sauf si par un heureux hasard, des plongeurs chevronnés le découvriraient. Reprenant le même chemin par lequel il était venu, il égrena les gélules et jeta le flacon dans les buissons.

Le lieutenant reprit son travail comme si de rien n'était, et se permit des virées nocturnes en compagnie de Fouad et de Rambo.

« Pourquoi ne pas vous enquérir de la santé d'Amine, il est peut-être malade, suggéra-t-il.

— Tu me vois trotter jusqu'à Tamanrasset pour lui demander s'il va bien ? Eructa Rambo. Il sait que son absence nous angoisse. Même le commissaire ignore où il se trouve.

— Tu ne peux pas lui téléphoner ?

— Il n'a refilé son numéro à personne. »

Au détour d'une conversation, Rambo semblait content de l'anéantissement du gang du borgne qui avait désorienté plusieurs policiers mis sur sa trace. Il était soulagé et louait la bande rivale qui l'avait éliminé. Zoubir se garda de révéler le véritable nom du borgne, de peur de mettre la puce à l'oreille des services et devoir en rendre compte au cas où d'éventuelles investigations remonteraient jusqu'à lui en reconstituant le puzzle par recoupements.

L'attitude de Rambo l'intriguait. S'il n'était pas incriminé dans les activités macabres de Kamel, la logique voudrait qu'il ne soit pas non plus dans les petits secrets de son officier étoilé. Et si Rambo était innocent dans le viol de Siham ? Elle ne pouvait quand même pas avoir inventé cette histoire uniquement pour lui nuire. Elle l'avait avoué à son frère Mehdi avant de se suicider. Un désespéré ne ment pas. Rambo n'était peut-être pour rien dans la fusillade de l'embuscade, mais cela ne le disculpait du viol de Siham et de l'assassinat par intention de Bilal.

Le lieutenant avait le sentiment de ne pas saisir l'énoncé d'un problème sur lequel il butait. Le cheminement de ses circonvolutions lui paraissait trop facile pour être vrai. Il pourchassait la vérité en regardant droit devant lui, mais elle n'était pas toujours accessible au premier coup d'œil.

Pour un fin limier tel que le classait le vieux Bachir, Zoubir devait savoir que la vérité ou supposée telle était une mine enfouie sous terre, qu'il fallait déterrer avec mille précautions, en transpirant et sans trembler. En s'y prenant autrement, elle risquait d'exploser dans les mains ou sous les pieds du manipulateur, le tuant et handicapant avec ses éclats les imprudents qui s'en approchaient de trop près.

Après une semaine de marinage, les eaux tranquilles du barrage vomirent le corps d'Amine pourtant bien englué dans l'argile du fond. La nature étonne plus d'un avec ses farces. Imprévisible comme les séismes qu'elle déclenche sans sommation, elle arrache les rares cheveux héroïques des cranes scientifiques incapables de prévoir avec précision le moindre courant d'air.

Recouvert de boue, il était intact et narguait les lois de la physique. Les carpes le trouvaient encombrant et les barbeaux d'élevage ne voulaient pas de lui, il polluait le plan d'eau. Les poissons avaient dédaigné sans regret le festin.

Le commissaire Bachir que ses supérieurs avaient tancé pour son manque d'entrain, rassembla ses éléments disponibles et leur tint un langage de général de corps d'armée pris à revers par l'ennemi.

— Quelle pandémie ! Hurla-t-il debout sur une estrade tel un instituteur face à des écoliers. Une honte ! Nous nous roulons les pouces pendant que nos collègues se font occire. Le malheur est que cette malédiction ne touche que nos frères d'El Biar_ une toux caverneuse l'interrompit, mettant mal à l'aise l'assemblée — excusez-moi, enchaina-t-il en aspirant le peu d'air frais qui végétait dans le bureau exigu, s'efforçant de renflouer ses poumons cirés de goudron injecté par le tabac. Où en étais-je ?

— A El Biar, souffla une voix que Zoubir reconnut comme celle de Messaoud, aux aguets pour tenir le crachoir à son patron.

— Attelez-vous à cette enquête jusqu'à son dénouement ! Je vous libère de vos affaires courantes et n'hésitez pas à mettre en application les mesures que vous jugerez impératives. Je ne veux pas de rapports journaliers qui alourdissent et ralentissent la procédure. Le seul compte- rendu que je lirais sera celui où vous m'écrirez noir sur blanc que le ou les assassins ont été identifiés, que je veux morts ou vifs. Les journaux s'empareront, si ce n'est déjà fait, de notre nonchalance pour étaler notre incompétence, rompez ! _ Lieutenant Zoubir, tout de suite dans mon bureau !_ Il le suivit en allongeant le pas, le vieux Bachir galopait étonnement pour son âge. A peine la porte refermée derrière eux, le commissaire aboya.

— Qu'est-ce que tu fous, hein ? Je t'ai toujours fait confiance pour ce genre de crime. Deux agents supprimés en l'espace de quelques semaines, dans la même unité que tu fréquentes assidument.

— Chef, je ....

— Inutile de le nier, je sais que tu t'accoquines avec des agents qu'on ne peut traiter de saints. Tu n'as pas vu venir le coup ?

— Mes fréquentes visites chez eux font partie de mes investigations, patron, je suis....

— Attends un peu, que veux-tu insinuer ?

— C'est pourtant simple, commissaire, ce dernier mort confirme mes soupçons. Le légiste a procédé à l'autopsie ?

— Les résultats nous parviendront demain. tu soupçonnes quelqu'un ?

— Quand le premier des leurs s'est fait perforer le cœur avec un tournevis, j'ai flairé la combine. Comment un policier averti laisserait une quantité de drogue, infime soit-elle, pour l'accabler ? Elle ne pouvait être placée de l'extérieur puisque les portes étaient verrouillées. Cela induit qu'il a été mis en confiance par son tueur qu'il connaissait. Secundo, le meurtre a été imputé à un dealer que l'on a poussé sur les rails, une façon comme une autre de le faire taire à jamais.

— Ton raisonnement parait vraisemblable en théorie. A quoi songes-tu ?

— En vertu de ce que je viens de dire, je déduis que l'assassin exerce au sein de ce commissariat. Si le médecin légiste conclut à une mort violente du deuxième agent, je dirais que mon hypothèse est suffisamment plausible.

— Heu... Oui, pourquoi pas ? Je vais te faire un aveu. C'est un collègue qui a gravi les échelons en même temps que moi, mais je dois dire qu'El Biar ne mérite pas un commissaire aussi con !

— Pourtant, chef, ses subordonnés l'estiment et en disent beaucoup de bien. Il parait que c'est un homme droit et charitable, et qui a le cœur sur la main.

— Normal ! Croassa Bachir, vous en direz autant sur moi si je vous laissais faire ce que bon vous semble. Il est toujours absent de son poste de travail. S'ils disent qu'il a le cœur sur la main, il doit avoir certainement le cul quelque part ! On n'évalue pas un homme sur ses sentiments mais sur le travail qu'il réalise. Allez, ouste, on se reverra demain !

Le lieutenant s'en alla les oreilles sifflantes mais enchanté par la bonne étoile qui l'avait sauvé. Il misa sur une vigilance accrue car un faux pas serait catastrophique maintenant que l'élite des agents était sur le qui-vive. A moins que le légiste ne soit un débile ou un vétérinaire affecté par erreur dans la médecine légale, il remarquerait qu'Amine ne s'était pas envasé par accident mais bel et bien mort avant son séjour dans l'eau. La découverte de la substance dans ses viscères ne changeait rien à ce qu'avait projeté Zoubir. Qui soupçonnerait un officier émérite chargé d'élucider un meurtre dans lequel il était impliqué ?

Le résultat de l'autopsie fut à la hauteur de son espérance. Amine fut déclaré mort par empoisonnement et qui mieux qu'une femme emploierait ce moyen pour liquider un homme encombrant ? Le passé d'Amine plaidait en sa défaveur car ses collègues le savaient volage. Un mobile suffisant pour une femme trahie ou éconduite, dès lors que la dépouille ne comportait aucune trace de violence physique.

— Supposition à ne pas négliger, admit le vieux Bachir, le corps tassé par la lassitude. Le problème est de retrouver son arme.

— Elle n'était pas sur le cadavre ? Persifla le lieutenant, les sens aux aguets.

— Si le pistolet est entre les mains d'une femme comme nous le présumons, il faudrait s'attendre à d'autres ennuis.

— Fouinons dans le monde de la prostitution, grommela Zoubir qui parlait pour ne rien dire, par peur des silences, se concentrant beaucoup plus sur les allusions de son chef.

— Pas d'accord avec toi ! Une prostituée ne s'attache pas à un homme en particulier et démolirait le mobile de l'empoisonnement. Plus que jamais, des informateurs sont nécessaires pour nous orienter sur les femmes qu'il fréquentait hors de ce milieu.

— Les receleurs revendent tout ce qui est volé, peut-être que....

— Tu imagines sérieusement un receleur proposer une arme de service à des clients ? Je crois plutôt qu'une surveillance accrue des bandes qui polluent les côtes nous rapporterait quelques indices.

— Je file sonder mes collègues, la solution jaillit là où on ne l'attend pas.

— Ménage-les, ils sont nerveux actuellement parce qu'ils se sentent soupçonnés et certains d'entre eux ont peur d'être les prochaines victimes.

Dans une relation d'amour comme dans celle d'une amitié, le printemps se transforme parfois en torrent de boue, débordant en crues qui ravagent les cœurs comme elles dévastent des villages entiers. Le vent poussa de gros nuages noirs dans le ciel de Zoubir, assombrissant les belles promesses qui scintillaient à l'horizon, à l'instar des jolies perspectives qui s'effritaient au contact de la réalité, devenant dangereusement volatiles.

Les propos acerbes tenus par Linda dans le bureau d'Othmane écorchèrent le doux sentiment qu'il entretenait pour la jeune femme. Ce fut suite aux fuites parues dans les journaux qu'elle prit la mouche et décida de mettre un terme à l'idylle.

« Il est inutile de se voiler la face, bourdonna-t-elle, tu as le crime dans le sang. La mort de ton ami Bilal n'a été qu'un prétexte pour réveiller tes démons.

— Je t'assure que je ne suis pour rien dans la mort d'Amine. Je voulais uniquement lui tirer les vers du nez pour la suite de mon enquête.

— Depuis un certain temps, tu ne traines que des cadavres derrière toi. N'essaye surtout pas de me convaincre que l'empoisonnement a été une erreur indépendante de ta volonté.

— Pourtant si ! Laisse-moi te raconter comment cela s'est passé, tu me jugeras ensuite. — Il lui détailla ce qu'il avait entrepris mais fut interrompu dans sa dernière phrase_

— Parce qu'en plus, tu t'accointes avec des prostituées ? Tu y prendras goût. Une bonne raison de nous séparer à l'amiable !

— Pourquoi nous séparer alors que nous ne sommes jamais unis ? S'emporta le lieutenant, les phalanges saillantes. Je pensais que tu me soutenais au début, que s'est-il passé entretemps ?

— Je croyais naïvement que tu voulais donner une leçon à ces malfrats, apparemment ce n'est plus le cas. Tu veux te faire justice toi-même et je ne marche plus.

— Merci de t'être dérangée pour me fouetter le dos, je ne peux t'empêcher de croire ce que tu veux. C'est moi qui n'ai rien compris. Si cela peut te rassurer, j'ai vidé les gélules et jeté le flacon. Nul ne peut remonter jusqu'à toi.

— Tu aurais dû les garder pour dormir si tu as toujours une conscience ! »

Elle projeta son sac sur son épaule et sortit sans un regard pour les deux hommes. Othmane les écouta, dubitatif à la limite de l'angoisse, tel un écrivain rongé par la perte d'une gloire littéraire suspendue à la qualité du dernier chapitre d'un livre longtemps macéré. Il avait peur de jeter de l'huile sur le feu en voulant l'éteindre. Il était le prolongement de Smain, son mentor qui ne restait jamais indifférent aux drames des autres.

« Pardonne, mon ami, pardonne ! Une séparation au commencement vaut mieux qu'une débâcle à la fin.

— Pourquoi m'avoir laissé m'enfoncer dans un sentiment que je ne maitrisais plus. Je ne lui cachais rien et elle m'approuvait.

— Dans votre cas, on ne réfléchit pas. Chacun a son petit jardin secret mais toi, tu n'en avais pas. Il y a des choses qu'on ne doit pas dire, que l'on emporte dans sa tombe.

— J'ai cru que la sincérité était un tout, pleurnicha le lieutenant, des trémolos dans la voix.

— Le psychiatre se leva et lui attrapa la main en remontant vers la coude qu'il malaxa, des mouvements circulaires doux et monotones, comme il le faisait pour des patients nerveux afin de les apaiser.

— En idéalisant ta relation, tu me ressembles un peu, tu sais ! Dans ma jeunesse, je lisais des romans à l'eau de rose, afin de rêver parce que le rêve était gratuit à l'époque. Des histoires d'amour et d'amitié que le crime ne pouvait détruire. Des sentiments déclarés ou à la sauvette, des fugues pour rejoindre l'être aimé, des escapades derrière la zériba du gourbi. Le temps n'a pas bougé, et nous avons évolué...en mieux ou en pire.

— Tu penses comme moi, Othmane, tu me comprends donc ?

— Pour quelle raison je ne te comprendrais pas ? Nous avons survécu aux mêmes rêves, toi dans la chaleur familiale et moi avec Smain dans le froid de la solitude à deux. Comment je ne te comprendrais pas en voyant s'envoler ton espérance que tu as brisée en regardant devant toi, dédaignant le bonheur qui te suppliait de le prendre dans tes bras ? Comment détourner les yeux de la détresse d'un ami lâché par tous y compris celle qui faisait battre son cœur ? Comment refuser ma main à celui qui m'a confié ses peurs, ses peines et son espoir ? Allez debout Zoubir, je suis encore là ! Partons manger dans ce restaurant que tu aimes tant, je te raconterai l'histoire de Linda et tu lui accorderas sans aucun doute ton pardon lorsque tu sauras ce qu'elle a enduré.

Dans le restaurant où régnait la fraicheur de l'air marin, ils s'attablèrent près d'un grand aquarium joliment décoré et intelligemment éclairé. L'odeur du poisson frais chatouillait les narines des gourmets. La politesse et le savoir-faire des serveurs les ensorcelèrent mais le lieutenant était sur des charbons ardents. Sentant la tension augmenter, le psychiatre débita l'histoire de la pharmacienne.

« Elle avait un frère, un complice qu'elle chouchoutait. Or, un soir, il partit de la maison pour ne plus y revenir vivant. A la sortie d'un cybercafé où il s'adonnait aux jeux vidéo avec des amis, il est pris à partie par un énergumène pour un motif futile. La querelle s'envenime, les noms d'oiseaux s'échangent et les esprits s'échauffent sans que l'un des spectateurs daigne les séparer. Son frère avait dix-huit ans, l'année où il devait passer son bac. La mort fondit sur lui au moyen d'un couteau que l'individu lui planta dans le thorax. Le lycéen succomba au coup et sa sœur Linda se remit péniblement de cette perte. Ce souvenir, ajouté à la scène de l'immolation de ton ami, la traumatisa et l'incita à venir à moi pour colmater sa raison altérée. C'est là que tu es apparu comme le sauveur. Elle avait projeté en toi ce qu'elle aurait voulu faire elle-même, nettoyer les rues des apprentis-tueurs et protéger les jeunes innocents tels que son jeune frère. Linda voyait en toi le justicier gentleman, capable de châtier et de pardonner, un paradoxe qu'elle n'arrivait pas à expurger de sa mémoire. Il est parfois des phénomènes que l'on vit sans pouvoir les expliquer. Elle a noué des liens avec toi parce qu'elle avait cru que vous aviez la même perception des choses de la vie. Son coté d'animal craintif et désabusé s'est estompé pour redevenir femme. Voilà ce que j'ai relevé dans son comportement, je ne sais pas si tu me suis ! »

« Je te suis parfaitement, ton diagnostic est exact ! Il te reste à extirper mon côté animal à moi aussi, sans toucher à ma dignité. Quant à Linda, difficile de ne pas être sensible à ce qu'elle ressent. Disons que c'est une étape obligatoire pour tout le monde, particulièrement les grands rêveurs invétérés. Le seul repère qui me guidait s'est écroulé. Je suis aveugle et mes capacités d'analyses sont diminuées. Que dois-je faire selon toi ?

— Au préalable, ne plus te culpabiliser pour des choses que tu n'as pas faites. La mort de Bilal te reste en travers de la gorge ? Intente une action en justice par l'intermédiaire d'un de ses proches !

— Son père refuse, et...Tu viens de me donner une idée. Si j'arrive à convaincre son beau-frère Mehdi !

— Au moins tu auras essayé, sans te faire d'illusions.

Le procureur de Sétif reçut la plainte, du fait que le procès devait se dérouler dans la circonscription, lieu de résidence du demandeur. Il accorda aux services de police l'extension de compétences pour instruire les circonstances de l'incarcération du couple ainsi que l'accusation de viol. C'était également un moyen de compliquer la tâche des défenseurs des accusés en forçant ceux-ci à se déplacer et les couper de leurs relations établies dans la capitale.

Mehdi, charrié par la tourmente, fut approché par des individus qui lui conseillèrent de laisser tomber. Ils le poussèrent subtilement sur le terrain religieux et lui garantirent que les suspects paieraient dans l'autre monde, rejetant le viol sur le destin à grand renfort de versets qu'ils interrompaient lorsque la suite ne les arrangeait pas. L'arnaque spirituelle usuelle pour endormir les crédules ne fonctionna pas. Mehdi décida d'aller jusqu'au bout, à l'instigation du lieutenant qui l'encourageait en sous-main.

Comme il s'y attendait, les policiers ne relevèrent aucune trace probante pouvant étayer les charges de Mehdi, nonobstant les ratures du registre de permanence falsifié du commissariat. La plainte fut déclarée irrecevable dans le fond et la forme et classée dans une boite cartonnée des archives. Effondré par l'issue de la téméraire entreprise, Mehdi fut congédié deux jours plus tard par la compagnie aérienne qui l'employait.

Le lieutenant fut très affecté par cet épilogue. Il espérait voir le bout du tunnel et il se retrouva dans une impasse. Le renvoi de Mehdi était le fait du prince. L'accumulation des échecs déjoua sa tentative de se défausser sur la justice pour contourner sa soif de vengeance. Son revers consommé fut perçu comme une persécution, et une persécution rend l'homme fort. L'injustice engendre des volcans imprévisibles, des hommes qui n'ont plus rien à perdre.

Othmane eut toutes les peines à le raisonner et crut y parvenir à un certain moment avant d'aborder l'argumentation théologique qui révulsa son compagnon.

« Personne ne te demande d'élever la justice sur un trône, ce n'est pas à la portée d'un homme !

— Les animaux riront de notre propension au cannibalisme, eux au moins meurent de vieillesse, exception faite de ceux qui auront été contaminés par les humains. Je jette l'éponge !

— Je ne te crois pas ! Démentit le psychiatre, les mauvaises habitudes ont la dent dure. Quoi qu'il advienne, je serai là quand tu voudras parler. »

Le commissaire Bachir attendait de lui un miracle et le tarabustait chaque matin pour avoir un aboutissement pouvant le dédouaner vis-à-vis de sa hiérarchie. Zoubir avait perdu sur tous les tableaux sans assouvir sa haine de l'arbitraire. Il s'aménagea une fin de semaine en roue libre et s'équipa pour une partie de chasse dont il avait mûri les péripéties.

Il flâna dans la banlieue de la capitale, là où selon les dires de Mehdi, Siham avait été séquestrée et violée. Il rôda sans discontinuer entre les immeubles des cités populaires avec l'espoir de croiser Rambo. Le soleil commençait à décliner quand le policier l'apostropha, étonné de le voir à cet endroit. « C'est un peu mon territoire ici aussi, j'ai un pied à terre, un refuge loin des yeux curieux qui me sert à fuir le bruit de la ville. J'habite au troisième étage que tu vois là devant toi.

— Tu vis en famille ?

— Incorrigible lieutenant ! Je ne m'encombre pas de femme du moment que je me les paie quand je veux. On monte boire un coup ?

— Merci, je ne bois pas ! Le hasard fait bien les choses. Il n'y a pas de gargote qui fasse de bons sandwichs ?

— Pourquoi ne viendrais-tu pas diner avec moi, cela m'ennuie de manger seul. »

Zoubir résista à la tentation. Il était trop tôt pour penser une action, c'était juste un repérage des lieux, précieux pour l'avenir. Il calculait ses coups et celui-ci lui paraissait grossier et dangereux pour sa cuirasse. Il se détacha du piège qu'il s'était lui-même tendu, avant que Rambo ne lui propose de l'accompagner à une gargote. Il n'aimait pas être pris au dépourvu et était partisan du risque à moindre frais.

Circonspect, Rambo voulait peut-être l'attirer et le faire picoler pour lui extorquer ce qu'il avait dans les entrailles. N'étant pas buveur, Zoubir battit en retraite et s'en sortit à bon compte, il n'aurait pas tenu longtemps face au tonneau troué qu'était le policier.

Une émeute éclata à la suite d'une distribution de logements sociaux, fomentée par des exclus de la liste des bénéficiaires. La couche de nécessiteux était épaisse au regard du nombre de logements à attribuer. Une ville entière n'aurait pas suffi à les satisfaire. Les contestataires, auxquels s'étaient joints les recalés du système éducatif et les chômeurs, s'attaquèrent au siège de la commune concernée duquel montait une fumée dense que dégageait le feu allumé par les incendiaires déchaînés. Le feu crépitait, les voitures de service brulaient, propageant des flammes qui léchaient les habitations mitoyennes

La foule grossissait à vue d'œil, alimentée sans cesse par les vagues humaines qui déferlaient des autres localités pour en découdre et se défouler sur les symboles de l'État. La radio imputait ce mécontentement intéressé à une colère populaire, comme si le fait de carboniser des voitures de passage ou de les caillasser était une forme de révolte légitime.

Submergé par les pyromanes, le maire sollicita le commandement régional qui ne se fit pas prier pour envoyer les détachements disponibles de la capitale afin de renforcer les brigades antiémeutes affolées. La guerre des rues débuta. D'un coté les gaz lacrymogènes et les matraques qui faisaient vomir les malchanceux qui ne pouvaient pas courir plus vite que la lumière, de l'autre des antagonistes aux foulards imbibés de vinaigre, armés de cailloux et de barres de fer. Les renforts débarquaient par camions réquisitionnés ou par bus arrachés de force aux transporteurs privés. Zoubir fut du lot, sur injonction de son supérieur.

« Ce n'est pas mon boulot, chef, je ne saurais pas m'y prendre en cas de pépin !

— On ne te demande pas de bastonner, lieutenant ! Ton rôle sera de visualiser les meneurs et de les désigner au chef des matraqueurs.

— Messaoud y va aussi ?

— Tu ne rates jamais une occasion de lui faire mal. Non, il n'est pas du voyage. Il est si con qu'il se ferait tabasser par les deux camps. Il pue le flic à des centaines de mètres et ne passe pas inaperçu comme toi. En plus, il a la sale manie de vouloir donner des ordres et ce n'est pas sûr que ça plaise aux autres qui ahanent sur le terrain. Ah, j'oubliais, tu laisses ton arme dans ton bureau, au cas où tu serais tenté de t'en servir au milieu de la cohue.

— Au milieu ? Je ne serais donc pas avec les uniformes ? Je vous assure que je vois très bien de loin, patron !

— Tu distingueras parfaitement les visages au sein de la masse. N'hésite pas à brûler tout ce que tu trouveras devant toi pour être crédible, et enregistre le plus grand nombre de visages dans ta mémoire. Prends un taxi et rapproche-toi du champ de bataille, allez file !

Atterré par l'ordre étrange, il fouilla dans tous les sens quelqu'un pour l'amener car il n'était pas question qu'il utilise sa voiture personnelle au risque de la voir calcinée. Ce fut presque forcé qu'un taxieur qui l'avait reconnu le transporta sur place. Il se lança dans le bain dès son arrivée, hurla des slogans politiques du mieux qu'il put, roulant au passage de vieux pneus pour nourrir le feu de ceux qui se consumaient.

Son sang se glaça en pensant qu'il était à la merci d'un indicateur qui l'aurait reconnu dans la foule, et appréhendait le fil du couteau sur sa nuque. « J'aurais dû choisir d'être avocat, se dit-il, je ne m'imaginais pas qu'un jour je serais un criminel légal haranguant des criminels informels, ne serait-ce que pour un soir. »

Incommodé par l'odeur des gaz lacrymogènes mêlée à la sueur, son nez picotait, ses yeux larmoyaient et il n'avait pas de mouchoirs. L'air humide et la chaleur moite rendait l'air irrespirable. » Un mouchoir, il me faut un mouchoir, se dit-il, je ne peux continuer à inhaler ce poison qui m'étrangle les poumons » Il s'éloigna des pneus en feu et se rapprocha de la mairie où les lances enflammées qui piquaient le ciel étaient plus supportables que le caoutchouc carbonisé. Une main lui tendit un chiffon imbibé de cambouis malodorant qu'il plaqua sur sa figure en courant sans but précis.

Les hommes antiémeutes de la première ligne les chargèrent comme un troupeau d'éléphants dévastant un village de huttes. Pour éviter les pachydermes, Zoubir fit demi-tour et se retrouva nez à nez avec des policiers qui jouaient au bâton, un bâton qui voltigeait sur les cranes comme lors d'une parade de sortie de promotion. Les émeutiers lançaient des cailloux de tout calibre sur les gaillards casqués recrutés pour réprimer, cailloux qui rebondissaient sur les boucliers sans les atteindre. Ils étaient bien choisis, les lascars en tenue. D'un seul ton. Plus de 1,80m, la bedaine qui entrainait la ceinture vers le bas pour montrer qu'ils étaient nourris plus que correctement, la nuque terrifiante. De taureaux d'arène sans cornes. Ils avaient appris à frapper là où ça faisait mal, des frappes chirurgicales, sur le crane ou dans le dos. Jamais sur le visage, cela laissait des traces sanglantes qui pouvaient les trainer devant les tribunaux si jamais les plaintes étaient enregistrées.

La perspective d'être assommé par la brutalité de ses collègues n'enchantait guère le lieutenant qui devait cependant se résigner à accomplir sa mission. « Qu'est-ce qu'ils foutaient, leurs hélicoptères ? Ces engins acquis à grands frais destinés à secourir les naufragés, aider les randonneurs imprudents, bref, toutes les tâches qui diminuaient les risques d'une intervention physiques ; ne pouvaient-ils pas photographier les émeutes ? Un limier de ma trempe pour visualiser des lanceurs de pierres ? Quel gâchis ! Pensait-il. »

Il se mit à rire en esquivant les coups, un rire sadique, anormal, qui le fit prendre aux yeux de ses camarades étrillés pour un candidat au suicide adepte du martyre ou tout au moins un fauteur de troubles professionnel payé à la carte. Il se rappela que dans les manifestations qui n'ont de pacifique que l'intention, il existe des casseurs qui font basculer une marche en une corrida.

Le lieutenant reçut un coup à la fesse gauche qui le projeta deux mètres en avant. « Cela débute bien, se dit-il, un chien-loup m'a mordu la fesse ! La droite passe encore, mais la gauche est en ligne droite du cœur et ça augmente la douleur ! » Dans des situations pareilles, les fausses manœuvres sont légion et répétitives malgré la bonne volonté de bien faire. Les erreurs humaines sont nombreuses au sein d'une flopée de mécontents déterminés. Le coup malencontreux ne provenait pas d'une matraque mais d'un jeune affolé qui avait glissé au moment de catapulter sa pierre, laquelle s'est trompée de cible.

Le cercle des lanceurs de pierres se rétrécissait autour de lui, face à la répression brutale des policiers. Zoubir tenta un passage en force dans le camp des uniformes pour briser l'encerclement, se protégeant la tête de ses bras, le visage découvert, le mouchoir s'étant détaché dans sa précipitation. Ses yeux croisèrent ceux injectés de sang de Rambo qui le poursuivit en criant.

— Capturez ce traitre ! Il est l'instigateur de cette pagaille !

La meute avide de sang et de dos brisés à ses trousses, Zoubir courut à perdre haleine. Son côté sportif l'aida à distancer ses poursuivants, fouillant dans sa fuite éperdue le moindre hall d'immeuble ou de niche à ordures pour s'y cacher, sans s'apercevoir qu'il s'engageait dans une impasse. Il eut beau crier qu'il était un des leurs, un groupe lui tomba dessus à bras raccourcis. C'est alors qu'il décida de vendre chèrement sa peau. Il se mit sur la défensive, dos au mur, un bras tendu à la verticale, les doigts en bec d'autruche.

Son corps se raidit, ses pieds adhérant solidement au sol. Son poing fusa et ses doigts rigidifiés par la peur d'être pris touchèrent le plexus du premier assaillant qui tomba à genoux, la bouche grande ouverte cherchant l'air. Le coude de son bras osseux heurta une mâchoire qui craqua sous la violence du choc. L'homme hurla et s'écroula en se tenant le visage des deux mains, laissant choir sa matraque sur le sol dallé en un bruit mat.

Zoubir la ramassa promptement, faucha de sa jambe deux agents emportés par leur élan. Leur chute déséquilibra leurs collègues venus à la rescousse, puis ce fut une mêlée générale dans laquelle le lieutenant succomba au nombre. Allongé en chien de fusil sur le trottoir pour parer aux coups vicieux, il entendait Rambo le traiter de pourri, lui promettant de lui faire regretter sa naissance. Dans la foulée, un officier apparut, la bedaine pendante.

— Stop, bande d'ânes ! Vous n'avez pas reconnu votre camarade de la brigade criminelle ? — Arrête te dis-je, fit-il à Rambo qui s'acharnait à coups de pieds sur le corps inerte. Arrête ou je t'abats ici-même ! Lui ordonna-t-il en armant son pistolet.

— Ce type est un traitre ! Aboya Rambo essoufflé.

— Idiot ! Cet officier s'est infiltré parmi les casseurs sur ordre d'en haut, en mission commandée pour ses fantastiques capacités de mémorisation. Tous les commissaires de la capitale sont au courant de sa présence.

— Le nôtre nous nous a pas informés, maugréa Rambo, confus. Et puis, vous avez vu comment il a amoché nos gars ? »

Transporté inconscient dans une voiture banalisée, Zoubir reçut les premiers soins dans un dispensaire avant de regagner sa brigade où il entra dans le bureau de son patron sans frapper.

« De retour, chef ! Et salement amoché grâce à vous. Merci pour votre délicate attention.

— Waw ! Une collision avec un camion ?

— Vous avez eu l'amabilité de prévenir vos collègues de ma présence dans la place ?

— C'est ce que j'ai fait. Tous les pontes ont été avisés !

— Excepté bien sûr celui d'El Biar !

— Pas du tout, il a été le premier averti. Ce sont ses agents qui ont peint cette jolie toile ? — Il composa un numéro et vociféra dans le combiné— Je ne te louperai pas cette fois-ci, mon cher ami. La plaisanterie était de mauvais goût, mon meilleur agent en a payé les frais. Si cela venait d'un autre service, je comprendrais, mais venant du tien, cela devient délibéré !_ Tu connais ceux qui t'ont estropié ? Demanda-t-il à Zoubir_ Il dit que c'est un certain Rambo et ses copains qui l'ont transformé en chair à pâté. Cela va barder pour toi quand je transmettrai son certificat d'incapacité à la direction. Quoi ? Tu as transmis l'information à ton adjoint pour la diffuser ? Il faut croire qu'il n'a rien fait et c'est toi qui trinqueras, bouseux ! Bachir reposa le combiné d'un geste rageur, des petites bulles de bave blanche aux commissures des lèvres, puis bafouilla. « N'importe qui peut devenir commissaire et on s'étonne que le public nous haïsse. Une telle forfaiture est impardonnable »

— Je peux disposer, patron ?

— Si tu attends des excuses, tu peux toujours rêver, ce sont les risques du métier !

Le vieux Bachir le rattrapa dans le couloir et l'agrippa par le bras. Le lieutenant grimaça de douleur, son corps réduit en marmelade ne souffrait pas d'être touché.

— Pardon, Zoubir, je suis vraiment navré. La vie n'est pas faite que de joie, il faut savoir accepter les contretemps. Tu sais maintenant pourquoi j'enfouis ma tête dans le sable en attendant ma retraite. Quarante ans de brimades sont un exploit que peu d'hommes réussissent dans la police. Il sortit un mouchoir blanc plié en triangle de sa poche et essuya des traces de sang qui suintaient du pansement sur la tempe de son subordonné. Repose-toi quatre ou cinq jours, nous te devons bien ça. Au diable le crime et les enquêtes ! Reprends ton arme et fais-toi une raison.

Déconfit et las, le lieutenant rentra chez lui, les bras encombrés de sacs en papier remplis de provisions. Plusieurs paquets de nouilles prêtes à la cuisson, des fruits pas très mûrs — il les aimait acides — et des baguettes de pain dont il plaça une bonne partie dans le frigo. Il s'aspergea le visage bouffi par les coups avec l'eau du robinet, dénuda son torse et se regarda dans le miroir.

Des ecchymoses bleu-vert parsemaient ses bras, ses côtes lui faisaient affreusement mal, il avait un œil enflé et une coupure sur la tempe. « Les salauds n'y sont pas allés avec le dos de la cuillère, ils ne se sont pas privés de prendre une revanche sous le sceau officiel » Il s'observa longuement et fit des mimiques à son image, que le vieux miroir à l'étain dépareillé lui rendit en les déformant légèrement pour le faire rire. Un simple miroir lui faisait oublier ses misères.

Il eut une pensée pour ses parents, particulièrement sa mère qui devait se faire du mouron pour lui. Une mère est l'unique branche qui ne pourrit ni ne cède sous le poids de son enfant. Il crut la voir dans le miroir et lui caressa le visage qui se superposait au sien. L'homme désire parfois être seul sans choisir pour autant la solitude.

Le lieutenant était esseulé, fatigué, son cerveau cognait contre son crane et il sentit son cœur lui échapper par les tempes. S'allongeant avec précaution sur son lit, l'énergie lui manqua pour se préparer une infusion de verveine bienfaisante. Au milieu de la nuit, il fut réveillé en sursaut par les miaulements des chats et les aboiements des chiens qui se disputaient le contenu des poubelles déposées la veille devant les immeubles. Il replongea dans le sommeil et fut encore une fois extirpé de sa torpeur, au chant du coq, par les éboueurs. Le vacarme créé par leurs paroles et la manipulation des récipients vidés dans la benne crevaient le silence de l'aube.

Debout tard le matin, le corps courbatu et flagellé, il se fit du café qu'il avala brulant. Chaque mouvement lui était une épreuve de force mais son cerveau fut revigoré par le breuvage qui le remit d'aplomb. Un message d'Othmane s'afficha sur son téléphone, auquel il ne répondit pas. Zoubir s'installa près de la fenêtre et poursuivit sa lecture du livre de Smain à la lumière du jour. « La solution à mes soucis se trouve dans les *raisons de la folie,* je relirai ce texte jusqu'à ce qu'elle remonte à la surface »

A midi, il lisait encore, à haute voix, et eut la flemme de déjeuner, troublé dans sa lecture par le téléphone qui sonna trois fois sans qu'il daigne répondre. Repris par une envie irrésistible de dormir, il céda à l'engourdissement qui le berça jusqu'en fin d'après midi. Il entendit des coups sourds sur sa porte et se leva oubliant sa douleur. Il se mit légèrement en retrait et regarda par l'œil de bœuf, une précaution apprise au cours de son instruction. Othmane clama d'emblée avant de refermer la porte.

« Tu affiches une drôle de tête, mon ami ! Tu t'es fourré dans un autre coup tordu ?

— Pour tout te dire, je commence à en avoir assez. Je ne sais si je suis victime d'une poisse que je trimballe ou d'un acharnement surnaturel, soupira le lieutenant en se laissant choir sur le lit.

— Supposons que tu sois la cible des deux, est-ce une raison pour ne pas répondre à mes appels ?

— Pour te dire quoi en fin de compte ? Mes peines ? Je n'ai pas joie à communiquer à mes amis.

— On n'a pas d'amis dans la joie, que des opportunistes ! Allez, vide ton sac, qui t'a esquinté ?

— Tout me tombe dessus lorsque j'élude mes rancœurs. J'ai été roué de coups par des collègues, dans le cadre de mes fonctions.

— C'est une blague ? Un nouveau jeu dont tu n'as pas compris les règles ? Vos supérieurs ne bronchent pas parce que cela les amuse aussi ?

— Un malheureux concours de circonstances qui a fait que je sois confondu avec un meneur d'émeute alors que j'ai été mandaté par les têtes pensantes. Ils ne m'ont pas de cadeaux, surtout Rambo.

— Tu ne penses pas qu'il l'ait fait intentionnellement ? Une belle occasion pour lui de te faire passer l'envie de fouiner !

— Apparemment non. Je dirais, à sa décharge, qu'il n'était pas informé de mon infiltration, son supérieur ne l'a pas averti.

— Cette méprise te chagrine ? Tu as une mine de quelqu'un gênée par une diarrhée ininterrompue. Habille-toi, nous partons !

— Avec la tronche que j'ai ?

— Contrairement à l'amour, la colère creuse l'appétit. Toute l'histoire du monde est une suite sans fin de repas, et je sais que tu as faim. Nous allons chez moi si cela te chante, personne ne te verra dans cet état. »

Il lui tendit la main et l'aida à se mettre debout. L'air du dehors lui fouetta le visage et lui fit du bien. Ils atteignirent la voiture du docteur délaissée dans une venelle, près d'un individu planté derrière une table que jonchaient des paquets de cigarettes de contrebande. Le vendeur, affairé à se gratter les doigts de pieds accrochés à une tong, releva le bas de son pantalon froissé et sale à force de marcher dessus et dit.

— Votre pneu est crevé, monsieur !

Le pneu arrière droit était effectivement sur la jante et comportait une entaille sur le caoutchouc. Sans la remarque du jeune, ils auraient ressenti un cahotement en roulant. Il le remercia quand même de son civisme et retira du coffre la roue de secours.

— Je t'avais prévenu que ma poisse était contagieuse. Le type qui a éventré le pneu savait peut-être que tu étais venu me chercher, non ?

— Tu vois des ennemis partout et te sens persécuté, ma parole ! Détends-toi, sinon tu deviendras mon patient attitré, obligé de porter une camisole.

Il lui tapota le dos, choisit une clé pour changer la roue. Zoubir demanda à la remplacer lui-même. Le bricolage se substituait à ses cogitations et il se sentait bien dans les travaux manuels. Le psychiatre le vit à l'œuvre animé d'un zèle singulier. Il sut que son ami avait rêvé d'un métier d'action et s'était leurré en choisissant celui de policier qui exigeait un moral d'acier pour des actes fréquemment contraires à son éducation. Le lieutenant se représentait le monde à son image et ruait à la moindre incartade qui sortait des valeurs reconnues. Ils fendirent la capitale en longueur et furent contrôlés trois fois au cours du trajet par des gendarmes affables et souriants.

« Nous entrons dans un autre monde, s'exclama le lieutenant. Les uniformes verts sont très aimables et font leur travail avec une telle finesse qu'on n'a pas l'impression qu'ils nous déshabillent du regard.

— Tout dépend de la formation dispensée. N'omets pas qu'ils possèdent des notions de droit aux aussi, cela leur évite de commettre des bévues et de présenter des excuses. Mêmes leurs armes sont discrètes, et ils n'ont pas besoin de gueuler pour se faire respecter.

— En comparaison de….bon, je la ferme ! Tu as remarqué le gendarme du dernier contrôle ? Il a eu la gentillesse de s'inquiéter de ma blessure en observant mon pansement.

— En plus de la formation, l'éducation pèse beaucoup dans les relations humaines. Tu n'as plus revu Fifi ?

— Non, pourquoi ? Le devrais-je ?

— Ne vois pas de moquerie dans ma question ! Tu te braques quand on veut être agréable avec toi. Les paroles que tu n'attends pas te paraissent perfides.

— Il m'est impossible de me défaire de ce trait de caractère. Je ne me sens à l'aise qu'en ta compagnie.

— La flatterie n'engage que celui qui l'écoute, rétorqua Othmane dans un clin d'œil entendu. »

La maisonnette semblait coquette de prime abord, charmante au toit de tuiles rouges, comme on n'en construisait plus. De coutume, le béton était roi et un individu possédant quarante hectares érigeait un bâtiment de trois étages au moins, pour ses enfants et lui, même s'il n'en avait qu'un seul. Pas de recherche esthétique non plus à l'intérieur. Des pièces alignées qu'enfilait un interminable couloir rectiligne, comme une prison de haute sécurité où il ne manquait que des miradors. Le reste du terrain était planté de pommes-de-terre, de tomates, parfois de petit-pois ou de haricots verts. Sans oublier les potagers des parvenus de deux mètres carrés semés de persil et de coriandre.

En grandissant, les enfants refusaient d'habiter avec leurs parents dans ces sortes d'hôtels privés, de crainte que leurs allers et venues soient surveillés. Un parent vieux et dépassé par le temps veut imposer sa vieillesse à son enfant, prétextant que sa génération était la meilleure. Quant aux filles, c'était le couvre-feu. Elles se confinaient dans le bunker dès la tombée de la nuit au matin. Bien sûr, il y avait des débrouillardes qui inventaient des motifs bidon, telles les soirées et les nuits à passer chez des amies complices. Il y avait celles qui succombaient aux chants des sirènes, des requins à l'origine. Il est notoire qu'à force de serrer un boulon, l'écrou ne tient plus, la vis foire et nécessite un taraudage légitimement agrée par des mœurs implacables. Un honneur qui se mesure à l'épaisseur d'un fil à plomb.

Pour contenter tout le monde et éviter de soulever le couvercle du puits, les parents du couple formé au gré des rencontres ont recours aux mariages religieux pour satisfaire le côté légitime en occultant le légal. Les conséquences désastreuses de ce système apparaitront plus tard au détriment des enfants qui ne pourront ni aller à l'école, ni avoir une identité. Ces enfants nés d'un moment de faiblesse vivront sans existence légale.

L'arrière maison ressemblait à la crinière du psychiatre. Un désordre élégamment organisé qui faisait sa fierté. Un mélange de jungle et de savane dans lequel le géranium et les tulipes se partageaient la part du lion. Le lieutenant avait une phobie des reptiles et ne doutait pas qu'il en existait, lovés dans les herbes sèches. Visqueux et inodores, il les comparait aux hommes impuissants qui rampaient en silence, angoissés par l'incertitude de leur statut social.

Par contre, l'intérieur coupait le souffle du visiteur. Tout était ancien, les meubles, les tapis, les rideaux... Othmane vidaient les boutiques des antiquaires qu'il connaissait. Les vitraux de l'immense bibliothèque transmettaient une touche de vieillesse aux innombrables livres jaunis par le temps, numérotés en rangs serrés, prêts à satisfaire un besoin de lecture. Une impériale cheminée en briques réfractaires trônait dans le salon. Un tourne-disque figé sur un guéridon. Pas de téléviseur, seuls une cuisinière et un réfrigérateur clamaient un début de modernité. L'atmosphère livresque imposait ses lois et sa tranquillité. Les journaux du jour couvraient la table basse en bois de chêne sculptée, gondolée et aux pieds arqués, similaire à une carapace de tortue.

— Ta bibliothèque me fascine, tu as lu tous ces bouquins ? S'extasia le lieutenant.

— Presque. Je laisse une petite réserve pour les journées glaciales. Je relis ceux qui me marquent, avec l'impression de les parcourir pour la première fois. A chaque fois, c'est un autre sens qu'ils donnent, plus subtil.

— Je n'ai pas achevé celui de Smain, il y a des paragraphes que je ne peux déchiffrer.

— Non, laisse tomber *les raisons de la folie*, ce livre t'a causé beaucoup de dégâts alarmants. Tu ne pourras pas te replacer dans le même contexte que celui où il a été écrit. Je t'ai choisi un ouvrage moins compliqué, presque de la même lignée, moins agressif pour la mémoire. Tu peux emporter dès demain *Sanctuaire* de Faulkner

— Il parle de quoi ?

— Je ne te dis pas de quoi il en retourne, c'est à toi de digérer la matière.

— Dois-je attendre demain pour l'avoir, ce n'est pas possible dans l'immédiat ?

— Tout le temps le feu aux fesses ! Tu as un train à prendre ? Tu n'as pas lu le principe d'Archimède légèrement modifié que j'ai placardé derrière la porte ? *« Tout invité dans la maison qui ne repart pas avant le diner est considéré comme hébergé pour la nuit »* Tu restes ici jusqu'à demain sauf si tu as l'intention de repartir à pied. Tu t'occupes de la salade pendant que je prépare les spaghettis à la sauce tomate, à moins que tu ne les préfères au fromage.

— Bigre, tu t'y connais en cuisine ?

— Ben, comme tous les célibataires endurcis. Adam vivait seul avant Eve qui l'a rendu gaga. Herbivore au début — faut pas croire Darwin, Adam n'était ni singe ni descendant de primate. Sinon pourquoi les singes existent encore ? — carnivore ensuite, omnivore au final sans possibilité de retour en arrière. L'homme mange tout y compris son frère !

Othmane perçut des hoquets alors qu'il s'évertuait à atteindre une étagère de son garde-manger. Il vit le lieutenant qui se tenait l'abdomen, compacté dans un fou-rire qu'il avait du mal à maitriser. Il lui porta des tapes de plus en plus fortes dans le dos et lui pinça le nez.

— Remets-toi, que diable ! C'est le singe ou Adam qui te fend la pipe ?

— Ta mine grave ne te va pas du tout, ton coté rigolo m'ébahit !

169

— Je suis sérieux dans ce que je te raconte à l'instant, l'histoire d'Adam n'est pas une fumisterie ! Bien sûr que les religieux de tout bord te miroiteront une autre version, mais attention ! Ils sont dangereux ! Ils ont besoin de croyances pour leur business et font croire aux autres ce qu'ils ont du mal à admettre eux-mêmes.

Zoubir repartit de plus belle dans sa gaieté, une main devant sa bouche, agitant l'autre pour lui dire de cesser ses commentaires. Le psychiatre se tut mais le lieutenant pouffait à chaque fois qu'il le regardait. Othmane maintenait une attitude grave quand il lançait des vannes, ne riait pas et on ne savait pas s'il parlait sérieusement.

— A ta place, j'aurais fini de confectionner la salade !

— Purée ! Si ma mémoire ne me fait pas défaut, je crois que cela fait quinze ans que je n'ai pas autant ri ! Déclara Zoubir en massant sa nuque.

Le docteur accrocha à son cou un tablier de cuisine et se mit à l'ouvrage en préparant les ingrédients indispensables à une sauce tomate. Son camarade effeuillait la salade pour la laver, secoué de spasmes par intermittence.

— Tu fais ta popote chaque soir ?

— Absolument pas ! Uniquement quand je suis de bonne humeur comme aujourd'hui. La cuisine que l'on fait pour soi a une saveur exceptionnelle, et je suis un peu comme les femmes qui rosissent de plaisir lorsqu'un convive me félicite pour le goût. »

Concentrés sur leur compétition, ils écoutaient les caquètements des poules qui s'apprêtaient à dormir tôt comme les paysans de leur enfance. Les chiens hurlaient au loin, leurs aboiements prolongés leur parvenaient comme une plainte lascive d'un orphelin qui pleure ses parents morts.

« On croirait que tu habites une ferme, c'est toujours comme ça ?

— Ces voix comptent pour moi, l'animal a peur de l'obscurité tout comme nous, à un degré près. Nous avons peur du noir et chouchoutons l'ignorance alors qu'ils ont la même couleur.

— Aie, cria Zoubir qui se blessa au doigt en hachant menu un oignon... Je le pressentais, la malchance me poursuit même dans la salade !

— On ne va pas retourner à la case départ tout de même ? Ton idée fixe te perdra ! »

La veillée se prolongea, intermède entre l'angoisse permanente du lieutenant et l'amitié déchirante du psychiatre profondément touché par les confessions de son ami. La distance se rétrécissait entre eux et ils se comprenaient mieux. Othmane faisait appel aux mots plus qu'aux gestes de compassion pour l'imprégner de la beauté de la vie malgré ses lacunes.

Il tenta de le convaincre que Bilal, de là ou il était, n'approuvait pas ses actes et n'avait besoin de personne pour laver l'affront, qu'il avait été au-dessus de ses adversaires en acceptant de souffrir par le feu que de faire du mal à autrui. Quelle meilleure revanche que de supplicier la conscience d'un ennemi qui profite de la faiblesse d'une défaite pour savourer ce qu'il croit être une victoire. On n'appréhende le futur que si l'on traine son passé.

Le présent augure de bons auspices pour ceux qui nous succèdent si l'on vénère la bonté, car l'irréductible méchanceté tend à se souvenir du mal en oubliant le bien qui dérange son dessein. Zoubir l'écoutait silencieusement, dubitatif.

« Tu ne sembles pas convaincu de ma péroraison, chanta Othmane. Ce n'est point une leçon de morale, disons plutôt que c'est une tentative gauche de ma part — j'en conviens— pour te redonner le goût du sourire. Du temps d'Ali et de Smain, quand une famille avait un garçon— ou une fille— turbulent, elle le mariait dès sa puberté pour le mettre au pied du mur. Dans la plupart des cas, il s'assagit et assume ses responsabilités. Une astuce de grand-mère, et dans chaque grand-mère il y a une mère qui a survécu aux turpitudes de ses enfants.

— Tu veux me marier si je ne me trompe ? S'esclaffa le lieutenant.

— Ton âge te permet d'agir comme tu l'entends, mais je ne te garantis pas le résultat. Similaire à l'homéopathie, une union ne peut être louée que si l'on en a fait l'expérience. Là, tu vois que je ne possède aucune notion.

— Une idée à piocher, maitre Othmane, ironisa Zoubir. Tu as fait ce que tu as pu pour moi, et c'est déjà beaucoup !

— Mon conseil est gratuit, et si ça marche, je te suis ! Tu pars en éclaireur ?

— Eh attends, tu vas trop vite, c'était pour rire, si on ne peut pas plaisanter avec son âne.....Dans un mariage, on n'a droit qu'à un seul essai pour tirer des plans sur la comète.

— L'âne te remercie, mon ami, hi-han, hi-han ! Je ne rue pas parce qu'entre frères on se comprend !

— Il est 3 heures du matin, Othmane, je n'ai pas envie de dormir mais toi, tu dois être en pleine forme dans ton travail demain. L'angoisse qui sourdait en moi s'est diluée, un sentiment d'euphorie m'allège. Je vais dans ma chambre_ c'est celle-là avec la lampe de chevet allumée ?_ J'entame le *Sanctuaire*, certain que je ne verrai pas venir le marchand de sable tant l'impression de sécurité qui règne ici est envoûtante. Bonne nuit ! »

Il plongea dans le livre, son esprit voguait ailleurs et ses paupières lourdes se fermaient inexorablement. Il s'ébrouait pour lire en écarquillant ses yeux qui parcouraient les pages superficiellement. Il revenait alors au premier chapitre pour redémarrer, en vain.

Il entendit vaguement le chant d'un coq qui le surprit dans un bâillement à décrocher une solide mâchoire.

Le soleil filtra par les fentes des persiennes et zébra de fines rayures lumineuses le sol des chambres en éclaboussant les lits. Othmane lança un œil par la porte ouverte de Zoubir et le vit couché sur le ventre, le livre au bas du lit. Il ne le réveilla pas et se fit du café entretemps. Ce n'est que plus tard que le lieutenant se leva, la langue pâteuse et les yeux pochés.

« Tu en as mis du temps, c'est ta façon de m'inciter à aller travailler ?

— C'est ta faute, tu n'aurais pas dû me laisser dormir sur ce matelas moelleux, un véritable somnifère. Si j'avais le même chez moi, je rouillerais comme la coque d'un vieux rafiot.

— Bois ton café, je te ramène à la clinique ; ne me dis pas que tu as autre chose à faire. Il nous faut trouver une solution pour nous débarrasser des armes que tu as entreposées là-bas. On ne sait jamais ce qui se passera avec les retournements de veste.

— Je vais réfléchir pour t'enlever cette épine du pied ! »

6

La transition vers une paix intérieure s'effectua sans accroc grâce à Othmane qui s'ingénia à faire sortir son compagnon de sa sinistre routine dans laquelle il n'était question que des crimes à élucider, des suspicions à écarter ou à confirmer. Les deux compères se permettaient des escapades pour se retrouver dans ses endroits saugrenus. C'est ainsi que le lieutenant visita un musée dans lequel il s'extasia devant des reliques séculaires admirablement conservées. Il dansa au rythme des tambourins lors de concerts gnawi, musique languissante stimulant le rêve et l'imagination d'un parcours des vastes landes désertiques.

La douce température influença l'humeur de Zoubir qui exploita ces moments de clémence pour donner libre cours à ses extravagances, particulièrement sur les plages où il attirait les moqueries et les regards stupéfaits. Le psychiatre laissait faire son compagnon sujet à un retour d'âge où il se remémorait les barbotages dans les bassins d'irrigation. Etrangement accoutré d'un court pantalon à rayures verticales rouges et jaunes, un teeshirt imprimé de personnages de dessins animés, un chapeau de paille aussi large qu'un parasol et de grosses lunettes noires sur le nez qui lui masquaient le visage.

— Une belle tenue d'été, non ?

— Ce qu'il faut pour passer inaperçu sur une plage, acquiesçait le docteur sans rire.

— Dressons la tente à l'extrémité de la bande de sable pour ne gêner personne !

Ce qu'il nommait tente était en fait un simple morceau de tissu de la taille d'une nappe de cuisine qu'il soutenait avec les roseaux rejetés par la mer.

— Jolie tente que tu as là, où l'as-tu achetée ?

— Bof, un vieux rideau à damier que j'ai arraché de ma fenêtre. Je ne dépenserai pas une fortune pour une chose que je n'utiliserai que trois mois dans l'année. C'est petit mais elle nous protègera des piques du soleil. Allonge-toi et imagine que tu es seul sur une ile, sous un majestueux cocotier. Je n'en ai pas vu réellement. Qu'est-ce que je donnerai pour en voir un, fut-il en plastique.

— Tu ne te baignes pas ? S'alarma Othmane dont le corps d'une blancheur laiteuse commençait à rosir.

— Je barbote, je ne fais pas deux choses à la fois, nager et rêver !

L'endroit isolé aspirait les couples en mal d'intimité, grâce aux anfractuosités de la roche qui les protégeaient des voyeurs. Sous les lunettes noires propres aux soudeurs de gazoduc du Sahara, le lieutenant suivait leur promenade au bord de l'eau, taquinant du bout du pied les timides vaguelettes. Ce n'était pas lui qui oserait se baigner la nuit, il tremblait rien qu'à l'idée de tremper ses pieds dans l'eau sombre, s'attendant à être happé par une goule surgie des profondeurs.

Il se souvenait des tests subis lors de son recrutement dans la police. Que de taches d'encre noire éparses sur du papier, que le psychologue lui demandait d'interpréter. Il sourit à la réaction de l'homme face à ses réponses lancées à l'emporte-pièce.—Regardez bien, c'est vraiment une grenouille que vous voyez là ? — Je le crois, même si elle a des ailes, vous voulez me piéger ou quoi ? —Et celle-là, vous persistez à voir un papillon ? Enfin....ça ressemble à une limace ailée, et d'après mes connaissances, des papillons comme ça existent en Amazonie. Ces bestioles vous donnent des cauchemars ! —

Zoubir ne comprenait pas comment des feuilles sur lesquelles s'est renversé un encrier pouvaient déterminer le caractère et la bonne santé mentale d'un individu. Si c'était le cas, on aurait détecté les assassins avant leur passage à l'acte. Il avait eu droit à un diagnostique peu flatteur. « Mégalomanie, disait le praticien. Une maladie de chef d'État alors que je n'en étais pas un ! » Perdu dans ses réminiscences, il fit un bras d'honneur au psychologue qu'il gardait en mémoire.

— Es-tu fou ? Fit Othmane sévèrement, il ne te connaît même pas !

— Cela ne l'a pas empêché de vouloir me saquer à l'examen de recrutement, nasilla Zoubir en rabattant son chapeau-cahute sur le nez.

— Nous ne sommes pas sur la même longueur d'onde, mon ami. Je parle de ce jeune homme de passage qui nous observait. Pourquoi lui as-tu adressé ce geste inconvenant ?

— Où ça, se releva-t-il, scrutant la plage de droite à gauche. Ah, je le vois. Je ne le visais pas, mais maintenant il le mérite. Où va-t-il avec son gros machin à musique sur l'épaule si ce n'est pas pour embêter les couples ?

— Reste tranquille, tu n'es pas en service et lance à la mer tes reflexes de paysan attardé. Il te faut voyager pour frotter tes préjugés contre ceux des autres. Quand j'étudiais en Europe et plus tard en Amérique, j'avais un peu de tes idées reçues. A présent rien ne heurte ma sensibilité. J'ai vu des seins et des fesses nues exposés en public, des fusillades pour des broutilles, de l'alcool sans modération et des vomis sur les trottoirs, des gens qui s'accouplaient sous les portes cochères. Des femmes et des hommes qui racolaient de jour et de nuit en pleine rue, ceux qui décollaient à la cocaïne et j'en passe. L'argent était roi, le sexe et la drogue ses vassaux. Avec les dégâts irréparables causés, un vent de puritanisme souffle actuellement dans ces contrées et je m'en réjouis ! Surveille mes vêtements, je vais me baigner !

Le lieutenant se mit sur les coudes et s'amusa à compter les duos qui planaient sur le sable. Enivrés par l'amour, les entichés effleuraient les grains dorés, insouciants des estivants esseulés qui les enviaient. Il comprenait les vieilles personnes qui les dévoraient mais ne se pardonnait pas de les imiter. Il était jeune, lui, et ne saisissait pas l'iniquité de la providence. N'étant pas excessivement porté sur la chair, il aurait voulu quand même croquer une pomme. Il savait que pour croquer un amour, il n'était pas besoin d'avoir les dents longues et acérées car Dieu n'offre de viande qu'à ceux qui n'ont pas de dents.

Cruel dilemme que celui de la timidité. Le vice complète la vertu. Zoubir n'était ni licencieux ni prude, il avait juste soif d'amour, un amour qu'il ne suffit pas de posséder mais de conserver le plus longtemps possible. Il avait vécu bardé de préceptes acquis de ses lectures, dans lesquelles les unions durables se construisaient à deux, pierre par pierre, mot à mot pour une meilleure traduction des sentiments. Sa vie se nourrissait d'eternels compromis qu'il arbitrait au jour le jour, zigzaguant entre les multiples malentendus qui peuplaient ses rêves.

Il répandit son regard sur la surface de l'eau et vit la silhouette blanche d'Othmane qui jouait au ballon avec des enfants et se roulait sur le sable, feignant de trébucher pour les faire rire. Les bambins le relevaient, hilares et innocents. Ils étaient loin de se douter que cet homme avait été petit comme eux et n'avait jamais vu la mer quand il portait des culottes courtes. La mer n'enchante pas les pauvres, ou si peu, mais elle leur fait prendre conscience des énormes besoins dont ils sont privés. Comme la vie, elle n'aime pas la vantardise et avale les fanfarons qui se targuent de savoir nager. Le pleutre, comme le gueux, ne s'aventure pas très loin. La mer est humaine et infidèle, elle nourrit son homme et le dévore telle la mante religieuse pour ses amants.

Othmane, fin observateur de par son métier, déduisait que les démons s'emparaient de son ami dès qu'il se trouvait seul. Il se sentait marginalisé. Il lui conseilla ainsi de rendre visite souvent à ses parents, pensant que les racines étaient la clé de la bonne santé du feuillage. A Sétif, sa mère folle de joie de le revoir comme sait l'être une mère pour sa progéniture, s'ingéniait à lui faire plaisir. Dans l'album photo familial, elle lui montrait les dates, les lieux et tous deux rigolaient des postures prises, parfois insolites. Son père, heureux et réservé, se tenait à l'écart et savourait les retrouvailles en cachant sa bonne humeur.

Sa ville natale se transformait chaque jour un peu plus, s'étalant en travaux interminables. Devenue trop bruyante, elle ne lui plaisait plus. Il la comparait au village tranquille du psychiatre et soupirait. La question fatidique lui fut posée par sa mère et le tira de son engouement pour la chaleur familiale qu'il vivait sur le moment.

« Tu ne penses pas te marier ?

Interloqué par la brusquerie de la question, il perdit pied et son enthousiasme pour les visites parentales s'évapora au profit de l'incrédulité. Il toisa son père qui ne s'attendait pas à une telle question de sa femme.

— Pourquoi me regardes-tu de la sorte ? Je suis aussi surpris que toi, lança le père. Bon, je sors et débrouillez-vous !

— Ton interrogation me déstabilise, mère !

— Il faut bien que tu y penses un jour ; n'oublie pas que le temps passe vite et que tu vieillis. J'ai remarqué deux cheveux blancs sur ta tempe. Oh, ne t'inquiète pas, je n'ai pas de fille à te proposer, je te rappelle ton devoir. N'est-ce pas Dieu qui a dit...

— Oui, je sais, maman ! Je sais que qu'Il a dit, ce qu'Il aurait dû dire et ce qu'Il n'a pas dit. Par contre, personne ne sait ce qu'Il va faire parce qu'il ne dit plus rien ! Les droits exigent les devoirs et pas l'inverse !

— Oublie mes paroles. Si tu te décides un jour, tu me le communiqueras. Je marcherai sur la tête pour aller demander la main de celle que tu auras choisie.

— Il ne sera pas dit que tu seras la dernière à le savoir, à une seule condition !

— J'accepte toutes tes conditions, mon fils, pourvu que je tienne de mon vivant mes petits enfants sur mes genoux.

— Mon père t'accompagnera, mais pas en train et sans ses claquettes blanches !

Ils éclatèrent de rire et s'étreignirent. — Tu es unique au monde, maman, tu me comprends au vol. — Jusqu'à preuve du contraire, tu n'as pas d'autre mère, je suis faite pour ça, pour te comprendre et dissiper tes soucis, broder tes espérances comme je bordais ton lit, nettoyer les mauvaises pensées de ta tête comme je peignais tes cheveux avant que tu n'ailles à l'école—

Il était fier d'avoir une telle maman. Il se souvenait de ses incartades lorsque enfant, il boudait et refusait ses repas, trouvant des prétextes quand il avait du mal à se réveiller pour aller à l'école, ou quand il avait une mauvaise note et revenait maussade. Elle prenait sa défense face au père qui incorporait cette complicité au laxisme maternel. Au fond, son père aussi l'aimait. Il ne lui avait jamais dit mais Zoubir le savait par les privations auxquelles il s'astreignait pour leur assurer une vie décente.

Oui, il est dur d'être un bon père ou une bonne mère, de s'oublier au bénéfice de ses enfants, de passer des nuits blanches pour un simple rhume, ne quémandant qu'un petit sourire de reconnaissance dans la perspective de choyer des petits enfants en signe de gratitude. La famille, c'était ça, un bloc soudé. Les parents font fi du poids des années et deviennent ingambes pour voler au secours de leurs petits.

Afin de meubler son temps libre quand il n'était pas en compagnie d'Othmane, Zoubir confectionnait des pièges qu'il posait à la lisière d'une forêt, surtout les soirs où il présumait d'éventuelles prises. Il emportait un casse-croûte ou deux —cela dépendait de son appétit— et s'installait dans une vieille hutte qui avait servi de poste d'observation aux gardes forestiers. Cette solitude lui convenait, il n'était pas obligé de parler aux connaissances qu'il rencontrait dans la rue, et avait du temps devant lui.

Il avait appris à reconnaître les oiseaux d'après leur chant, agréable à l'oreille, meilleur à écouter que les flagorneries des hypocrites qui gazouillaient pour demander un service. C'était également un secret qu'il n'avait révélé à personne, y compris le psychiatre. Le gibier capturé était destiné à rôtir et quand il en offrait à Othmane, il se justifiait en lui disant que c'était un cadeau d'un ami chasseur.

Il préférait le collet au fusil, et ignorait l'origine d'une telle aversion pour les armes à feu dans la chasse au gibier alors qu'il ne trouvait pas d'inconvénient à tirer sur les criminels. « Peut-être parce que l'animal est désarmé, pensait-il, ou peut-être aussi qu'une bête n'avait pas la malice de l'homme pour se défendre » Il chassait comme d'autres jouaient au foot, un luxe que d'aucuns transforment en massacres.

Au début de l'automne —l'été durait trois mois mais le soleil brillait et la chaleur était deux fois plus épuisante— le lieutenant rencontra Rambo dans la banlieue ouest de la capitale. Que faisait-il là ? Les endroits réputés pour leur fureur de vivre, bruyants de jour comme de nuit, ne manquaient pas dans la mégalopole. Ce n'était pas par hasard qu'il avait choisi cette agglomération où l'on s'ennuyait comme des rats morts, il ne se dérangeait pas pour rien. La localité était plutôt réservée aux retraités qui s'adonnaient au jeu de dominos, en se rassemblant sous les acacias de la placette. Rambo semblait pressé et frétillait d'excitation comme un poisson hors de son bocal.

Il le reconnut de loin, grâce à son éternelle chemise indigo au col mao qu'il ne changeait que pour la remplacer par celle de service, et à sa démarche de cowboy se préparant à un duel. Ses chaussures marron aux bouts pointus et à talons hauts le faisaient passer pour un acteur de cinéma, dans un film où le réalisateur se serait trompé de décor. Zoubir changea de trottoir pour éviter de le croiser mais c'était trop tard, le policier l'avait déjà détecté et traversait la rue pour se cramponner à son bras.

— Tu me boudes, lieutenant ? Tu ne m'as pardonné, n'est-ce pas ?

Zoubir abhorrait les familiarités exubérantes, surtout quand elles provenaient des personnes qu'il exécrait. Il joua la surprise.

— Te pardonner quoi ? Tu es en mission dans ce patelin ?

— Je veux parler de l'incident de l'émeute, je te jure que personne ne m'avait affranchi de ton infiltration.

— Bon, ça va....ça va....j'ai complètement oublié cette histoire. Pourquoi l'aurais-tu fait exprès, il n'y a aucune dette entre nous, que je sache !

— J'ai cru que....Tu ne viens plus nous rendre visite comme avant, alors j'ai pensé que...

— N'y pense plus ! Tu cherches quelqu'un ?

— J'attends une fille qui m'a donné rendez-vous ici, je poireaute depuis plus d'une heure. Elle m'a indubitablement posé un lapin mais je l'aurai au tournant !

— Elle a probablement un empêchement. S'énerver pour un rendez-vous galant manqué, ça donne de l'acné.

— C'est vrai ? Dit stupidement Rambo.

Zoubir se tut, s'arqua pour soulever le sac en papier déposé à ses pieds, et le salua.

— Attends un peu, à quoi occupes-tu ton temps libre ? Si je t'invite ce soir à diner, viendrais-tu ?

— Non, pas ce soir, je pars à la chasse, c'est devenu une drogue.

— Demain alors ? J'adore chasser moi aussi. Dommage, je n'ai pas de fusil de chasse.

— Moi non plus, j'emploie des collets.

— Très bien, voilà le programme. Nous dinons ensemble demain avant de poser les pièges. Tu chasses quoi au juste ?

— Que peut-on attraper au lacet à part le lapin ?

Les neurones du cerveau de Zoubir entamèrent une valse macabre, en débandade. Plissant les yeux, il gonfla d'air ses poumons, des secondes qui s'étiraient en siècles, puis expira.

— Marché conclu ! Je connais ton adresse, je te rendrai visite à 18 heures pour manger tôt et aller installer les pièges en profitant de la faible lumière du jour.

« Quelque chose ne tournait pas rond. Pourquoi fallait-il qu'il le retrouvât au moment où il avait presque réussi à se défaire de son obsession ? » Inquiet du retour de ses idées funestes, le lieutenant creusa dans les suppositions les plus folles pour sasser les plus crédibles, mais n'en trouva aucune. Rambo se doutait-il de quelque chose ? Si oui, l'invitation au dîner serait un traquenard auquel il fallait se préparer sans éveiller ses soupçons de son adversaire. Si le policier était de bonne foi, cela prouverait sa débilité ou son culot. On ne peut apprivoiser et adopter un serpent venimeux chez soi sans risque d'être mordu.

Le lieutenant se regarda dans le miroir de sa salle de bains et vérifia si c'était bien lui qui était hanté par ces penchants sanguinaires. Il crut déceler un diable aux traits humains qui lui souriait. Un monstrueux rictus qui dévoilait des dents noires plantées sur des gencives verdâtres sillonnées de fins vaisseaux rouges affleurant les muqueuses. Sa langue excessivement rouge pour être réelle se distendait comme celle d'un caméléon. Un caméléon adaptable aux circonstances. Un caméléon qui se substituait au lieutenant pour accomplir des actes honnis par le commun des mortels.

Il fit le vide dans sa tête, refusant désespérément d'écouter cette voix intérieure maléfique qui louangeait une amitié bafouée par la bêtise régnante. Il se répéta que c'était bel et bien fini, que Bilal et sa femme étaient morts et enterrés, et qu'une vengeance à postériori ne les ressusciterait pas. Il fit face à la créature dans le miroir et implora la pitié, tel un neurasthénique.

— Je ferai toute autre chose que tu me demanderas, ce que tu voudras mais pas ça ! Epargne le peu d'humanité qui me reste, je t'en supplie !

Le miroir pouffa, la tête du lieutenant dodelina, lourde, sur le point de se détacher du corps. Une tête est toujours lourde, encombrée des idées des autres. L'image le contemplait et jouissait de sa terreur. La méthode d'Othmane élaborée pour le débarrasser de ses démons était inopérante. Le contrôle et la maitrise de sa vision se créait par la proximité physique. Il avala une goutte de sang qui ruisselait sur ses lèvres, une autre éclaboussa le lavabo de céramique. Il saignait du nez qui pourtant n'était pas fragile. Il se pinça les narines en évitant le miroir et posa un œil sur le liquide poisseux. Son sang était pareil à celui des humains et cela le rassura.

Il lutta la moitié de la nuit contre le diable qui l'habitait puis sombra dans le sommeil, à bout de force. Il n'était pas de taille à combattre l'invisible ou ce qu'il ne comprenait pas. Courageux, il ne se débina pas et revint à la charge en se dressant face à la glace. C'était une glace qui n'avait rien de spécial, comme toutes les glaces, et rien n'indiquait ce qu'il avait vu la veille. Il remarqua subitement une petite tâche rose sur le bord du lavabo, et ne retenant plus ses entrailles qui se révulsaient, il vomit sa haine et sa commisération.

— Nuit torride ? Envia Messaoud à la vue de son visage livide. Un célibataire peut se le permettre, mais pas moi qui suis obligé d'endurer les ronflements de ma bourgeoise dès le crépuscule.

— Je te souhaite une nuit semblable, une crise de foie qui te contraindra à rester debout devant un lavabo ou agenouillé près d'une cuvette de toilettes, à rendre tes tripes quatre ou cinq heures durant.

— Je préfère les sifflements de ma compagne, grogna Messaoud en s'éloignant à grandes enjambées, lissant les pointes de sa moustache du bout des doigts.

Zoubir avait de moins en moins d'affaires à traiter, et se roula les pouces toute la journée. Il rangea la paperasse éparpillée sur son bureau, colla des étiquettes sur des boites d'archives et tua le reste du temps dans la lecture de vieux dossiers relatifs aux meurtres résolus.

Le soir, il prépara son sac qui faisait office de besace dans lequel il déposa des rouleaux de fil de pêche, des bouts de bois ainsi qu'une cordelette servant à attacher les lièvres entre eux dans l'éventualité d'une moisson abondante. Il fit le plein dans une station d'essence et se rendit chez Rambo dont la voiture était garée devant l'immeuble.

— Tu es en avance, lieutenant ! C'est dans l'Antarctique que tu chasses ? Ces bottes, ce gros pull, je n'ai pas cet attirail, moi ! Le temps de finir la cuisson et on se met à table, il fait encore jour.

— Pas la peine, mon ami, j'ai avancé l'heure pour nous installer avant d'être devancés par d'autres chasseurs. J'ai ce qu'il faut pour nous restaurer. Eteins tout, on part ! Je t'attends dans la voiture.

— On prend la mienne ?

— Inutile de transborder le barda, la mienne suffira.

Assailli par des sentiments contradictoires, le lieutenant ne desserra pas les dents de tout le trajet, écoutant Rambo pérorer sur ses exploits amoureux. D'une grossièreté de dégénéré, il ne lésinait pas sur les détails croustillants. Il usait de mots qui écorchaient les oreilles à force d' indécence. Le silence de Zoubir lui paraissait une approbation, une connivence impudique qui l'encourageait dans sa vantardise. Zoubir se concentrait sur la conduite car ce n'était pas le moment de provoquer un accident qui n'entrait pas dans son programme.

Il bifurqua sur un chemin menant à une montagne séparée de la route par des champs, au pied de laquelle prenait racine un bois touffu. La piste s'arrêtait à une centaine de mètres des premiers arbres qu'ils rejoignirent péniblement en se frayant un passage entre les buissons denses.

— C'est la hutte dont tu m'as parlé ? Clama Rambo.

— Nous allons finir la préparation des pièges à l'intérieur et manger d'abord avant de les placer.

Rambo pénétra le premier dans la cahute sans porte, inspectant le sol dans la pénombre naissante de la nuit qui voilait le jour. Il fut à terre dès qu'il franchit le seuil, terrassé par le violent coup de crosse que Zoubir lui abattit sur la nuque. Il se réveilla quelque temps plus tard en position de chien de fusil, pieds et mains liés.

— Je croyais que tu m'avais pardonné, veux-tu que je te présente mes excuses ?

— A moi, non ! Il fallait les faire à Bilal, sourit Zoubir. Là où il est, ça lui est complètement équilatéral maintenant.

— Ce nom ne me dit pas grand-chose, détache-moi !

— Que non ! Il faut que tu sois impuissant à te défendre, comme lui au moment où il s'est aspergé d'essence parce que tu l'avais giflé en public et violé sa femme la nuit même de leur incarcération injuste. Tu te souviens, mon ami ?

Zoubir discourait avec un détachement qui terrifiait le policier. Rien ne l'atteignait, ni la hutte sinistre où le léger vent sifflait par les interstices, ni les pupilles comme deux clous plantés sur le visage de Rambo liquéfié par la peur.

— Je ne l'ai pas forcé à s'immoler, son heure avait sonné et personne n'y pouvait rien.

— Tu as avancé l'heure et le Grand Horloger ignorait tes manigances. Admettons que l'aiguille tournait plus vite que d'habitude, et que Bilal avait mis le feu à son corps parce qu'il avait froid, il y a quand même un petit défaut dans ta version, mon cher ami !

— Tu ne me crois pas ?

— Si ! Pour ce qui est de Bilal, je te crois volontiers. Il s'est giflé et immolé pour expérimenter la douleur. Mais pour Siham son épouse de deux mois, elle s'est violée elle-même aussi ?

— Ce n'était pas mon idée, lieutenant ! Nous avions été invités par l'officier qui nous affirmait que la passe était gratis et sans danger.

— Pas d'entortillage, grinça Zoubir. A quatre contre une, le pari était gagné. L'officier aux deux étoiles était un habitué de ces parties faciles ? Le commissaire ne s'est jamais douté de ce que vous faisiez endurer aux dames que vous arrêtiez pour des motifs fallacieux ?

— L'officier le remplaçait presque toutes les nuits, il ne pouvait donc pas savoir. Qu'est-ce que Bilal et sa femme viennent faire dans notre amitié, Zoubir ? Tu veux bien que je t'appelle par ton prénom, hein ?

— Bilal et Siham nous ont rapprochés. Toi et moi sommes amis grâce à eux. Il ne faut jamais insulter l'avenir. Ah oui, j'ai omis de te dire que Bilal était mon ami d'enfance !

Rambo s'agita pour essayer de se défaire de la corde. Zoubir craqua un briquet qu'il sortit de sa poche et illumina le policier affolé, l'affolement suintant de tous ses pores. Il était certain qu'il n'échapperait pas au piège, un véritable collet qu'il n'avait pas deviné. « Le lieutenant est dément, comment a-t-il fait pour passer à travers les mailles du concours ? Il faut lui parler sans interruption, c'est ce qu'on fait généralement avec les fous pour les endormir »

— Tu penses que je suis fou ? Ouais, pense ce que tu veux pendant que tu as encore le temps. Plus tu parleras et plus ton sursis s'allongera. Tu as le droit aussi de garder le silence car tout ce que tu diras n'aura plus d'importance. Tu rejoindras ensuite tes copains Saïd et Amine, c'est bon de se retrouver entre amis, hein ?

— Saïd, c'était toi ?

— Disons que j'y ai contribué. Il s'est empalé sur un tournevis et comme il avait le cul à la place du cœur, il est mort sur le coup, chantonna le lieutenant sur un air de James Brown._ « Il dissimule parfaitement sa folie, admit Rambo. Je dois me grouiller pour me détacher ou il me découpera en morceaux. Ce type sue la mort ! »_ Pour ne rien te cacher, Amine s'est fait la belle avant que je lui crève les yeux !

— C'était encore toi pour Amine ? Il n'était pas dans le coup, ni dans la mort de ton ami ni dans le viol de sa femme.

— Ne me raconte pas de salades, vous étiez quatre dans le viol. Saïd, Amine, Fouad et toi ! Sauf que toi, tu mourras trois fois pour avoir tué Siham, Bilal et sa mère.

— Je n'ai jamais vu la mère de Bilal, à moins que tu veuilles me mettre tous les morts sur le dos. Je te répète qu'Amine n'a rien à voir là-dedans.

— Tu dis ça pour me donner mauvaise conscience. On mettra ça dans les dommages collatéraux, une raison suffisante et indiscutable par les temps qui courent.

Rambo était convaincu qu'il allait le tuer et décida de changer de tactique pour l'avoir aux sentiments. Il plaida l'irresponsabilité et se dédouana en évoquant son enfance tumultueuse, une suite de larcins et de rixes. Son père qui n'avait pas d'autorité dans le foyer et qui rentrait tard le soir comme une barrique de vin pour vomir sur les trois derniers de ses enfants, sa mère quasi-chauve à force d'être battue et tirée par les cheveux dans les rares instants sobres de son paternel. Il jura de faire amende honorable et d'abandonner l'alcool, les femmes et le gain facile. Le flot de ses paroles fut endigué par le lieutenant qui déblatéra placidement.

— Je ne t'ai pas invité dans ma hutte pour une homélie, mon brave. Tu entends ce hululement ? Il parait qu'il porte bonheur à l'un et malheur à l'autre. Assez bavardé à présent ! Je vais respecter les convenances et entamer l'oraison funèbre, mais il faut d'abord que tu cesses de gigoter, tu m'empêches de trouver les mots qui conviennent. Ecoute le discours officiel que j'ai rédigé spécialement pour ce moment. « Rambo était un homme vaillant sans peur et sans reproche. Il n'hésitait pas à mettre en péril sa vie pour défendre les opprimés et sauver les femmes happées par la débauche. Il laissera un souvenir impérissable de sa bonté et un vide difficile à combler. Dieu l'a rappelé à Lui parce qu'Il l'aimait bien. Que le Seigneur lui accorde sa miséricorde et l'accueille dans son vaste paradis. » — Ce speech te plait ?

— Ne fais pas l'idiot, balbutia Rambo, mon assassinat te gâchera la vie. Je n'en vaux pas la peine, libère-moi et je te promets de démissionner de la police.

— De toute façon, vous ne serviez à rien, des hongres nuisibles ! Voici à présent la version officieuse, celle que tout le monde appréciera. « Rambo était une crapule récidiviste sans foi ni loi. IL buvait comme un chameau, copulait comme un étalon reproducteur et adorait l'argent tel un singe pour les bananes. Dieu, dans son infinie bonté, l'a retiré de la circulation pour ne pas jeter l'opprobre sur l'humanité. Que le seigneur, omniscient à Qui on ne la fait pas deux fois, l'accueille dans son immense enfer. » —Quelle oraison t'arrange ? Tu ne réponds pas ? Qui ne dit mot consent puisque tu n'as rien objecté. On prend la deuxième qui parait plus crédible.

Le lieutenant ouvrit son sac duquel il retira une bouteille de plastique contenant de l'essence, qu'il débouchonna et mit sous le nez de Rambo muet de frayeur, le cœur prêt à lâcher. Il se mit à hurler et se débattit, se cognant le crane contre le sol.

— Je te conjure de me laisser vivre, lieutenant. M'accorder ton pardon est déjà une victoire pour toi. S'il te plait, pour l'amour de Dieu !

— Sois digne dans ta mort comme tu l'as été dans ta forfaiture. Bilal ne t'a pas supplié, il est mort debout.

Du sac, il prit un chiffon qui lui servait à essuyer ses mains quand il posait ses pièges, avec lequel il le bâillonna. Sans se presser, il vida la bouteille sur l'homme ligoté et recula pour empoigner son sac. Il regarda Rambo embourbé dans ses supplications, avec des yeux de chien malheureux abandonné sur la route pas son maitre parti en vacances, puis alluma le briquet qu'il jeta sur le corps, lequel s'enflamma instantanément faisant un bruit de four que l'on avait ouvert brusquement. Il vit le corps qui se rapetissait comme un steak de vache nourrie aux hormones, et tourna les talons pour récupérer sa voiture.

Il entendit des froufrous dans les arbres proches de la cahute, certainement des oiseaux effrayés par les lumières rouges et la fumée que la cabane dégageait. Froid et dénué de pitié, il ne se retourna pas une seule fois. Il se mit au volant et s'arrêta au bord de la route, où il ôta ses bottes pour les remplacer par des escarpins. Il rentra chez lui comme un somnambule, la démarche hasardeuse et sa vision rivée sur Rambo incandescent.

Il dormit comme un loir et se réveilla le matin, la tête pesante et le cœur léger. Quelques bribes de la scène de la veille défilèrent dans sa mémoire et il sentit une colère sourde monter en lui. L'autre Zoubir avait le dessus et réglait ses comptes. Il était conscient que quelque chose n'allait pas dans son esprit, sa lucidité momentanée lui interdisait de croire à un dédoublement de personnalité, mais les faits étaient têtus et lui faisaient toucher du doigt l'amère réalité.

Où aller et que faire ? Il projeta de consulter Othmane mais n'osait pas. Son ami se détournerait de lui et alerterait la police car il y avait mort d'homme. L'éventualité d'une reprise de conscience était vite évacuée par la voix démoniaque qui le lui déconseilla en avançant que sa mission n'était pas terminée. Il se résigna à attendre le passage des catastrophes, croyant se mettre à l'abri en ingurgitant les incalculables tasses de café pour rester éveillé. Devenu amorphe et sans motivation, son travail s'en ressentit. Il perdit sa verve coutumière et ne réprouva plus les sarcasmes de Messaoud qui piétinait allègrement ses plates-bandes.

Les restes calcinés de Rambo furent découverts une semaine plus tard par un randonneur. Un branle-bas de combat fut enclenché, où même les détachements non concernés par l'enquête désiraient y participer pour traquer les coupables. Le lieutenant se vit proposer par son supérieur les rênes de l'affaire, un égard qui le mit mal à l'aise.

— Flatté de cet honneur, chef ! Je ne puis cependant mener cette investigation avec la probité voulue. Tous savent que Rambo a été à l'origine de mon passage à tabac avec une férocité avérée. Je mentirai en simulant la compassion, mais je ne lui souhaitais pas une mort aussi atroce.

— Il ne s'agit pas de toi, râla le commissaire Bachir. Un policier a été sauvagement exécuté et cela demande un châtiment exemplaire !

— Qui prouve que c'est un meurtre ? Poussa Messaoud que le commissaire avait tenu à associer au lieutenant pour l'assister dans ses explorations. Peut-être un suicide, qui sait ? Une déception sentimentale qui l'aurait amené à commettre l'irréparable ?

Zoubir se retint de bondir. Messaoud lui paraissait idiot par intermittence, mais cette fois il venait de clore le dossier aussitôt ouvert, avec sa thèse du suicide. N'étant pas lui-même intelligent comme il le prétendait, il ne pouvait que s'appuyer sur plus sot que lui afin d'échapper à l'emprise des tueries qu'il avait perpétrées. Il suivit donc l'analyse de Messaoud et renforça sa théorie.

— Mais oui patron, personne n'a pensé au suicide. Aucun n'est à l'abri d'une dépression. Quand on est sous pression, l'idée d'en finir une bonne fois pour toutes germe dans l'esprit du plus malin d'entre nous.

Le pathétique élan qui l'incita à applaudir la cogitation de Messaoud lui sembla la meilleure solution capable de le tirer de l'impasse où il était acculé.

— Le fait est là, s'excita le moustachu, un policier est méfiant par essence. Rambo n'aurait pas suivi un inconnu dans cette cabane isolée. De deux choses l'une : soit il connaissait le ou les individus qui lui ont fait sauter le pas, soit il a mis fin à ses jours.

« Il n'est pas aussi con que je le pensais, se dit Zoubir. Il vient de cerner le problème en deux temps trois mouvements. Dans dix minutes, il me pointera du doigt. » — A-t-on retrouvé son arme de service ?

— Il l'a enfermée chez lui, répondit Bachir.

— Tout compte fait, poursuivit Messaoud, je pencherai pour un complot fomenté par un ou plusieurs de ses proches en qui il avait confiance. Il aurait pu se tirer une balle dans la tête, c'est rapide et sans souffrance.

— Pas si vite, fulmina le commissaire. Il y a des gens qui compliquent leur mort pour embêter les vivants. En outre, d'après ce que je sais, Rambo était costaud — le lieutenant Zoubir peut le confirmer au vu de ce qu'il a encaissé dans l'émeute — et ne se serait pas laissé faire aisément. Un constat qui laisse pantois, ses assassins n'ont négligé aucune précaution. Aucun indice n'a été trouvé malgré le passage au peigne fin des alentours, ratissage élargi aux profondeurs de la forêt.

La nouvelle parut dans les journaux qui diffusèrent de nombreux messages de condoléances émanant de divers horizons. Il était décrit comme un serviteur de l'État, loyal au service des citoyens, un homme pétri de qualités, sans défaut et sans tache dans sa carrière. Une version conforme à l'oraison officielle, qui préparait l'opinion à une remise d'une médaille du mérite à titre posthume.

Zoubir ne s'étonna guère de ce bouillonnement d'apitoiement envers un homme dont beaucoup avaient subi les affres de sa brutalité. La planète regorge d'hypocrites semblables parmi lesquels il était malséant de soupeser la véritable valeur d'un homme, si toutefois il en avait une. Une chaine de solidarité post-mortem où l'on ne clame que des propos dithyrambiques à l'égard de l'enterré bardé de défauts, à charge pour ceux qui restent de revendiquer le même traitement quand viendra leur tour

Lorsqu'Othmane l'invita à le rejoindre, il tressaillit. Se peut-il qu'il sache ou subodore ce qui s'était passé ? Il achalanda plusieurs réponses avec des variantes selon la question qu'il appréhendait. Calculateur dans ses desseins, il n'aimait pas les surprises et abominait les porte-à faux. Le cœur serré, il se rendit à la maisonnette de son ami qui l'accueillit chaleureusement comme s'il ne l'avait pas vu depuis des lustres.

Le psychiatre le mit à l'aise et n'entra pas tout de suite dans le vif du sujet, préférant temporiser et mettre les formes pour ne pas l'effaroucher. Ce fut au contraire le lieutenant qui mit les pieds dans le plat.

« Tu as lu dans les journaux ce qui est arrivé à Rambo ?

— Je ne vois pas ce qu'il aurait fallu faire pour ignorer cette information qui circule partout. Une star de cinéma n'aurait pas fait autant parler d'elle. Franchement, il ne l'a pas volé !

— Cela me fait une belle jambe maintenant qu'il n'est plus. La douleur est toujours là et s'est même aggravée.

— Je sais que c'est toi qui l'as refroidi....Je veux dire incendié. Tu as été d'une cruauté incroyable !

— Ce n'est pas moi, c'est l'autre qui a commis cette infamie. Je ne peux me défaire de lui, il est en moi ! »

Pensif, Othmane coupa avec ses dents un bout d'ongle de son pouce, qu'il recracha, renifla deux ou trois fois et encercla Zoubir de son regard. Un regard perçant et épais qui obstruait les pores, asséchait la peau et disséquait la chair. Il avait fait face à de tels cas où le malade désirait se venger de lui-même et devenait le mal qu'il avait perpétré. Il pesa son approche prudemment pour ne pas irriter la bête qui était en lui. Zoubir n'était pas son patient, mais son ami qu'il fallait aider quitte à être accusé de complicité de meurtre.

« A quoi penses-tu ?

— Je me remémore mes gestes dans la hutte, il me semble impossible que ce soit moi qui ai grillé ce malheureux.

— As-tu Bilal devant les yeux en cet instant précis ?

— Je le vois toujours depuis que j'ai appris sa mort.

— Te dit-il quelque chose, un mot, un sourire, un geste ?

— Il baisse les yeux quand le regarde.

— Que lis-tu sur son visage et qu'en déduis-tu ? De l'admiration qu'il éprouve pour toi, de la pitié, de la commisération ?

— Je dirai plutôt un air d'incompréhension.

— As-tu des remords ? Il t'arrive de pleurer sur ton sort ?

— J'ai comptabilisé à mon compte la mort d'Amine alors que je ne l'ai pas tué, mais l'autre Zoubir me dit que si ! Quand on est injustement accusé d'un acte, on regrette de ne pas l'avoir réalisé. Mon cas est préoccupant ?

— Heu...non ! Si ça peut te consoler, saches que nous sommes tous des assassins vulnérables qui cachons notre véritable nature. La cruauté, comme l'amour, incube avant d'apparaître en pleine lumière. On ne nait pas assassin, on le devient. Certains sont pré-disponibles, d'autres luttent pour ne pas l'être et se fient à une morale elle-même meurtrière. Ton remède est en toi, tu l'as constaté aussi, je suppose. Tes pulsions pernicieuses surviennent dans tes moments de solitude.

— C'est malheureusement exact, docteur.

— Je parle à qui en ce moment, au bon ou au mauvais Zoubir ?

— Au bon, cela va de soi puisque je t'écoute religieusement !

— Tu t'es mis dans la tête qu'ils t'ont privé de Bilal, le seul ami que tu avais et c'est faux ! Ton attitude renfrognée repousse ceux qui veulent se rapprocher de toi, en es-tu conscient ?

— Je ne te suis plus là ! Je ne t'ai pourtant pas repoussé, toi !

— Je n'ai pas mis longtemps à comprendre que depuis l'immolation de Bilal, tu voulais te racheter par n'importe quel moyen pourvu qu'on te tende la perche. Ta réaction face aux bébés de la Roseraie d'Ali m'a édifié à ce sujet. Tu semblais effrayé par leur innocence. Beaucoup d'hommes regrettent d'avoir grandi et rejettent leur déchéance sur les autres.

— Quelle est la solution ? Adjura le lieutenant.

—L'amour est un puisant antidote à ton mal, le seul qui puisse supplanter une vieille amitié mais_ il y a toujours un mais qui freine l'enthousiasme_ qui est hors de portée de ceux qui vont vite et de ceux qui flânent, la bonne allure est malaisée à déterminer. Ton comportement ne donne aucune chance de fleurir à ton printemps, tu saisis ?

— Je suis adulte, Othmane, je comprendrais mieux si tu me parlais avec moins de condescendance.

— Tu perdures dans un style qui te parait parfait, style perfectible pourvu que tu ne cèdes pas au défaitisme. Je te suggère des calmants sans impact nocif sur ta santé. Tu en prendras un le soir, quand tu te sentiras nerveux et impatient d'être le lendemain. Ce calmant a deux objectifs : t'endormir en douceur sans la langue pâteuse du réveil, et t'empêcher de cauchemarder. Je t'interdis d'en prendre dans la journée !

— Merci mon ami, tu n'aurais pas de conseils pour escamoter le résultat de l'enquête ?

— Ne cède pas à l'autre Zoubir et ne te soucie pas de lui. Quoi ? Tu veux repartir chez toi ? Tu oublies que quiconque entre dans mon antre la nuit n'en ressort que le lendemain. Prends tes aises et bonne nuit ! »

Messaoud devint très familier avec le lieutenant, à la limite de l'obséquiosité. Il lui posait des tas de questions insidieuses ayant trait à Rambo et au commissariat d'El Biar. N'était pas né de la dernière pluie malgré son apparence ringarde, il remarquait par exemple que les trois policiers décédés étaient issus du même groupe. Il imitait à la perfection l'accent des citadins de la capitale pour l'impressionner — l'accent en question donnait à l'individu la sensation d'être omniscient face à un interlocuteur non averti. Il bombait le torse inutilement car Zoubir connaissait ses origines modestes, un endroit désertique assoiffé à longueur d'année que même les vautours désertaient, n'ayant rien à gratter.

Il procéda à des soustractions —Messaoud était très fort en calcul depuis la maternelle— et conclut que sur les quatre quidams de l'équipe du départ, il n'en restait qu'un qu'il fallait filer. Il revérifia maintes fois l'opération, fit la preuve par neuf et déboucha sur le même résultat. Il avait glané ses informations en interrogeant les riverains du commissariat, et en extorquant des tuyaux à ses informateurs parce qu'il en avait aussi. Il avait l'habitude d'exploiter les lettres anonymes qui lui parvenaient fréquemment, le faisant parfois tourner en bourrique. C'est dans cet ordre d'idées qu'il sollicita la collaboration de Zoubir pour le relayer dans la filature.

— Le surveiller de jour comme de nuit ? Si tu es sûr de ce que tu avances, pourquoi ne pas lui accorder une protection policière ? Proposa Zoubir.

— Je te croyais plus intelligent. Nous n'allons pas le suivre partout pour le protéger mais pour coincer le meurtrier la main dans le sac. »

Les yeux de Zoubir s'usèrent à épier les mouvements de Fouad le jeune policier qui faisait fonction de chauffeur. Ils papillotaient de fatigue mais l'opération avait un coté positif car la présence de Messaoud parasitait ses pulsions malfaisantes. Il dormait parfois dans sa voiture devant le domicile de Fouad, et sursautait à un raclement de chaussure ou un à miaulement de chat.

Ils accentuaient leur vigilance durant les nuits, le jour était sans conséquence pour le jeune policier immergé dans le commissariat dont il ne sortait que pour conduire ses collègues. Un matin, Zoubir crut déceler une silhouette suspecte par sa démarche. C'était une passante qui semblait se dégourdir les jambes en traînassant par hasard sur les pas de Fouad. Cependant, ses traits ne lui étaient pas inconnus. Il était certain qu'il l'avait vue quelque part, mais ne descendit pas de voiture pour s'approcher d'elle. Il n'eut pas l'occasion de réfléchir longtemps. Messaoud lui chatouilla les côtes du coude pour attirer son attention. Ils virent Fouad sortir précipitamment du commissariat pour sauter quelques mètres plus loin dans un taxi en maraude qu'ils prirent en chasse.

Le taxi se dirigea vers le domicile de Fouad situé dans un quartier huppé sur les hauteurs de la ville. Une maison cossue qu'il possédait ou louait et qui n'était pas à la portée du premier venu. Pour un salaire de débutant dans la police, la maison de haut standing attirait les suspicions et les envies. Il ressortit du palais une demi-heure plus tard étrangement vêtu. Une blouse d'un bleu foncé comme celle d'un ouvrier d'usine, la caboche coiffée d'un bonnet de laine verte.

Le taxi fonça sur l'autoroute qui menait à Dar-El-Beida et stoppa devant l'immeuble qu'habitait Rambo et que Zoubir ne connaissait que trop. « Qu'allait-il faire dans un appartement dont le propriétaire venait de mourir, et pourquoi ce déguisement ? S'interrogea le lieutenant » Les évènement s'emballaient et les éléments de réponse tardaient à faire surface. Zoubir voulait communiquer à son collègue que c'était là où habitait le défunt mais se ravisa à temps. Cela l'aurait intrigué et attiré son doute.

Fouad réapparut un cabas à la main, qu'il déposa sur le siège arrière de la voiture qui démarra aussitôt. Il leur fut ardu de suivre l'allure du taxi, intercalant entre eux trois ou quatre véhicules pour ne pas être repérés. Perdant du terrain et croyant l'avoir perdu, ils le dépassèrent, immobilisé derrière une voiture de police garée sur la bande d'urgence. Ils s'arrêtèrent plus loin à l'abri d'un camion en panne et soulevèrent le capot afin d'observer la scène.

Messaoud relava le numéro d'immatriculation des deux voitures tandis que Zoubir écarquillait les yeux d'étonnement. Fouad remit le cabas à l'officier aux deux étoiles, un lieutenant comme lui accompagné d'une femme avec un foulard sur la tête, que Zoubir reconnut sur le champ. C'était Sonia. Le taxi et la voiture de police se séparèrent à deux bretelles différentes, laissant les deux hommes de la criminelle indécis sur le chemin à suivre, en roulant à l'aveuglette.

« Trois questions se disputent la première place dans ma cervelle, explosa Messaoud énervé. —Tout à ses circonvolutions, il s'oubliait et se déportait à gauche de la voie sans prendre le soin de regarder dans le rétroviseur, obligeant les automobilistes qui le suivaient à crisser des pneus dans une longue litanie de klaxons. — Qui est cette femme, à quelle fin cette rencontre clandestine et que contient ce cabas ?

— Nous pourrons interroger le chauffeur de taxi, bêla Zoubir, omettant de divulguer le nom de la femme. Il nous mettra peut-être sur une piste

— Les choses s'éclaircissent, je pense qu'il est superflu de surveiller Fouad puisqu'il ne risque rien en compagnie du lieutenant. »

Ils consultèrent le fichier des cartes grises et découvrirent le nom du chauffeur de taxi. Dès qu'il sut qu'ils étaient de la brigade criminelle, il commença à débiter des banalités du genre « Je ne demande pas l'identité des clients » ou « Je ne suis qu'un pauvre diable qui transporte les autres où ils le désirent »

— Très bien, jura Zoubir, suis-nous au bureau, on verra si tu nous caches des choses.

— Je ne vous cache rien. Sur la tête de ma mère, Fouad...

— Tiens ! Tu connais son nom ?

— Un client fidèle qui paie bien. Il fait des aller-retour à Dar-El-Beida. J'ignore ce qu'il fait là-bas. Vous enquêtez sur votre propre collègue ?

— Si on te répond oui, tu signes ton arrêt de mort. Si on dit non, tu ne nous croiras pas, n'est-ce pas ? Coupa Zoubir.

— Je ne vous croirai pas dans les deux cas, répliqua ingénument le taxieur.

— Alors tu monteras au ciel dans les deux cas !

— Doucement collègue ! Dit Messaoud, ce gars a certainement une femme et des enfants, tu veux en faire une veuve et des orphelins ?

— Écoutez, j'ai quelquefois transporté des filles que la femme collectait pour eux. A la fin de leurs ébats, je les ramenais.

— Montre-nous ta bonne foi en nous révélant le nom et l'adresse de cette bonne femme. Elle ne venait pas avec les filles qu'elle envoyait ?

— Jamais ! Elle se fait appeler Sonia et voici son adresse.

Ils le relâchèrent en le menaçant de représailles sanglantes au cas où il divulguerait le contenu de l'interrogatoire. Messaoud pria son compagnon de ne pas entrer dans la piaule de l'entremetteuse, de crainte qu'il ne cédât à la violence et ne fasse tomber à l'eau l'entretien qu'il voulait subtil et pacifique. Ce refus arrangeait les affaires du lieutenant car Sonia le connaissait et risquait de déraper en révélant devant Messaoud l'histoire des barbituriques.

Messaoud ressortit du logis, les mâchoires contractées et un curieux regard qui remua Zoubir. Que lui avait-elle dit ? Sur des charbons ardents, il attendit le compte rendu de Messaoud qui prenait un malin plaisir à le faire languir.

« La moisson a été abondante ? S'impatienta-t-il.

— Plus que je ne l'imaginais. Persuasif comme tu me connais,, je lui ai causé gentiment, lui illustrant que si nous avions le même grade de lieutenant, ma fonction était supérieure à la sienne. J'ai constaté qu'une frayeur la bloquait.

— Abrège et venons-en à l'essentiel. Que t'a-t-elle dit qui puisse nous être utile ?

— Ses révélations te renverseront, lieutenant ! Notre Sonia côtoie plusieurs de nos collègues, et quelques-uns de nos chefs. Elle m'a laissé entendre qu'elle a reçu chez elle un gros ponte de notre brigade, venu pour questionner un jeune policier qu'il a trouvé endormi. Elle jure que notre prétendu chef l'a emporté dans sa voiture. Se peut-il que ce soit notre commissaire ? Il nous faut découvrir s'il s'agit d'ammi Bachir ou d'un imposteur qui usurpe sa fonction. Le lieutenant de police est l'ex-mari de Sonia qu'elle avait largué pour son coté coureur. Ils sont divorcés depuis mais il continue à la battre lorsqu'elle refuse de se plier à ses instincts bestiaux. Il est brutal mais très riche selon elle.

Zoubir dressa l'oreille et se souvint de son dialogue avec le borgne. Le bandit avait dit vrai. Le butin du braquage avait donc été partagé et la part du lion raflée par le lieutenant.

— Hé-ho, tu dors ? Marmonna Messaoud

— Un truc me chiffonne. Je ne crois pas que le vieux Bachir soit venu ici. Sonia t'aurait balancé son portrait parce qu'il est facile à peindre. Il fume comme un incinérateur et ce signe particulier n'échappe à personne, comme une vilaine balafre en pleine figure.

— Cela ne m'est jamais venu à l'esprit. Si c'était lui, pourquoi aurait-il voulu questionner l'agent, et dans ce taudis de surcroit ?

— Si Sonia t'a confié que son ex-époux était riche, j'aimerais bien savoir l'origine de sa fortune. Tu as sans doute aussi remarqué où habite Fouad. A croire qu'ils sont tous richissimes dans ce commissariat.

Zoubir était sûr que la femme parlait de lui, en l'assortissant d'une puissance de gros ponte qu'il n'avait pas, pour impressionner Messaoud.

— On dirait que l'aisance financière du lieutenant de police te dérange, serais-tu envieux ? Être riche n'est pas un délit. J'ai cru comprendre qu'il avait vendu la maison qu'il possédait à Béchar pour en acquérir une ici. En attendant d'en trouver, il trimballe son argent en changeant fréquemment de cache.

— Cette justification en tient pas la route, douta Zoubir. Même en bazardant cinq maisons à Béchar, la cagnotte ne lui suffirait pas pour un minable trois pièces dans la capitale. Son refus de déposer son argent dans une banque m'intrigue.

— J'en ai assez de tourner en rond. Que fait-on maintenant ? Ronchonna Messaoud.

— Chacun de nous prend une direction, céda Zoubir d'une voix éteinte. La meilleure chose à faire est de prendre une douche et de lire un bon livre jusqu'au matin. Puisque le marchand de sable me boude, je l'enverrai trainer sa charrette ailleurs.

— Tu as toujours de bonnes idées qui permettent de démêler des situations inextricables. Depuis que le vieux Bachir nous envoie courir dans tous les sens comme des chiens de chasse — tu crois qu'il fait exprès ? — ma femme rouille inéluctablement et ma fille ne sait pas à quoi je ressemble.

— Tu es marié ? Nous travaillons dans le même département et personne ne sait rien de son voisin, si ce n'est pas malheureux ! Quel âge a ta fille ?

— Quatre ans. Mon épouse en veut d'autres mais je suis rarement disponible. Si je ne suis pas aux trousses de quelqu'un, je dors la bouche ouverte, éreinté. Je sais que tu t'englues dans le célibat, ceci est visible à ton manque d'ambition. Songe quand même à te caser, c'est une loi naturelle et mortelle à laquelle même les animaux et les plantes se plient.

— En écoutant ton baratin, on finit par croire que seuls les mariés sont ambitieux.

— On dit qu'il y a toujours une femme derrière un grand homme. C'est elle qui le pousse dans le dos.

— Comme une ânière pour sa bête.

— J'ai anticipé ta répartie. Qu'on le veuille ou non, l'homme a été crée andouille et c'est grâce à une femme qu'il a pu améliorer son quotidien.

— Tu récites ce qu'on t'a appris sur Adam et Eve ?

— Qu'importe les noms, c'est la femme qui fait l'homme et non le contraire. Finalement, mon cher Zoubir, tu m'es sympathique. Je me suis gouré sur ton compte. Il faut dire aussi que tu ne te foules pas la rate pour attirer l'estime. Ne te tracasse pas pour le mariage, le mektoub choisit son heure !

Zoubir dormit bizarrement sans effort cette nuit-là, tel un plomb plongé dans l'eau, exténué par la filature qui l'avait mené aux quatre coins de la ville. En pleine forme le lendemain, propre, bien rasé et parfumé, il buta sur Messaoud qui piaffait d'anxiété devant les locaux de la brigade. Le commissaire, à défaut de contacter le lieutenant —Zoubir fermait son téléphone quand il était chez lui— s'adressa à Messaoud et le convoqua avec son coéquipier dans son bureau. Il l'avait appelé juste au moment où il levait les couleurs pour honorer sa femme. Dans une situation semblable où la moindre déconcentration perturbe le désir, tout homme ou femme se sentirait frustré quand l'intensité de l'ardeur retombe Quand le cœur n'y est pas, le reste du corps suit. Il abandonna la partie après plusieurs tentatives infructueuses, humilié par le sourire narquois de sa femme qui le mit en rogne.

— Pourquoi verrouilles-tu ton téléphone ? Le chef a déversé sur moi toute sa bile. Il ne m'a même pas dit ce qu'il nous voulait et franchement, je ne peux y aller seul.

— Pas de quoi t'inquiéter, nous n'avons rien à nous reprocher. Ammi Bachir fume trop et perd aisément son sang froid. Soumis à la pression d'en haut, il ne peut guère digérer la lenteur de l'enquête. Ils furent accueillis par une salve d'imprécations. Leur patron gesticulait, tantôt l'index menaçant tantôt comprimant son cœur d'une main tremblante, le tout dans un bureau à l'atmosphère grise et chauffé tel un sauna.

— Tant de journées de surveillance parties en fumée par votre incompétence, fulmina-t-il. Que faisiez-vous pendant que le jeune policier — comment s'appelle-t-il déjà ? Fouad...oui Fouad — se faisait trouer le crane ?

— Il est...il est mort ? Bougonna Messaoud, consterné par la nouvelle.

— Deux balles dans le crane, ça ne pardonne pas ! Je parie que vous vous souliez quelque part alors que je comptais sur vous !

— Je ne bois jamais d'alcool, chef ! Je ne sais pas pour Messaoud, mais il n'a pas une tête d'alcoolique ou d'un habitué des vapeurs éthyliques.

— Grave accusation, patron ! Grogna Messaoud rattrapé par un zeste de courage après l'interjection de son collègue. Si vous insistez sur la faute professionnelle, je vous remets mon arme et ma carte séance tenante !

— Tes cornes ont poussé, toi qui n'oses pas me regarder dans les yeux quand je te parle ?

— S'il vous plait, commissaire, revenons au sujet qui nous préoccupe. Il a été abattu quand ?

— Qu'est-ce que j'en sais, moi ! Un brave paysan a découvert le corps dans un champ non loin de la gare de Boufarik ?

— Awah !! S'étonna Zoubir, il était chez lui à huit heures du soir, nous supposions qu'il allait se coucher.

— Supposer n'est pas croire, craqueta Bachir asphyxié par une poussée de toux. Dans notre métier, on ne suppose pas, on ne croit pas, on voit et on vérifie pour éloigner les déceptions et les erreurs.

— Avec tous mes respects, patron, ce que vous dites est très juste, sauf en religion, lâcha Messaoud.

Bachir se tut, sa bouche se referma à la vitesse d'un clapet emprisonnant un lapin fugueur. Il contourna son bureau, tira le fauteuil dans lequel il s'assit et fureta longuement à l'intérieur de son nez. Il contempla Messaoud comme on contemple une toile de maitre dans une galerie et dit.

— Je te trouve anormal, lieutenant Messaoud ! Tu es sûr de n'avoir pris aucune infusion ou saloperie de ce genre avant de venir ? Restez dans vos bureaux. Dans deux heures, le toubib éventreur nous remettra le résultat de l'autopsie. « Aie maman, dit-il tout bas, j'ai tant fait pour toi et tu me maudis en fin de carrière. Qu'est-ce que j'ai bien pu faire dans ma jeunesse pour mériter des subordonnés pareils ? »

Zoubir ne tenait pas en place, sa tête bouillait. Un élément se dérobait à lui. Il pressentait un accroc qui démolissait ce qu'il avait échafaudé dans ses réflexions. L'autopsie confirma que Fouad avait été abattu de deux projectiles dans la tête tirés à bout portant, dans une plage horaire s'étalant de minuit à quatre heures du matin. L'analyse balistique attestait qu'ils provenaient d'une arme de service. Ce qui ne prouvait en rien que le tireur était un policier, les armes de même calibre se vendaient en sous main par les trafiquants. La préoccupation majeure était de déterminer le mobile qui les mènerait automatiquement au criminel.

— Je vous offre une dernière chance de vous racheter, proposa Bachir. Le commissariat d'El Biar est possédé par un démon qui nous nargue. Il ne peut être en dehors de la structure. Surveillez tout ce qui bouge dans ce détachement et fiez-vous à vos reflexes.

La mésaventure rapprocha d'avantage les deux lieutenants qui s'unirent pour le pire. Zoubir oublia les soupçons qui pesaient sur lui et se disculpa mentalement des deux crimes précédents. Il y croyait si fort qu'il finit par considérer son innocence travestie comme une vérité inébranlable. La déviation de l'enquête lui octroyait un répit mais le danger grandissait avec la disparition progressive de témoins, balises indispensables pour couronner de succès les recherches.

Ils se partagèrent le travail. Messaoud, expert en démagogie appliquée se chargeait de l'investigation ordinaire, langage policier qui voulait dire fouiner dans le fichier. Tout le monde était fiché grâce aux empreintes digitales scannées sur les passeports et les pièces d'identités délivrés. Messaoud comparait les traces trouvées sur les vêtements de Fouad aux empreintes du fichier compatibles, en commençant par les profils susceptibles de les intéresser Il jouait le rôle de l'ange avec ses formules de politesse alambiquées, assorties d'un sourire mi-bête mi-carnassier. Zoubir quant à lui, se réservait pour la manière forte et l'intimidation, fronçant les sourcils en accent circonflexe et écarquillant les yeux à chaque question qu'il posait. Ils formaient un duo étrange qui désarçonnait beaucoup de suspects.

— Pour être franc avec toi, Messaoud, je ne suis pas du tout convaincu que Sonia ait été un jour l'ex-femme du lieutenant de police. J'ai l'intuition que c'est faux. En outre, nous sommes condamnables parce que nous ne connaissons même pas le véritable nom de cet officier.

— Tu veux que j'aille me renseigner auprès de son chef ?

— Tu dérailles ? Suppose qu'ils sont de mèche ? Il le remplace chaque soir où bizarrement il y a du grabuge. En ta qualité d'officier de la criminelle, on te laissera fouiner dans les états de paie du centre de comptabilité.

— Le responsable du centre ne manquera pas de me demander pourquoi je tiens à voir les listes.

— Tu lui diras que tu effectues un sondage dans le cadre d'une possible équité dans les salaires dûs à un même grade, ou alors invente n'importe quelle ineptie !

— Je garde celle-là, elle est énorme et passera sans vaseline !

— En second lieu, tu vérifieras le fichier des renseignements généraux. Epluche les listes des prostituées pour obtenir le véritable nom de Sonia, si elle a été mariée et avec qui. Son adresse te facilitera la tâche.

— A tes ordres, chef ! Rigola Messaoud. Que feras-tu entretemps ?

— Rien, je vais me rouler les pouces. On se reverra ce soir à huit heures au restaurant « Le Sapin », et c'est moi qui régale !

Zoubir fit un crochet chez lui pour changer de chemise et remplacer ses chaussures étroites par des sandales qui le mettaient à l'aise. Il détestait les chemises blanches, elles sentaient toujours la sueur et colportaient des auréoles de transpiration aux aisselles, visibles de loin. Le col se salissait très vite et prenait une couleur terre. Les gens usaient d'astuces, mais il n'aimait pas non plus entourer son cou afin de protéger le col, cela faisait snob et un tantinet efféminé. Brun de nature, le blanc lui allait pourtant bien, mais la lessive quotidienne l'écœurait.

Il prenait soin de sa petite personne autant qu'il le pouvait. Lorsqu'il se mettait sur son 31, les sifflets admiratifs le faisaient rire. Il en rajoutait en adoptant une démarche féline, marchait sur la pointe des pieds pour cambrer les reins et bomber ses fesses, rentrant son ventre pour durcir d'avantage ses mollets. Il était sportif mais voulait plus. Il savait que le physique ne suffisait pas pour séduire la gent féminine. Il lui manquait cruellement cette touche de parlotte, ce baratin à fond de magnanimité princière qui affole les esprits, fend les cœurs et attire les confidences. Il redevenait alors dur et distant comme un train de banlieue, la mine sinistre comme une gare désertée.

Il s'attabla et attendit son compagnon, son attention captivée par le manège d'une famille qui occupait la table voisine. Un couple aux grands airs qui triturait gauchement le poisson à l'aide de fourchettes et de couteaux. Leur petite fille se faisait taper sur les mains à chaque fois qu'elle prenait entre ses doigts un morceau de poisson pour le porter à sa bouche, l'obligeant à utiliser la fourchette et le couteau. « A ce train là, se dit-il, le restaurant fermera avant que la fillette n'apaise sa faim. Pourquoi faut-il que les adultes dénaturent la nourriture en introduisant l'art et la manière ? »

Messaoud s'installa en face de lui et consulta le menu, scrutant ce qu'il y avait de plus cher pour profiter de la générosité de son camarade.

— Bonsoir messieurs, qu'est-ce que vous vous prenez ? Demanda le serveur en veston grenat et pantalon noir, un petit calepin en main et un stylo qu'il retira de derrière l'oreille.

Messaoud commanda une salade au thon, un civet de lapin, une cuisse de coq de ferme à l'orange et trois noix de harissa. Il raffolait de piment, ça creusait l'appétit assurait-il.

— Tu vas engloutir tout ça ? S'effara Zoubir.

— Ce que je te dirai après le repas me donne une faim de loup. Tu en auras pour ton argent !

— Et vous monsieur ? Questionna timidement le garçon.

— Une salade ou n'importe quelle herbe comestible, un poisson quelle que soit l'espèce, et deux pailles !

— Deux pailles ? S'interloqua le jeune homme, vous voulez d'autres verres pour les boissons ?

— Je n'ai pas demandé de boissons, l'eau plate est meilleure. Je répète ! Une herbe, un poisson et deux pailles.

Le lieutenant planta une paille dans le poisson et aspira si fort que la chair s'effrita. Il observa la fillette qui le fixait des yeux et se tourna vers le serveur qui l'épiait du fond de la salle. Messaoud approuva cette façon de se restaurer et l'imita en prenant à bras le corps la cuisse de coq pour y ficher ses crocs. L'enfant tira sa maman par la manche de son ensemble et les désigna du doigt dans un fou rire interminable. Ses parents s'esclaffèrent puis les copièrent. Plutôt amusés que gênés par les remontrances du couple envers leur fille, les autres clients suivirent le mouvement et utilisèrent leurs mains, dédaignant fourchettes et couteaux. Pourquoi prolonger sa main avec une fourchette alors que les doigts étaient meilleurs que les dents de l'outil ? Tape à l'œil, dirait Othmane. Manque d'hygiène et de savoir vivre, diront les culs terreux reconvertis. Quand un type est sale, il est sale avec ou sans fourchette, argumenterait le psychiatre. Ce fut une révolte alimentaire. Les dineurs se léchaient les auriculaires —la sauce refroidie a meilleur goût— et la fillette était reconnaissante parce qu'elle avait mangé à sa guise.

Les deux lieutenants s'amusaient comme des fous, encore faut-il expliquer aux vrais fous la nécessité d'une fourchette, qui sert généralement à crever les yeux ouverts des gens au cœur aveugle.

— Assez ri comme ça, sème ce que tu as dans la bouche ! Ordonna Zoubir.

— Tu ne me croiras pas !

— Arrête tes simagrées ou je te casse la carafe sur le crane.

— Le lieutenant est de Béchar et s'appelle Rafik.

— Bon à savoir. Et pour Sonia ?

— Khoukha de son vrai nom, Sonia est un surnom. Originaire de la même ville que Rafik puisque c'est sa sœur et non son ex-femme !

— Quoi ? Hurla Zoubir en s'agrippant à la nappe pour ne pas tomber à la renverse. Tu es sûr ?

— Tu as eu le nez creux, mon ami. Tu travailles au flair et cela te réussit alors que j'ai le mien toujours bouché.

— Je me doutais de ce mariage imaginaire. Nous reprendrons à zéro en faisant table rase de toutes les hypothèses accouchées jusqu'ici.

Au sortir du restaurant, Zoubir se précipita fiévreusement vers la maison de Smain où il trouva Othmane en train de compiler des dossiers dans son bureau.

— Je préfère te parler ici plutôt que chez toi où je devrai passer la nuit si on y va à cette heure-ci.

— Tu es d'une humeur agréable, remarqua le clinicien. Comme j'ai besoin également de converser avec quelqu'un en qui j'ai confiance, tu tombes à pic !

— J'ai besoin de tes lumières. Gamberger jour et nuit me fait perdre les pédales, je ne distingue plus le vrai du faux. Tu n'es pas policier et il me faut des yeux neufs.

— Mes calmants ont été efficaces ?

— Je n'en ai pas pris. Ecoute ce que j'ai à te dire et dis-moi honnêtement si je fais fausse route.

Le lieutenant récita son histoire, répétée jusqu'à l'usure, de l'immolation de Bilal à l'assassinat de Fouad. L'excitation saccadait le récit et Othmane buvait ses paroles, impassible, les bras croisés sur la poitrine. A mesure qu'il s'approchait de la fin, son ton montait et l'intensité de l'éclat de ses yeux diminuait pour devenir vitreux. Un silence dense régna, relayé par le ronronnement du néon. Pensif, le psychiatre clama en soignant sa diction.

— Es-tu prêt à m'entendre sans passion, même si je froisse ton égo ?

— Je suis là ce soir pour cette raison.

— Eh bien voilà, tu t'es fait rouler depuis la mort de Saïd et tu continues à être manipulé !

— Explique, mon ami, explique ! Je ne suis pas à une mortification près !

— Le cerveau de ce groupe attendait quelqu'un qui fasse le boulot à sa place, tu as atterri les pieds joints dans le filet qu'il t'avait tendu. J'admets qu'il a été machiavélique, c'est un type très fort !

— J'ai eu la même impression dès lors qu'aucun soupçon n'est remonté jusqu'à moi, comme si j'étais protégé.

— Effectivement, les policiers enterrés avec leur secret ont été manœuvrés au même titre que toi. Celui qui tire les ficelles a besoin de toi pour lui mâcher le travail. Le marionnettiste se sert de toi pour éliminer les témoins gênants. Ce peut être le lieutenant Rafik ou quelqu'un d'autre plus gradé qui a une un ascendant sur lui et qui le fait chanter. Récapitulons ! Tu poignardes Saïd mais l'accusation se porte sur un toxicomane que l'on pousse sur les rails pour le faire taire à jamais. Tu as fourni les ingrédients indispensables à cette femme pour endormir Amine et le mûrir en prévision de l'interrogatoire, et ce dernier clamse comme par hasard d'une overdose de barbiturique avant que tu n'aies un seul mot de lui. Ton espoir de mettre Fouad sur le gril s'est envolé avec son ascension au neuvième ciel. Par ailleurs, aucune suite ne sera donnée à la disparition de Rambo parce que le nettoyeur pense, à juste titre, que la boucle est bouclée et qu'il n'y a plus de raison de poursuivre la traque de ceux qui ont poussé Bilal à s'immoler.

— Mais oui, claironna Zoubir en lui donnant l'accolade. Comment n'y avais-je pas pensé ? Tu as le don de simplifier les bonnes réponses. Il y a un hic qui bloque le raisonnement du tireur de ficelle. Il ignore que je sais qu'Amine n'était pas le quatrième homme qui avait violé Siham ! Rambo me l'a révélé avant sa traversée des cieux. Le dernier violeur vivant serait donc le marionnettiste !

— Tu n'as pas fini de m'étonner. Je te conseille donc d'hiberner et de faire le dos rond comme si ta mission était accomplie. Enlève tes sabots et avance à pas feutré, cet homme est capable de s'en prendre à tes amis pour te tenir en laisse. Linda en sait un bout !

— Linda ? Elle a des ennuis ?

— Disons qu'ils viennent de commencer. Des individus louches campent devant sa pharmacie et tiennent des propos grossiers qui font fuir les clients. Je l'ai vue atterrée hier. Elle paie pour une amitié éphémère.

Smain le vieux fou le disait joliment dans ses carnets. » Quand la colère gronde dans les chaumières, les hommes n'ont pas besoin de lumière pour se révolter. » S'attaquer à une femme seule parce qu'elle avait le malheur de se lier d'amitié avec quelqu'un de détestable lui parut mesquin, d'une écœurante lâcheté.

Linda ne devait en aucun cas servir de monnaie d'échange pour ce que lui seul avait déclenché et assumé. Il revit les moments où il avait souhaité... A quoi bon ressasser le passé ? Elle était une éclaircie dans son ciel peu habitué au bleu. Il avait eu pour elle un sentiment qu'il n'avait jamais ressenti jusqu'alors. Il était plus prompt à défendre une amitié qu'un amour aléatoire. Non, elle ne devait pas souffrir d'un problème qui lui était étranger. Les expressions de son beau visage tournaient en continu devant ses yeux, tantôt épanouie par le rire, tantôt inquiète pour son devenir. Mon dieu, ce qu'une femme heureuse peut être plus belle qu'un sourire triste !

Il se réveilla courbatu, fit une cinquantaine de pompes et se glissa hors de chez lui. Comment un commerce aussi névralgique qu'une pharmacie ne faisait l'objet d'aucune protection d'un commissariat implanté à proximité ? Il embarqua Messaoud sur son chemin et fonça sur El Biar.

— Tu as une idée qui te trotte dans la tête, toi ! Où allons-nous ?

— Dans une pharmacie à El Biar, répliqua sèchement Zoubir.

— Tu es malade ? Il y a plein d'officines ici, pourquoi aller si loin ?

— Je vole au secours d'une amie menacée par un troupeau de voyous !

— Ah non ! Toi, tu peux te permettre des incartades, tu n'as rien à cirer de ta carrière. Ce n'est pas mon cas. Je présume qu'il y aura des dégâts d'où je ne sortirai pas indemne. Je préfère alors que tu me déposes là, dans ce coin où j'attendrai ton retour.

—Très bien, fulmina Zoubir en freinant brusquement. Je voulais te mettre à l'épreuve pour t'accorder ma confiance et tu n'as pas su en profiter. Allez dégage !

A peine les pieds de Messaoud posés à terre que la voiture démarra en trombe, rognant le bord du trottoir. Le lieutenant roula à tombeau ouvert et s'immobilisa dans une rue adjacente à la pharmacie, invisible du commissariat. Il se dirigea d'un pas ferme vers l'officine devant laquelle se tenaient cinq gros bras reconnaissables à leurs coiffures taillées à la huron, des crêtes de coqs peintes en bleu. Un bleu métallisé par un gel ou une colle spéciale destinée à colmater les brèches des coques de bateaux. Les tatouages sur leurs bras nus formaient des placards publicitaires ambulants. Leurs godasses poussiéreuses de randonnée étaient assorties aux pantalons bariolés de parachutistes. Leur accoutrement saugrenu leur garantissait une impunité à décourager les citoyens téméraires. Celui qui portait un anneau à l'oreille semblable à une tique collée à un chien galeux égaré dans un champ de maïs traversé par de eaux usées l'apostropha et lui barra le passage.

— On ne sert plus de médicament ici, l'ami, va voir ailleurs !

— Qu'est-ce qu'ils vendent ici si ce n'est des médicaments ? Questionna Zoubir, imperturbable.

— Je vais te le dire, monsieur le curieux. Il ne reste que des capotes, de la vaseline et quelques rouleaux de papier toilette, ça t'intéresse toujours ?

L'oreille percée vociférait et indisposait les bonnes gens qui changeaient brusquement de trottoir. D'autres paroles ignominieuses s'éjectaient des bouches d'égouts de la bande et parvinrent à la pharmacienne qui sortit sur le pas de la porte pour voir ce qui se passait. Les clients des magasins mitoyens et les badauds se massaient pour jouir du spectacle. Durant le vacarme, aucun uniforme ne se pointa pour calmer les esprits. Le lieutenant avança d'un pas, Linda le reconnut et cria de toutes ses forces à la bande.

— Fuyez, malheureux, courez ! Il vous tuera en souriant !

—Vous vous connaissez ? Hasarda un autre vaurien au menton recouvert d'une barbe triangulaire noire afin de dissimuler sa petite vérole, comparable à un bout de goudron détaché d'une route défoncée. Nous ignorions que les putes se vendaient aussi dans cette pharmacie, nous aurions pu en....

Sa phrase demeura en suspens. Son crane se fracassa sur l'angle pointu de l'embrasure de la porte. Le verre de la devanture se tacha de giclées de sang dégoulinant en gouttes poisseuses, identiques à une averse rouge tombée sur une flaque d'huile. Zoubir avait frappé en bélier, le genou remonté à hauteur de poitrine pour lancer son pied avec la vitesse de l'éclair dans le thorax de la barbichette. Une frappe puissante qui ne lui laissa aucune chance de se relever.

L'oreille percée tira de sa poche latérale un coutelas et fut fauchée par la jambe du lieutenant. Elle perdit l'équilibre et chuta en se plantant la lame dans la cuisse. Zoubir entendit un cri derrière lui et se retourna pour voir le troisième larron s'écrouler un couteau à cran d'arrêt dans la main, assommé par la béquille d'un invalide venu à sa rescousse. Le sauveur n'avait plus de jambes mais possédait un cœur solide. L'intervention de l'homme était un symbole qui catalysa le lieutenant, il sentait l'utilité de son combat. Les handicapés, tout comme les fous, ne sont pas souvent ceux que l'on croit et cette conscience mit un baume sur le ressentiment de haine dévastatrice qui animait le lieutenant. Les deux derniers de la bande lâchèrent leurs armes qui tintèrent sur le sol et s'allongèrent sur le ventre.

— Ne les touche pas, ils se rendent ! Meugla la pharmacienne.

Il posa les yeux sur elle, semblant dire « Tu ne comprends donc pas que je suis là pour toi. » Il promena son regard sur la foule fascinée par la rapidité de l'exécution, son corps parcouru par la chair de poule provoquée par les youyous qui fusaient des gorges des femmes qui avaient apprécié. Deux voitures hurlantes s'aplatirent sur le trottoir, de l'une d'elles surgit Rafik escorté de deux agents.

— Vous n'êtes pas blessé, lieutenant Zoubir ?

— Mettez-les en taule pour association de malfaiteurs, agression d'un agent de l'État dans l'exercice de ses fonctions, port d'armes prohibées et troubles à l'ordre public.

— Rien que ça ? Ironisa le lieutenant de police.

— S'ils s'évadent ou ne sont pas présentés à la justice demain, je te donne ma parole d'honneur que l'ensemble du commissariat sera muté aux confins du désert. Autre chose, je te tiens pour responsable de tout évènement pouvant entraver la quiétude des citoyens de la circonscription.

Les agents balancèrent les estropiés dans une ambulance, poussèrent les deux valides dans une voiture et rebroussèrent chemin. Zoubir chercha des yeux l'homme handicapé qui l'avait aidé, pour le remercier, mais ne le vit pas. Lorsque l'on croit que toute espérance est vaine, des personnes humbles et anonymes vous démontrent le contraire. L'émotion lui étreignant la gorge, il fit un bond dans l'officine et balbutia à Linda.

— Ne crois surtout pas que je te harcèle. Le mektoub s'est érigé entre nous mais je veux que tu gardes un bon souvenir de moi. Je suis éventuellement violent, certainement aussi imprévisible que la providence, je suis également mortel mais je n'oublie jamais mes amis.

— Je le sais, murmura-t-elle. Sois prudent, Zoubir, et merci !

Au retour, il fut bloqué dans un embouteillage. Un brouhaha engendré par un bus immobilisé au milieu de l'étroite chaussée ralentissait la circulation. La curiosité s'accroit avec l'oisiveté et les gens sont avides de spectacles gratuits, particulièrement quand ils sont insolites et abrutissants. Un attroupement se fit aussitôt autour du transport en commun, et en écoutant les discours haineux, d'aucuns auraient cru à un accident de la route avec mort d'homme. Ce n'était en fait qu'un excès de zèle d'un conducteur de bus qui obligeait une femme et son petit garçon à descendre parce qu'elle n'avait pas de quoi payer la course.

Son état de faiblesse ne lui permettant pas de faire le trajet à pied, la pauvre femme avait avoué au chauffeur son indigence, comptant sur sa compassion. Ce fut le contraire qui se réalisa. L'homme la bouscula, encouragé dans ses invectives par le silence complice des autres voyageurs. On méprise facilement et ouvertement plus faible et plus pauvre que soi. Intrigué par la fermeture de la route qui tardait à se rouvrir, Zoubir verrouilla carrément sa voiture et alla aux nouvelles.

— J'ai sué pour acquérir ce car, femme ! Si tout le monde voyageait à l'œil, je serais ruiné. Tu n'avais pas à monter et me priver d'un client. Quand on n'a pas d'argent, on ne voyage pas, on reste chez soi !

— Pardon monsieur, je vous ai dit la vérité. J'ai rendu visite à mon mari hospitalisé et étant moi-même malade, mes jambes ne me portent plus. Ayez pitié de cet enfant, pour l'amour de Dieu. — le petit garçon en âge de comprendre, baissait la tête et tenait la main de sa mère. — Il avait honte d'être dénudé par les dizaines de paires d'yeux vides qui souhaitaient que l'esclandre durât pour tuer le temps.

— Dieu, toujours Dieu ! Ce n'est pas lui qui m'a offert ce bus, vieille sorcière. Si tu crois en lui, Il n'a qu'à t'envoyer du fric et t'épargner la marche.

Zoubir fendit la foule et se dressa devant l'homme qui redoublait de férocité devant la faiblesse féminine que le garçon tentait de défendre avec des coups de pied. Ses maigres jambes et ses bras décharnés n'était ni solides ni assez longs pour toucher leur cible

— Ferme ta gueule ya *bounadem* ! (Fils d'Adam). Cette infortunée n'a plus rien à te dire ! — Est-ce que l'un de vous possède encore un cœur, un brin de dignité, un sursaut d'orgueil ? Dit-il à la foule — Combien te doit-elle ?

— Personne ne t'a sonné. Ceux qui ont testé leur courage sont soit en prison ou sous terre, aboya le chauffeur en brandissant un gourdin au bout recouvert de plomb.

— Remets ce bâton à sa place, tu risques de t'empaler avec, lui répondit le lieutenant en lui crachant au visage.

L'homme fit tournoyer son gourdin, prêt à frapper, quand un jeune essoufflé par sa course lui maintint le bras et lui hurla.

— Il va te massacrer, petit con ! J'ai vu ce qu'il a fait à cinq types plus balèzes que toi. File sans te retourner, allez, allez, allez !

Le bus reprit sa route et les spectateurs disparurent par enchantement. Escorté de la femme et de l'enfant, le lieutenant regagna sa voiture qui obstruait le passage sous un tonnerre de klaxons impatients et énervés, s'accrochant avec l'automobiliste qui le suivait.

— Tu es pressé mais tu n'as rien fait pour dénouer le nœud qui engorgeait la route. Klaxonne encore une fois et tu rôtiras dans ton tombeau métallique !

Par expérience, le lieutenant savait que très souvent et dans la totalité des pays du globe, la violence était nécessaire pour combattre une autre violence, qu'un bâton était très souvent indispensable pour ramener la paix. Les hommes étaient peu enclins à écouter les paroles de sagesse, seule la douleur les ramenait à la raison. Les prophètes, pourtant envoyés de Dieu, ne réussissait leurs prêches qu'avec le glaive. Il amena la mère et le fils à destination, se sentant léger comme tout homme normal après avoir accompli un bienfait. Ce geste anodin redonna le sourire au gosse. Il suffisait de peu à un enfant pour incarner l'espoir. Au remerciement de la femme, il grommela « à charge de revanche, madame ! Un jour peut-être, votre fils m'aidera à traverser une route lorsque mes rotules grinceront » Il retrouva Messaoud à la même place où il l'avait déposé.

— Tu as tardé, qu'as-tu encore fait ? Le patron veut nous voir sur le champ.

— Je devine la raison.

— Un autre meurtre ?

— Je laisse au chef le soin de te mettre au parfum. Quoi qu'il en soit, tu n'as rien vu, rien entendu, c'est un système qui a fait ses preuves.

Bachir, le commissaire que les fesses démangeaient inlassablement ne tenait plus en place et ne pouvait s'asseoir, tel un postérieur grignoté par des hémorroïdes aux divers statuts, tant internes qu'externes ou demi-pensionnaires. Il garrottait son impatience en curant ses narines à canon de fusil de chasse et s'égratignait les lèvres de tambourin traditionnel à la recherche d'un hypothétique brin de tabac incrusté par oubli. Sa voix fit vibrer les vitres du bureau.

« Enfin vous êtes là ! Vous vous trompez de pays, la police fédérale n'existe pas chez nous. Pour les cas de droit commun, chaque district a sa police.

— J'étais seul à El Biar, avoua d'emblée Zoubir que la colère de son supérieur hiérarchique galvanisait. Il ne lâchait aucun pouce de terrain, tel un char sans marche arrière.

— Tu dois t'en tenir strictement à tes prérogatives, je ne t'ai pas signifié de corriger le monde. J'ai été informé par mon collègue que tu as étalé trois honnêtes citoyens qui discutaient paisiblement devant une pharmacie.

— Votre collègue n'est bizarrement jamais là quand il y a des meurtres et il se réveille pour défendre une racaille qui intimide un témoin clé dans notre affaire », mentit-il délibérément, sachant que le bobard ferait mouche.

Fou de rage et exaspéré par l'insolence de son agent, le commissaire se lança dans une diatribe décousue pour vider le fond de sa pensée. Il soutenait mordicus qu'aucun État au monde ne pouvait se dispenser de la délinquance. Les crimes sont aux États ce que les médicaments sont aux maladies, disait-il. Abolir la violation d'une loi morale équivaut à mettre en chômage des millions de travailleurs tous secteurs confondus, de quoi couler un pays.

« Sans les criminels, nous crèverions de faim, lieutenant Zoubir. Sans eux, je ne serais pas dans ce bureau et toi non plus. Les malfrats, les policiers, les magistrats, les prisons, les geôliers sans parler des sous-traitants...Une chaine dont on ne peut affaiblir un maillon sans la briser.

— J'espère que vous plaisantez, chef !

— Que non ! Vois ton ami Messaoud. Il a tout compris depuis longtemps parce qu'il est ambitieux. Ne me regarde pas avec tes yeux de lycéen surpris en train de tricher au bac. Je suis un vieux canasson, certes, mais loin d'être un âne. N'insiste pas non plus pour que ceux que tu viens d'envoyer à l'hosto soient mis en taule, la société a encore besoin d'eux.

— En somme chef, vous me demandez de fermer les yeux devant les actes de ceux que l'institution considère comme respectables, des fripouilles aromatisées à la raison d'État. Voici mon arme et ma carte, je démissionne ! »

Dans un effort surhumain, Messaoud souleva sa carcasse et s'aventura dans la solidarité corporatiste. « Je rejoins le lieutenant Zoubir, voici aussi les miennes. Plutôt mendier ou crever de faim que se coucher nu et repu.

— Pourquoi me faites-vous ça à la fin de ma carrière ? Vous alléguez que vous n'êtes pas des vermines comme nous, la vieille couche, soit ! Vous me rappelez ma jeunesse où l'enthousiasme virtuel écrasait le mensonge d'une cause. Soyez gentils et ne foulez pas les jardins des autres. Je refuse vos démissions et vous donne un mois de réflexion. »

Le visage terreux, les deux compères sautèrent chacun dans sa voiture et s'arrêtèrent non loin du logis de Sonia. Zoubir toqua à la porte, laissant son compagnon en couverture. Elle lui ouvrit en petite tenue, il entra sans crier gare. Un grognement fusa de sous les draps froissés et un homme hirsute se dressa sur son séant, médusé par cette présence inopportune. Le lieutenant ramassa les vêtements trouvés à terre et les lui lança à la figure.

— Habille-toi et file aussi vite que tu peux. Estime-toi heureux que je ne t'égorge pas, ça t'apprendra à chiper les femmes des autres ! »

L'homme velu et charpenté comme un gorille, croyant au retour inopiné d'un mari cocufié, attrapa ses habits et s'élança vers la porte, cachant d'une main ses parties intimes et tremblant d'effroi.

« Tu as oublié de te couvrir, » rappela Zoubir.

Il s'emmêla les pieds dans la pantalon, tomba, se releva, rechuta et parvint à l'enfiler. Il déguerpit torse nu, ses chaussures, sa chemise et ses chaussettes à bout de bras.

« Alors Khoukha, tu m'as bien eu ! Chuchota Zoubir.

— Khoukha ? Tu te trompes d'adresse, on t'a mal renseigné. Fifi ne te plait plus ?

— Cesse ton charabia. Khoukha est ton vrai nom, le lieutenant est ton frère. Je sais presque tout. Un élément m'échappe et je souhaite que tu m'aides, le veux-tu ?

— Si Rafik te trouve ici, il te tuera !

— Ton frère sait quel métier tu exerces, il a coutume de voir des hommes chez toi, sauf s'il a un grief particulier à me reprocher. Je viens t'arrêter pour le meurtre d'Amine, que tu as empoisonné aux barbituriques. Un acte prémédité pour lequel tu écoperas de vingt ans au minimum. En prison, les jours valent des siècles. Après avoir purgé ta peine, tu sortiras les cheveux blancs, sans dents et marquée au fer rouge par la solitude.

— Tu n'as aucune preuve, hélas ! Je lui ai effectivement administré trois gélules, mais sans penser que cela pouvait le tuer.

— Je te préviens que j'enregistre tes paroles. Même ce que tu ne diras pas se retournera contre toi.

— Les enregistrements ne sont pas des preuves aux yeux de la loi, les indices matériels sont requis, mon cher !

— La justice est aveugle, ma chère, rétorqua-t-il. Nous avons tout de même un témoin oculaire, Fifi en l'occurrence, qui a fait sa déposition noir sur blanc avec des détails précis. Et puis j'ai conservé la plaquette de gélules qui comporte tes empreintes — Il savait que le bluff produisait des merveilles sur un individu aux abois. Arrive un temps où un suspect craque sous la pression, parce qu'il veut dormir, se reposer, ne penser à rien. — Tu collabores, je te protège et tu sors de la mélasse comme un cheveu de la soupe, d'accord ? »

Elle lui lança une chaussure qu'il esquiva. Il lui écarta durement les bras. Elle trépigna et des larmes fusèrent et dévoilèrent un visage parcheminé maintenu potable à coups de crèmes et de poudres. Que devait ressentir un lièvre dont la patte était prise dans un collet ? Il eut une lueur de pitié vite effacée par le souvenir du viol de Siham, un acte immonde qui le hantait.

« Dis-moi où se trouve l'argent, enchaina-t-il sans lui donner le temps de se ressaisir. Ton frère est sans scrupules et n'hésitera pas à te sacrifier pour le garder et en profiter seul. Une fois qu'il aura acheté une maison dans la capitale, tu crois qu'il t'accueillera à bras ouverts chez lui ? Personne ne veut d'une sœur prostituée, tu seras sa prochaine victime !

— Ce n'est pas vrai, mon frère ne fera pas ça ! J'exerce ce métier depuis ma jeunesse où nous ne mangions pas à notre faim. Je l'ai beaucoup aidé pour devenir ce qu'il est, cria-t-elle avec véhémence.

— Un homme qui embrigade des drogués pour braquer une banque, qui supprime un à un les témoins de son forfait est capable de tout. Où a-t-il caché l'argent du hold-up ? »

Khoukha le toisa méchamment, leva son corps boursouflé par la cellulite et renversa un pot de fleurs à double fond, libérant des liasses de billets.

« Il m'en a donné une petite part, en planquant le reste dans une banque publique.

— Laquelle ? Il en existe plusieurs !

— Il ne me l'a pas dit. Que vais-je faire maintenant ?

— Je te conseille d'être vigilante et ne parle à quiconque de notre entrevue. Quitte la ville immédiatement sans l'informer. Garde cet argent qui te servira à changer de vie. Adieu Khoukha ! »

Il balaya du regard les alentours et sourit en exhibant ses canines à des silhouettes que lui seul percevait. Il alla à la voiture de Messaoud.

« On retourne à la base. Tu peux partir, je te rejoindrai. Avec un peu de chance, nous aurons un autre cadavre sur les bras. L'air a des yeux, nous sommes épiés, je le sens !

— Regarde, souffla Messaoud, la bonne dame sort de chez elle, je crois qu'elle a oublié de fermer sa porte !

— Allons faire notre rapport au commissaire. C'est à lui de décider si nous pouvons pousser plus loin ou être politiquement dociles et tout arrêter. »

Zoubir conclut qu'il existait une infime différence entre les propos du commissaire et ceux d'Othmane qui lui avait raconté au début de leur amitié une anecdote édifiante qu'il avait vécue. Le psychiatre qui bourlinguait beaucoup de par le monde dans le cadre de ses activités, avait choisi de retourner définitivement au bled par bateau. C'était le mois de ramadhan mais qu'importe, l'occasion se présentait pour savourer la beauté d'une traversée par temps calme. L'embarquement à Marseille n'avait été entaché d'aucun problème et le voyage s'annonçait paisible malgré la privation de nourriture et d'eau, mois sacré oblige. Des expatriés avaient emprunté le même moyen de transport pour jouir de la chaleur familiale durant les journées de pénitence et de ferveur religieuse. Les discussions tournaient autour des bonnes actions à entreprendre pour espérer la miséricorde divine et chacun renchérissait sur la manière dont il allait user pour accomplir ce devoir.

Le bateau accosta deux heures avant la rupture du jeûne, les visages fatigués avaient hâte de rejoindre leurs famille pour arriver à temps et goûter la première cuillerée de chorba. C'était un rêve et comme tout rêve, non abouti, il devint chimère car la douane et la police des frontières ne l'entendaient pas de cette oreille. Les passagers furent informés que les formalités d'usage étaient reportées pour après la rupture du jeûne. Il fallait compter au moins deux heures d'attente, le ventre creux et le gosier sec. Plusieurs femmes et enfants avaient pleuré à ce moment-là.

Les hommes prirent leur courage à deux mains et se déplacèrent en groupes pour obtenir des éclaircissements à cette forfaiture. On leur répondit que les ordres venaient d'en haut, sans préciser si cela émanait d'un supérieur ou de Dieu. Un ordre de cette nature frisait la fantaisie ou l'extrême arbitraire ou les deux, fusionnés. En deux heures et avec un peu de bonne volonté, les formalités auraient été expédiées et tout le bateau aurait trouvé son compte. Mais non ! Les uniformes campaient sur leur position, matraque en main et le museau menaçant, présageant le contraire de ce que prescrivait la sagesse.

Les esprits s'échauffaient, les insultes fusaient au ras des képis, les passagers s'en remettaient à Dieu comme toujours. Et Dieu n'a rien fait ni rien dit comme toujours. Repus, les agents procédèrent aux formalités. Parmi eux, un trapu la visière vissée au coté du crane anormalement ovoïde, un pan de chemise pendant sur le pantalon, raclant le sol de ses pieds. L'arrogance prit la mesure de la singularité de sa démarche et c'était presque humain. Chaque détenteur d'un pouvoir, minime soit-il, s'acharne à démontrer sa puissance.

Il brailla des ordres aux voyageurs fragilisés par la déception, qui n'en pouvaient plus. Un jeune homme, blême de lassitude et de faim, mit du retard à s'exécuter, perdant de vue qu'un uniforme abhorre la rébellion et adore la soumission, la docilité des autres le rend fort. Le trapu l'interpela d'une manière déplacée et persista dans ses avanies lorsqu'il aperçut les belles émigrées qui le regardaient craintives, ce qu'il mit sur le compte de l'admiration. L'homme stupide frime aux dépends du faible quand il est observé par une femme. Il frime particulièrement s'il a un pouvoir qu'il considère comme moyen de séduction.

Le jeune homme ne répondit pas aux attaques virulentes et son indifférence augmenta la férocité du trapu qui le menaça. « D'habitude, ce n'est pas mon travail, mais cette fois je vais prendre place au guichet pour te faire baver quand tu passeras pour ton visa d'entrée ! » Le jeune voyageur se pointa devant le guichet à son tour. Le courtes-pattes en tenue contempla le passeport, le soupesa, le renifla et répéta l'opération plusieurs fois avant de le mettre de coté pour appeler le suivant dans la file d'attente.

— Mon passeport s'il vous plait et laissez-moi partir !
— Tu continues à faire la forte tête, petit salopard ? Je vais t'éduquer, moi !

Joignant le geste à la parole sans possibilité de revenir sur sa décision devant les demoiselles effarées, il émergea de son cagibi et ôta sa veste pour en venir aux mains. Il n'eut pas le temps de comprendre ce qui lui arrivait. Il fut soulevé de terre par un uppercut d'une extraordinaire violence qui l'envoya au tapis. Des agents accoururent pour maitriser le boxeur, d'autres vidaient des bouteilles d'eau minérale sur leur camarade pour le réveiller.

Le jeune forma un numéro sur son téléphone et quelques minutes plus tard, une voiture noire stoppa sur le quai. Un vieil homme en sortit et parlementa dix secondes avec le défait. Le menton endolori fraya lui-même un passage au rebelle, se fondant en excuses obséquieuses. A la fin de son récit, Othmane posa une question cruciale pleine de sous-entendus au lieutenant Zoubir.

— Selon toi, qui a créé l'autre, le délinquant ou le représentant de l'ordre ?

Les deux lieutenants firent irruption dans le bureau du commissaire sans frapper. Ce dernier écrasa nerveusement sa cigarette dans le cendrier de fer blanc et éventa les volutes de fumée de sa main libre, appréhendant le pire.

« De retour si tôt, il y a le feu quelque part ? Plaisanta-t-il.

— A vous de voir, chef ! Vous avez affirmé que la société a besoin de truands. Or un truand ne devient pas forcément un tueur. Celui dont nous vous entretenons cumule les deux et cerise sur la gâteau, il est des nôtres !

— Ouille, encore un pépin. Vous visez qui ?

— Le lieutenant Rafik est le maitre d'œuvre du hold-up de la banque et a gommé les témoins susceptibles de le confondre. Saïd, Amine, Rambo et Fouad sont passés à la trappe parce qu'ils croyaient le tenir par le chantage. Il a à sa solde une armée d'indicateurs et de forbans prêts à tout pour une poignée de billets. Au courant de nos gestes, ils nous épient jour et nuit.

— Vous m'en bouchez un coin. Un officier véreux passe encore, mais un officier assassin est une couleuvre obèse impossible à avaler ! Il faut des preuves solides pour étayer vos accusations.

— Alors écoutez ceci : — Il mit en marche l'enregistreur de son portable qui égrena les soupirs, les larmes et les terribles révélations de Sonia— Qu'en dites-vous ?

— Qui est la femme qui parle ?

— Khoukha alias Sonia, dit Messaoud. Je reconnais sa voix. C'est la sœur de Rafik à qui il a offert une partie du butin volé. En ce moment, elle doit être loin de son frère.

— L'absence d'un témoin capital ruine votre accusation. Ramenez-la et assurez-lui une protection !

— On protège un témoin s'il est cité à comparaitre devant la justice, chef. Nous ne savons pas encore s'il y aura procès ou pas. De toute façon, il est peut-être trop tard. Vous pouvez perquisitionner sa maison, elle a peut-être laissé des traces intéressantes, conseilla Zoubir. Quant à nous, débrouillez-vous pour dégoter un procureur serviable qui puisse nous signer un ordre écrit de fouiner dans les banques. Le dépôt d'argent sale est un une preuve accablante.

— Attends, attends ! Vous avez délaissé cette Sonia sachant qu'elle court un grand danger ? Vous rendez-vous compte que c'est un crime ?

— Un crime peut en empêcher d'autres, chanta Zoubir impassible tel un roc défiant une nuée de vautours. Vous l'avez dit vous-même, la vertu a besoin du vice pour briller, comme le bien du mal pour se distinguer. »

Le vieux Bachir darda ses yeux sur les deux hommes, des yeux enfumés par le tabac, recouverts d'une fine lamelle de film alimentaire quasi invisible, couvant une ancienne cataracte mal soignée. Il téléphona à un procureur qui ne semblait pas emballé. « Pas de souci, monsieur le procureur....oui, c'est ça....nous éviterons une guerre des polices...entièrement d'accord avec vous, nul n'est au-dessus de la loi...merci monsieur le procureur, je vous envoie quelqu'un pour retirer le document » — « Tu parles, râla Messaoud que le patriotisme élevait au septième ciel sans atténuer ses ambitions. Tous soutiennent que nul n'est au- dessus de la loi alors que la majorité est en dessous. »

Le document en poche, le binôme se rua vers les banques publiques accréditées dans la capitale. Il avait ciblé les maisons mères, les succursales étaient nombreuses et leur faisaient perdre beaucoup de temps. C'était peine perdue, les présidents directeurs généraux — titre qu'ils s'accolaient pour gonfler leurs salaires — étaient aux abonnés absents et avaient interdit à leurs subordonnés de divulguer les noms des détenteurs de comptes.

Dépité et bredouille, Messaoud avala sa salive de travers en voulant pester contre cette déconvenue et suffoqua. Le danger de l'asphyxie obligea son équipier à s'arrêter dans une station de lavage de laquelle il lui rapporta une bouteille d'eau à l'extérieur tachée de cambouis. Messaoud eut un haut le cœur et hoqueta, refusant d'ouvrir sa bouche. Son compagnon lui pinça le nez et la lui ouvrit de force en enfonçant le goulot.

« Fais comme si c'était du café glacé et bois, idiot ! Et ne parle pas, j'ai compris ce que tu voulais me dire. »

Leur patron les accueillit avec le sourire. Etrangement calme, serein, et beat comme peut l'être un prêtre ou un imam qui a la conscience tranquille. Il les invita même à boire quelque chose. Bachir avait toujours dans son repaire une thermos de café sans sucre et des limonades. Ils refusèrent poliment, intrigués par la cause de ce revirement soudain.

« Vous n'aviez pas tort, mes petits. Une escouade est partie fouiller la maison de la dame et est revenue avec un cadavre. Sonia a été égorgée dans sa cuisine...

— Pas possible chef, beugla Messaoud, nous l'avons vue sortir hâtivement de chez elle, oubliant de fermer sa porte.

— Il faut croire qu'elle avait changé d'avis ou qu'elle a été ramenée de force. Il n'y a pas l'ombre d'un billet dans sa chaumière. Cet afflux de cadavres ne me dit rien qui vaille, restez sur vos gardes et protégez-vous mutuellement. Qu'en est-il des banques ?

— Les dirigeants sont absents, c'est une entreprise hasardeuse d'autant plus que je hais les banquiers. Ce sont des usuriers à l'origine de la banqueroute humanitaire, des suceurs de sang et de sueur. Quand ils maigrissent, le monde s'effondre.

— Ne dépose pas ton argent chez eux, le bas de laine est plus pratique », taquina le commissaire dans un éclat de rire qui ricocha sur le mur et les assourdit. Son rire invitait à la tristesse, comme l'angoisse du bruit des eaux furieuses d'un fleuve sur la coque d'un kayak.

Zoubir raccompagna Messaoud chez lui, faisant des détours et des haltes improvisées dans des endroits déserts pour s'assurer qu'ils n'étaient pas suivis.

« Je reviendrai te chercher demain, mon ami. Tu as une famille qui a besoin de toi vivant. Dire que je te méprisais ! Les anciens disaient que la personne avec qui l'on s'accrochait lors de la première rencontre est celle qui devient une amie durable. La vie est inintelligible et plus incompréhensibles sont les hommes. »

La soirée s'anima dans la maison d'Othmane. Le psychiatre était perspicace et sortait parfois de sa coquille pour livrer ses impressions à l'état brut. Il saisit l'occasion et invita la pharmacienne avec l'intention de recoller les morceaux, estimant que les sentiments nobles ne devaient pas être parasités par des jugements hâtifs. Le lieutenant s'était déjà lancé dans ses boutades raillant la philosophie de son supérieur quand Linda entra. Pâle et amaigrie, elle hésita à lui serrer la main. Lui non plus ne tendit pas la sienne. Il fut charmé par sa présence et craignait qu'il ne restât le bras tendu, l'air idiot, en quête d'un hypothétique salut. Une attitude de deux êtres qui s'aimaient mais qu'aucun ne faisait le premier pas, par amour-propre.

« Je ne vous ai pas invités pour régler vos comptes, mais pour toucher du doigt la réalité, votre réalité ! »

Il est des malentendus qui séparent quand l'absence se prolonge, il y a ceux qui rapprochent s'ils sont levés par le dialogue dans lequel des concessions sont admises de part et d'autre. Des compromis qui façonnent une vie, un comportement. Othmane le comprenait parce qu'il n'était pas sous pression et ne partageait pas son cœur, tandis que dans un couple, un cœur bat pour deux avec des pics et des chutes de tension que l'amour régule sans à-coup et sans douleur.

Afin de les dérider, il leur conta, puisant dans le répertoire de son enfance, l'histoire du jeune couple qui s'était donné la mort en s'empoisonnant, un pied de nez aux parents qui avaient refusé de les unir. L'amour est une éternelle nouveauté, affirmait-il sûr de lui. Au terme de son préambule émouvant, il clama.

« Si vous m'avez compris, qu'attendez- vous ?

Ils se rapprochèrent l'un de l'autre et se tinrent la main, une légère rougeur sur le visage.

— Tu es allé un peu fort, bougonna-t-elle. Je ne t'avais plus reconnu quand tu rossais le groupe ! Qui t'a dit qu'il m'importunait ?

— Je ne pensais pas qu'il allait laver l'affront, coupa le docteur. Bref, les choses s'éclaircissent et se compliquent. Si Rafik n'a eu aucun scrupule à égorger sa propre sœur, il ne s'apitoiera pas sur ton sort.

— Il a certainement fait le lien avec la bagarre de la pharmacie car il subodorait que Linda était mon poste d'observation et me renseignait sur les activités de l'équipe. Sonia lui a sans doute tout dit. Maintenant qu'il est sûr que je sais, il n'est pas homme à subir les évènements. Il cherchera à court-circuiter l'enquête en me liquidant, ou à défaut en faisant le vide autour de moi.

— Impossible de te faire entendre raison, sourit la jeune femme. Tu as une dialectique brumeuse basée sur l'absurde. Que vas-tu faire maintenant ?

— Je ne préconise rien tant que vous n'êtes pas en sécurité. Othmane est bien entouré dans sa forteresse mais toi, tu es vulnérable. Je ne serais tranquille que si vous êtes à l'abri, toi et les tiens.

— Nous n'avons pas où aller, je suis née dans cette maison. Papa et maman ne voudront jamais la quitter.

— Juste pour un mois. Persuade-les. Je serai plus libre de mes mouvements.

— J'ai une idée, lança le psychiatre. Vous habiterez la maison du village, ce sera un cadre agréable pour des vacances forcées ! »

Othmane n'était décidemment jamais à court d'idée et ne lésinait pas sur les moyens pour aider les autres. Le lieutenant lui était reconnaissant et reconnut qu'il avait beaucoup de chance d'être son ami.

« Puisque nous sommes tombés d'accord, j'entamerai les investigations bancaires dès demain. Quant à toi, Linda, tu t'entendras avec Othmane pour le transport de vos affaires et n'oublie pas de déléguer à ta collègue la gestion de l'officine. »

Othmane regarda par la fenêtre par laquelle se faufilait une brise qui le fit frémir. La jeune femme saisit ce moment de dos tourné pour serrer doucement la main de Zoubir, un geste indéfinissable de tendresse qui fit dire au lieutenant.

« Je démissionne de la police dès que cette affaire sera tirée au clair.

— Dans ce cas, termine-la rapidement, gloussa-t-elle les yeux rivés sur lui. »

Une rafale de cocoricos retentissait au loin, dont le son tintait par cascades à leurs oreilles. Une ambiance de ferme animée par les aboiements des chiens poursuivant des chats de gouttières.

« Hum...hum...Désolé d'interrompre vos rêves qu'il vaut mieux réaliser avant qu'ils ne vieillissent. Au bout d'un certain temps, il faudra en inventer d'autres. Vos chambres sont prêtes, au dodo !

— Tu plaisantes ? Sursauta Zoubir, ses parents s'inquiéteront de son absence. Et puis ils doivent se préparer pour le voyage de demain !

— Faites comme vous l'entendez. Tu n'as plus besoin de mes calmants, à présent, rétorqua-t-il avec un regard appuyé. »

Arrivés devant chez elle, elle descendit de voiture et s'approcha de celle du lieutenant qui l'escortait.

« Ne relâche pas ta vigilance, lui recommanda-t-elle, et maitrise ta fougue, nous en aurons besoin pour très longtemps ! »

Elle tourna les talons et se dirigea vers la porte de la maison qui s'ouvrit aussitôt, comme si ses parents la guettaient de la fenêtre. Le père salua le lieutenant du seuil. « J'ai perdu la foi mais j'ai gagné une famille, se dit-il, il me faut associer les deux pour vivre et mourir dans la passion » Il humait la paume de sa main que Linda avait tenue, comme une présence réconfortante, protectrice, maternelle. Il est des regards, des gestes et des intentions qui réjouissent et alimentent les rêves. La force d'in individu est proportionnelle à sa certitude d'être compris et aimé.

Allongé sur son lit, il revivait le sourire de la jeune femme dans sa splendeur. Sous sa carapace d'homme dur avec lui-même et exigeant avec les autres, Zoubir était un enfant en déphasage avec les années qui filaient. Les meilleurs fruits se mangent sans peau et Zoubir en était le modèle. La fragrance de Linda le plongea dans un profond sommeil. Il se leva au matin, déterminé et sifflotant tel un adolescent pour son premier rendez-vous galant.

Il prit en covoiturage Messaoud pour faire la tournée des banques, aiguisant leur stratégie en cours de route afin de leur soutirer des informations. Les banquiers étaient réputés pour leur arrogance tirée de leurs relations, et étaient protégés par des haut placés. Ils dénichèrent un coin où garer leur véhicule, une ruelle sombre flanquée des deux cotés par des immeubles aux balcons branlants, sans lumière du jour comme un canyon. Ils pénétrèrent dans l'imposante bâtisse de verre bleu qui en imposait comme toutes banques dans le monde, un air de déjà vu qui agressait les ventres creux et irritait les nerfs fragiles.

Vautré dans un fauteuil au dossier aussi haut qu'une muraille, avec ses interminables accoudoirs serpentant sous le bureau, le président directeur général les dévisageait avec mépris. Zoubir eut soudain envie de le gifler. Les tempes sel et poivre — la jeunesse désertait ces postes de responsabilité à risque, où l'injonction téléphonique valait force de loi au détriment des bilans — le nez long et crochu indispensable aux banquiers comme trait de ralliement, il ouvrit son soupirail sans les amabilités d'usage.

« Que désirez-vous ? Abrégez, je suis occupé !

Le lieutenant s'assit sans permission et décida de jouer le débile. Il invita son collègue à en faire de même et déclama un prologue à désorienter un chameau.

— Comme tu le constates, mon cher ami Messaoud, cette banque nous appartient ! Elle fonctionne grâce à nos dépôts, et tu sais certainement que nous sommes tous des actionnaires sans argent. Les économies du peuple sont dans ses coffres pour nourrir ceux qui rotent à la figure de ceux qui ont faim.

— Qu'est-ce que....Sortez ou j'appelle la police ! Hurla l'usurier.

— Ne te fatigue pas, mon pote, la police est sur place. Lieutenant Zoubir pour vous servir, en charge des affaires de meurtre, viols, détournement de la foi et des mineurs, des intentions inavouées et j'en passe. Je fais tout, quoi !

— Détournement de la foi ? Gargouilla le président directeur général.

— Eh oui ! Au lieu de compter les billets, vous ferez mieux de vous mettre à jour en compulsant le journal officiel. C'est une nouvelle disposition de loi qui réprime ceux qui cessent de prier et ceux qui changent de religion comme ils changent de chaussettes. Vous avez la foi ?

— Heu...non, pas encore.

— Vous priez de temps en temps ?

— Heu...non.

—Alors il vaut mieux ne pas commencer ! Mon collègue que voici est le lieutenant Messaoud, parce que chez nous, nous avons tous le grade de lieutenant, on n'est pas divisés par chapitre comme dans une banque. Par contre, vous avez des coffres et nous avons des cachots et là, c'est kif-kif. Mon copain parait timide car il a perdu des tuiles en longeant sa carrière sans y entrer pleinement, et quand il chauffe, il a des trous qui fument. Son créneau porte sur les détournements des fonds, la recherche des double-fonds, des ratures sur les registres comptables, des faux billets, des contrefacteurs, des torréfacteurs et de tout ce qui se touche à l'odeur de l'argent. J'espère que vous avez compris, monsieur le général président.

— Heu...oui, venons-en aux faits, balbutia le banquier qui suait la peur. » Si les autorités m'ont envoyé ces cinglés, c'est qu'elles ont décidé de me briser les reins, craignait-il. Ces deux là n'ont pas toute leur tête et paraissent dangereux. — Ses yeux se posèrent sur le sourire idiot et immuable de Messaoud qui avait ôté une chaussure pour se gratter la plante des pieds.

— Finalement, vous cherchez quoi au juste ?

— Nous voulons savoir si un certain Rafik, lieutenant de police, encore un lieutenant me diriez-vous, dont le nom complet figure sur l'arrêté d'exécution du procureur que voici, a déposé de l'argent dans votre banque, et combien ?

— Les usages bancaires ne m'autorisent pas à divulguer ce genre d'information. Le secret professionnel protège le client.

— Holà l'ami, tonna Zoubir, tu n'es pas en Suisse ! Là-bas on blanchit souvent l'argent, dans notre brigade on le décolore jusqu'à ce qu'il devienne limpide. L'ordre du procureur ne te suffit pas ? Qu'à cela ne tienne. Et dire qu'il a usé pas mal de pantalons sur les bancs d'école pour griffonner un talisman qui ne marche pas dans les banques !

— Non...si...je...nasilla le nez crochu.

— Vous avez enfreint de la sorte la recommandation de l'ONU, actualisée l'année dernière à Genève, qui stipule dans un de ses articles que celui qui tait, soustrait ou escamote une information ayant trait à l'argent mal acquis, s'expose à une peine de prison jusqu'à ce que mort s'ensuive, relaya Messaoud en enlevant l'autre chaussure.

— Vrai, appuya Zoubir. En vertu des pouvoirs qui nous sont conférés par la loi promulguée au nom du peuple, approuvée à main levée par le parlement, et conformément à notre devoir d'ingérence dans tout ce qui concerne l'humanité, nous vous arrêtons séance tenante ! Ce que vous direz se retournera contre vous, votre silence vous accusera également. Tendez vos poignets et pas de geste ambigu !

— Pas possible, chevrota l'homme, je vis un cauchemar. Bon ça va ! Dix minutes et vous aurez votre renseignement. »

Il donna des ordres au téléphone et forma un autre numéro pour se plaindre à ses protecteurs et demander conseil. Sa réaction ne laissait aucun doute, ils l'avaient lâché. Pour des crocodiles dans le marigot, la devise Dieu pour personne et chacun pour soi s'appliquait à la lettre. Les deux limiers avaient frappé à la bonne porte. Rafik possédait un compte de plusieurs milliards de centimes. Zoubir ordonna au financier de geler la somme. Il lui expliqua longuement que c'était le produit du hold-up d'une succursale de la même banque qu'il gérait. Excités à l'extrême, les deux policiers tombèrent des nues lorsqu'il leur affirma que Rafik avait vidé son compte la veille.

Fort de cet atout qui confirmait l'implication effective de Rafik dans le braquage, ils retournèrent à leurs bureaux. Comme le voulait la règle de prudence, ils devaient changer d'itinéraire pour le retour. Ils choisirent une route secondaire, calme et ombragée par des eucalyptus dont les cimes pliaient sous le vent. A un virage, Zoubir vit dans le rétroviseur un sac noir déposé sur la banquette arrière.

« Tu as apporté un sac noir, ce matin ?

— Non, le devrais-je ? Répondit son coéquipier.

Les cheveux de Zoubir se hérissèrent et ses lèvres se transformèrent en une fine lamelle. Il ralentit et ouvrit la portière du passager.

— Saute vite ! Saute, nom de .... »Face à l'indécision de son ami, il le poussa sur la chaussée et sauta à son tour.

La voiture fit quelques mètres et percuta un eucalyptus. Une gigantesque déflagration scia le tronc de l'arbre pourtant d'un diamètre conséquent. Le bruit de tôle et de verre brisé couvrit le hurlement de Messaoud qui trouva la force de ramper en trainant une jambe désobéissante ;elle ne répondait plus. Il s'allongea sur le dos et contempla le ciel. Il était d'un bleu tendre et semblait si beau, les mottes de nuages blancs trottaient à sa surface. Du coin de l'œil, il vit les branches des arbres qui se balançaient encore, noircies par les volutes de l'explosion. Zoubir s'accroupit près de lui et lui souleva la tête.

— Les secours arrivent, Messaoud, ne te fais pas de bile ! A part la jambe, où as-tu mal ?

— Un peu aux épaules, mais c'est surtout ma jambe droite qui me fait souffrir. J'ai mal amorti ma chute en sautant de la voiture en marche. Et toi, tu n'as rien ?

— Des égratignures pas très méchantes. Ne bouge pas, j'entends l'ambulance. On a placé une bombe dans le sac à l'arrière de la voiture. Ils ont dû la déposer quand elle était garée dans la venelle. Cela prouve qu'on approche du but, mon ami !

— Laisse tomber sinon tu y passeras aussi, Rafik ne recule devant rien. Il a des mercenaires à son service.

— Reculer maintenant serait un aveu d'échec ! L'adversité me rend fort et décuple ma résolution. Les gens de sa trempe n'ont pas le courage d'affronter directement leur ennemi et le font par personne interposée, quitte à emporter des innocents dans leur sillage.

— Dis, tu m'accompagneras dans l'ambulance ? Tiens-moi la main, j'ai froid ! »

Les riverains coururent en contournant le cratère creusé par la bombe et l'arbre coupé en deux dans sa croissance. Ils s'agglutinèrent autour du blessé qu'une femme charitable couvrit d'une couette neuve, soldée, qu'elle venait d'acheter en prévision de l'hiver. Zoubir grimpa avec son compagnon dans l'ambulance qui fila sirène bloquée, brulant feux rouges, passages piétons et priorités de passage. A l'hôpital Messaoud fut pris en charge sans délai, sur l'insistance de Zoubir qui ne payait pas de mine avec son pantalon déchiré aux genoux, des traces noirâtres sur le visage, la chemise en lambeaux et les pieds nus. Il avait perdu ses souliers en sautant et était à plat ventre lorsque la bombe a explosé, position qui l'avait sauvé des éclats métalliques et du souffle. Dans le hall d'attente de l'hôpital, il ne pouvait effacer de sa mémoire l'expression d'épouvante de Messaoud. Il n'existe pas de visage plus hideux que celui pétrifié par la peur. Un sentiment, une réaction paralysante qui annihile toute volonté de défense, en même temps un reflexe qui sauve dans des situations inextricables.

— Sa jambe est brisée en quatre endroits, diagnostiqua le médecin après deux heures d'attente. Il en a pour quatre mois, période de rééducation incluse. Il restera sous surveillance ici durant une vingtaine de jours, le temps de vérifier s'il n'aura pas de complications. Apparemment, son crâne est intact.

— Merci docteur, pour une fois qu'un médecin n'use pas de baratin !

— Où allez-vous dans cet état, lieutenant ?

— Alerter mon supérieur et rentrer chez moi pour me changer. Je prendrai un taxi.

— Un taxi ? Si la charité disparaît de l'hôpital, je me demande où la trouverait-on ! Une ambulance va vous y conduire.

Elle le déposa devant le siège de la brigade, le lieutenant pénétra dans la bâtisse, dardé de regards moqueurs. Non, il ne sortait pas d'une beuverie, il ne buvait jamais. Ou alors, il avait trouvé plus fort que lui dans une rixe. Son chef n'en pensait pas autrement. Pendant que le lieutenant, pantelant, s'apprêtait à s'asseoir, il lui rapporta une chaise de bois qui trainait dans un coin de son bureau. Il avait peur pour le velours qui recouvrait le fauteuil. Le tissu valait plus que la loyauté et le sacrifice d'un homme. La loyauté ne sied pas aux indifférents comme est incompatible la fidélité à l'homme volage.

« Tu t'es encore bagarré ? Où est Messaoud ?

Zoubir lui relata les faits, par ordre chronologique, et ne s'arrêtait que pour respirer. Il lui fit part de l'indisponibilité de son collègue pour une longue durée. Le commissaire eut la malencontreuse idée de déclarer que l'hospitalisation de Messaoud tombait au mauvais moment, et qu'il redoutait l'ire de ses supérieurs pour le retard que l'absence du lieutenant induirait dans l'affaire. Le tempérament de Zoubir refit surface. Il s'enflamma.

— Si personne ne vous a craché les quatre vérités en face, je vais le faire, moi, et tout de suite ! Egoïste, vous ne pensez guère à vos hommes. Vous préparez une retraite dorée sur leurs cadavres, obéissant à vos chefs sans réfléchir à ce qui arriverait en cas de fiasco. Vous n'êtes qu'un hypocrite gradé qui ne pense qu'à ses intérêts. Si d'après ce qui précède, vous ne me limogez pas, alors votre portrait que je viens de peindre est vrai !

— Tu as une grande gueule et tu ne changeras pas, ricana le commissaire. Dans la vie, mon petit, il faut savoir plier, avec ou sans vent, pour s'en sortir indemne. Tu as le mérite de clamer haut ce que les autres pensent peut-être. Tu vois venir la fin, finis le travail et tu seras libre ensuite !

— Pour commencer, demandez à votre collègue d'El Biar où se trouve Rafik, Débrouillez-vous pour mettre à ma dispositions trois tireurs issus de l'école de police, d'anciens malfaiteurs si possible. Ce sera mon équipe de choc ! »

Bachir contacta en sa présence son collègue d'El Biar, ouvrant et fermant nerveusement les tiroirs de son bureau d'où il tira un coupe-papier qu'il planta dans le teck.

« Il dit qu'il lui a octroyé son congé, il a un mois de repos à compter d'avant-hier.

— C'est parti, l'hallali est sonné ! Grommela Zoubir. Que quelqu'un me conduise chez moi parce que je n'ai plus de voiture. Je veux voir demain dans mon bureau les trois tireurs, et en manteaux avec leurs armes de poing.

— Quoi ? Il fait très chaud, tu délires ?

— J'ai dit en manteaux et j'insiste ! »

Déposé à l'entrée de son immeuble, il gravit rapidement l'escalier pour être le moins visible des voisins, et alla directement à son miroir. Il eut un geste de recul. Affreux à voir. « Il faut que je retienne cette façon de me déguiser, une bonne blague à faire à Linda. J'ai vraiment une sale gueule ! » Il se débarbouilla à l'eau chaude, mit des vêtements propres et contacta Othmane.

— Je t'offre un verre de thé du sud si tu viens me chercher. Allo...oui, je suis chez moi...rien de grave...je n'ai plus de voiture, je te raconterai ça,... je t'attends ! »

La maison de Smain se transforma en salle d'opérations stratégiques qui n'avait rien à envier à celle des militaires. Des mappemondes, des cartes régionales et un bureau insonorisé dans lequel ils discutaient tranquillement. Le professeur, stupéfait par les évènements de la journée que lui relata le lieutenant, s'esclaffa, consternant son interlocuteur. Il n'y avait pas de quoi rire d'autant que Zoubir savait qu'Othmane exécrait la vue du sang.

« Tu appliques fidèlement la devise du chacal, » résuma le clinicien. Un chacal rodait à la tombée autour d'un poulailler protégé par un grillage assez solide. Sa présence affola les poules qui se mirent à caqueter en nombre pour lui faire peur et avertir leur propriétaire. Le chacal écouta longuement le concert de caquètements et leur dit « si je ne vous mange pas, vous ne dormirez pas non plus ! » Tu as fait mieux ! Non seulement tes ennemis n'ont pas beaucoup dormi, mais tu les as aussi presque tous dévorés. La fin de ton enquête coïncide avec celle du livre de Smain. Que disait-il dans le dernier chapitre ? Que la violence était peut-être le seul rempart aux idées. Tu es l'idée, Rafi est une violence. L'abstrait triomphe toujours du concret. Quand tu tues un homme, tu ne tues ni sa mémoire ni ses idées qui se propagent et s'amplifient. Tu me suis ?

— Franchement non ! Je ne suis pas doué pour les élucubrations philosophiques. Quant à ta voiture, je harcèlerai la compagnie d'assurance pour te la rembourser. Ils ont usé d'une quantité d'explosifs à décimer un troupeau de rhinocéros.

— J'ai écouté l'information à la radio mais je ne pensais pas que l'attentat te visait. Il parait que l'explosion avait formé un cratère de volcan dans la route, ce qui veut dire aussi que tu n'es à l'abri nulle part. Il faut te battre sur ton terrain, pas sur le leur.

— Je suppose que Linda et ses parents sont dans le village maintenant. Pourvu qu'elle ne fasse pas la relation entre la bombe et moi.

— Comment veux-tu qu'elle le sache sans radio ni télé ?

— Tu veux bien me prêter une de tes voitures, la plus rapide ?

— Question de moyens, sers-toi sans me le demander, c'est pour la bonne cause, même si je réprouve tes méthodes scabreuses. Hélas, quand on est acculé, je comprends que tous les moyens sont bons !

— Je te débarrasse aussi de l'arsenal que j'ai dissimulé ici. J'en aurai besoin, trois collègues me colleront aux fesses partout où j'irai et cela va barder !

— Je n'étais pas serein tant que ces armes demeuraient dans la clinique. Tu me rends le sourire. »

Ils enfermèrent les trois kalachnikovs dans le coffre d'une voiture grise — Il y avait suffisamment de gris dans le pays pour qu'elle puisse rouler inaperçue — Le lieutenant siffla d'admiration en voyant le tableau de bord.

— Une véritable fusée ! Si j'atteins la moitié de la vitesse permise, un fragment de gravier me ferait décoller. »

7

Délesté du poids de Messaoud et de la famille de Linda, Zoubir se mit en branle en faisant connaissance avec sa nouvelle équipe. Il se rendit compte après coup que les trois mousquetaires que le commissaire avait choisis pour l'épauler portaient des manteaux identiques, de la même couleur bleue. C'était le manteau de la tenue d'hiver qui sentait le flic à des centaines de mètres. Comble du malheur, ils avaient le même prénom, Mohamed, et ce n'est pas tout ! Ils étaient de tailles différentes comme une partie des Daltons. Ils aspiraient les regards et ne laissaient personne indifférent. Pour les reconnaître et éviter les confusions dans les tâches, il les affubla de sobriquets qui lui passaient par la tête, peut-être des noms de personnages des illustrés qu'il avait lus en cachette durant son enfance, il n'en savait rien.

Tonto était un colosse qui frisait sans problème les deux mètres, muni de bras immenses qui effleuraient le sol, tel un orang-outang. Il pratiquait « l'acier », justifiait-il, en rapport avec les séances quotidiennes de musculation. Conformément aux souhaits du lieutenant qui avait exigé un passif judiciaire prouvant leur ancienne immersion dans le milieu, Tonto avait été condamné à six mois de prison dans son adolescence — peine insuffisante pour lui barrer la route du fonctionnariat — pour avoir démonté proprement un cambrioleur introduit par effraction de nuit dans la maison familiale. N'était l'opposition rapide du père, il l'aurait carrément démembré, insouciant de sa propre force. Taciturne à longueur de saison, Tonto révulsait ses adversaires rien qu'à son allure de primate.

Gountcho, d'une taille qui fatiguait l'œil, paraissait quelconque quand il ne parlait ni ne riait, à cause de ses lèvres protubérantes qui camouflaient une incisive couronnée d'or, effilée comme une défense d'éléphant. Avant son incorporation dans la police, il avait bénéficié de quatre mois de séjour derrière les barreaux pour avoir dérobé à un mandataire du port un cageot de crevettes royales

Nimbus, le dernier, un squelettique rescapé des dents de la famine, avait servi de passe-partout aux cambrioleurs de maisons cossues. Ses acolytes lui faisaient la courte échelle pour atteindre les lucarnes et leur ouvrir les portes de l'intérieur. Ils appliquaient la méthode du chat qui consistait à trimballer des chats errants et les lancer sur les tapis étendus sur les balcons du premier ou du second étage. Dans sa volonté de survivre, le félin s'accrochait au tapis et l'entrainait dans sa chute. Opération nette, propre et sans bavure.

Figés dans un garde-à-vous de statue, ils écoutaient le lieutenant leur expliquer ce qu'il attendait d'eux. Conditionnés au départ, ils étaient prêts à lui obéir aveuglément.

— Vous vous déplacerez séparément en aménageant une distance convenable entre vous. Etablissez un périmètre de sécurité là où je me rendrai en protégeant mes flancs et mes arrières, je m'occuperai du danger qui viendra de face. Ne vous laissez pas distraire par un passant, un geste de charité ou par un chien écrasé. Vous avez chacun un véhicule, ne vous entassez pas dans un seul, vous serez une cible idéale. Me suis-je fait comprendre ?

— Oui mon lieutenant ! Affirmèrent-ils en chœur.

— Bien, prenez ceci et partagez-le ! — il leur remit de l'argent — Débrouillez-vous des gabardines de couleurs différentes. Je sais qu'il fait une chaleur insupportable mais elles sont indispensables à votre sécurité et à la mienne. Je termine un petit boulot et on se retrouve à l'entrée du port, en tenue civile et correcte comme pour les cabarets, vu ? »

En dépit des impondérables qui lui pourrissaient l'existence et des obstacles qu'il devait surmonter, Zoubir gratifiait toujours de sa reconnaissance ceux qui l'aidaient dans les moments difficiles. Rafik avait persuadé sa sœur d'empoisonner Amine et faisait d'une pierre deux coups. Il récupérait ainsi la part du jeune policier mort et se libérait d'un témoin, et plus tard de sa propre sœur. Fifi restait le seul lien vivant qui pouvait le mener à la peine capitale. Elle courait un grand danger. Il la contacta au téléphone. Près quatre sonneries, une voix paniquée au débit haché lui répondit.

« Ouvre tes oreilles et écoute-moi bien ! Où es-tu en ce moment ? Heu....non ! Ne me le dis pas. Tu es toujours au même endroit ?

— Je ne sors plus depuis une semaine. De nouvelles têtes sillonnent le voisinage et sont à ma recherche.

— Tu as reconnu mon numéro, ne réponds à personne d'autre. J'arrive chez toi dans quatre heures. »

Il acheta un hidjab noir, couleur portée par 80% de femmes, un foulard assorti et les mit à l'arrière de la voiture près d'un gilet pare-balle. Il ne reconnut presque pas les trois larrons de son équipe. Deux nageaient dans des gabardines marron, le troisième dans une noire. Zoubir ébaucha un sourire vite freiné lorsqu'il vit que la gabardine de Tonto s'arrêtait sur les genoux et dévoilait ses godasses militaires. Façonné à mi-chemin entre un tracteur et un cheval de trait, le colosse n'avait pu en trouver à sa taille.

« Passons pour la gabardine, rigola le lieutenant. Pour les chaussures, introuvables aussi ?

— Ma pointure est rare dans le pays, mon lieutenant, on en importe d'Espagne. J'ai une vieille paire de tongs que je mettrai. »

Les quatre voitures s'alignèrent l'une derrière l'autre. Zoubir ouvrit la sienne et remit à chacun une kalachnikov. Le trio offrait l'aspect d'un groupe de maquignons en vadrouille dans un souk à bestiaux et parlait avec l'accent des hauts plateaux. De redoutables comédiens qui n'étaient pas nés de la dernière averse, vifs et rapides, tout le contraire des escargots. Leurs antécédents leur avaient enseigné une discipline rigoureuse. La providence sélective les avait achevés dans leur jeunesse agitée qu'ils n'étaient pas prêts à réintégrer sans se battre.
« J'espère que vous n'avez pas oublié vos armes blanches, leur utilité est indéniable là où nous allons, meilleures en tout cas que les fusils d'assaut. »

La procession s'ébranla en direction du vaste bidonville d'El Harrach, la précarité dans une ville à visage moderniste. Aux abords des rails, le lieutenant héla un désœuvré adossé à un pan de mur branlant qui longeait la voie ferrée. La muraille bétonnée n'avait pas été édifiée pour séparer la route et les rails afin de prévenir les accidents, mais pour soustraire le bidonville à la vue des gens de passage. Un pays qui a honte de ses pauvres. C'était comme si pour résoudre un problème ardu, on supprimait l'énoncé. L'intention était plus sordide que la misère que l'on voulait dérober au grand jour.

L'oisif eut trois billets pour garder les voitures, avec la promesse de trois autres au retour. Un sifflet lui fut offert en guise d'alarme. Il prit place aussitôt sur l'un des capots, remerciant le ciel de ce cadeau inattendu, pensant avoir affaire à des maquignons nouveaux riches revenus narguer leurs proches restés sur le carreau. La carrure de Tonto conforta son raisonnement.

Les trois mousquetaires républicains s'engagèrent sur la traverse principale du camp fait de tôles et de matériaux hétéroclites, en contournant les flaques d'eau nauséabonde. Ils flânèrent, suivis du lieutenant qui les dépassa sans un regard, les mains dans les poches tel un touriste à qui il ne manquait que l'appareil photo autour du cou. Il frappa du poing une plaque de fer rouillée et trouée qui faisait office de porte. Un garçon, le jeune frère de fifi, ne dépassant pas la douzaine d'années lui ouvrit en dénouant le nœud du fil galvanisé. Zoubir s'annonça. Fifi, exsangue et très amaigrie sortit de la latrine dans laquelle elle se cachait et s'avança vers lui en chancelant. La peur lui sciait les jambes, elle n'avait pas dormi trois heures de suite depuis longtemps. Anémique et sans force, elle se laissa choir sur un tabouret.

« Vite, lui intima le lieutenant, mets ce gilet sous le hidjab et colle-toi à mon dos. Ne panique pas et tout ira bien. »

Ils firent une cinquantaine de pas avant de croiser Nimbus, slogan vivant de la faim dans le monde, qui regardait fixement un point derrière Zoubir. Ce dernier comprit instantanément que quelqu'un les suivait, Fifi et lui. Il continua à marcher d'un pas assuré, ses pores déversant une sueur glacée qui inondait son corps. Il devait apprivoiser sa peur et ne pas se retourner. Son escorte se composait de professionnels, d'anciens bandits retors. Il comptait sur eux pour le sortir du nid de serpents. Il entendit un bruit ressemblant à un hoquet interrompu, comme une sorte de glouglou.

Zoubir se retourna imperceptiblement et vit un individu à terre, la tête ne tenant que par un lambeau de peau, une entaille joignait ses deux oreilles. Le mastodonte lui arracha des mains un poignard avec lequel il avait l'intention de piquer la fille, et l'essuya sur le col de l'allongé qui baignait dans son sang. Le lieutenant agrippa Fifi par le bras et força l'allure. Il fut stoppé par un cri de sommation.

« Remettez-nous la fille ou je tue le gosse ! »

Il fit face à la menace et planta son regard sur l'assaillant qui retenait l'enfant terrifié, un couteau sur la gorge. Son cerveau calcula les risques à une vitesse infernale. Il ne quittait pas des yeux le trio. Gountcho s'abrita derrière un poteau à l'angle d'une ruelle tandis que les deux autres demeuraient cachés dans la pénombre, kalachnikovs à bout de bras. Les lueurs à l'intérieur des cahutes s'éteignirent brusquement, pas une toux, pas d'éternuement ni de cris d'animaux. Le temps s'était arrêté. La terre ne tournait plus sous le poids de l'atmosphère lugubre créée par l'angoisse. Le lieutenant fit diversion en tentant de s'approcher du preneur d'otage.

« Pas un pas de plus ! Envoyez la fille, je lâche le gosse. Fissa !

— Que voulez-vous à la fille, qui êtes-vous ? »

Un seul coup de feu claqua, l'homme tomba à la renverse un petit trou au front. L'enfant cria en se tenant la gorge. Quelqu'un hurla entre les taudis.

« Repliez-vous, il n'est pas seul. On se retrouve comme convenu ! »

Le lieutenant reconnut la voix de l'homme qu'il avait encastré sur la porte de la pharmacie. Tonto courut et souleva l'enfant comme un fétu de paille, et ils se ruèrent vers les voitures que le désœuvré avait abandonnées en entendant le tir. Fifi allongea le gosse à l'arrière du véhicule de Zoubir, qui démarra après Gountcho, suivis par les deux autres. Feux de détresse allumés, il prit la tête du convoi pour leur montrer le chemin. Ils mirent pied dans la clinique où le professeur ausculta l'enfant et rassura Fifi.

« Plus de peur que de mal, une légère entaille qui se refermera vite. »

Zoubir recommanda à ses éléments de rester réunis chez l'un d'entre eux puis posa à Gountcho la question qui lui tenait à cœur.

« L'idée ne t'a pas effleuré que tu pouvais le rater ? Il n'y avait pas d'autre solution ? Tu n'as pas songé à l'enfant ?

— Aghhhhh ! Trop de questions à la fois, mon lieutenant ! Je ne suis pas un intellectuel moi ! Vous l'avez déconcentré avec votre parlotte, j'en ai profité pour tenter ma chance une seule fois. Et puis, notre objectif était la fille et non l'enfant, j'obéis aux ordres, moi, hein ? » Son incisive de mammifère bête et discipliné clignota sous la lumière vive du néon, il n'avait plus rien à dire. Il en avait trop dit.

Zoubir gagna leur sympathie lorsqu'il les assura d'une promotion méritée en cas de succès de la mission, une ascension qui ne couronnerait pas une quantité de courbettes, mais plutôt une récompense due à leur combativité que personne n'était capable de mesurer. Le discours leur plut. Ils avaient soif de confiance et vénéraient celui qui faisait table rase de leur passé turbulent, un passé qui bloquait leur ambition dans une société obsolète qui ne pardonnait pas les erreurs des autres.

A défaut de collègues obnubilés par la compétition malsaine, le lieutenant s'était fait des amis dont il pouvait être fier, balayant les idées farfelues véhiculant des difficultés de caste et de condition.

Othmane offrit le gite et le couvert pour un temps à Fifi et son frère, et doubla les rondes de nuit du personnel de sécurité, mais il s'inquiétait également pour son village où ses biens étaient vulnérables. Le lieutenant devina sa préoccupation et le devança dans la prise de décision. Le personnel de sécurité de la Roseraie d'Ali et de l'usine de lait avait pris des dispositions draconiennes pour assurer la défense des deux structures pouvant être les cibles de Rafik qui n'avait plus rien à perdre en adoptant la politique de la terre brulée pour venger ses déconvenues.

Les éléments de défense avaient établi la protection des lieux en deux zones. La première constituait un cercle autour de la pouponnière, d'un diamètre conséquent, avec des hommes postés le long du mur d'enceinte. Pour la laiterie, les guérites érigées aux quatre coins étaient dissuasives. Fatma, en gérante avisée, écoutait la radio et avait cru en une recrudescence du banditisme qui charriait les bombes déposées en plein jour et les attaques de trains. Elle avait renforcé les lignes de défense en n'oubliant pas d'affecter en permanence deux vigiles devant la maison du professeur.

Arrivés à l'improviste, Othmane et Zoubir furent surpris de la perspicacité et du dynamisme de la vieille dame qui avait élaboré un véritable plan de campagne où elle prévoyait même d'attaquer. Elle avait choisi des hommes jeunes pour les points sensibles, escomptant leur fougue. La jeunesse, clamait-elle, ne calcule pas. Elle a certes besoin d'être convaincue, mais elle ne triche pas. Par ailleurs, Othmane n'avait pas de soucis, la population lui était redevable. Il le savait et il abhorrait l'obséquiosité et les signes de gratitude ostentatoires. Il désirait simplement être adopté et intégré dans le milieu rural où il avait vécu une enfance dans la marginalisation. L'amélioration des conditions de vie des villageois était son credo et il voulait y contribuer.

Il se souvenait de son retour au pays, lorsque des vautours déguisés en colombes l'avaient approché pour lui proposer une carrière politique. A commencer par les élections législatives, un tremplin pour espérer gravir l'échelle et monter plus haut. Portant toujours en bandoulière son passé d'errance, c'est tout naturellement qu'il avait refusé l'offre. Être appâté par la fonction de maire, passe encore, c'était un poste qui le liait d'avantage à ses administrés, mais se projeter dans un costume trois pièces de député, jamais ! Un strapontin politique à faire oublier son douar. Il avait eu sa chance en faisant des études poussées qui lui servaient à vivre à l'aise, et la chance souriait rarement deux fois au même individu. Othmane n'avait pas besoin de politique, c'était elle qui avait besoin de lui. Il soutenait mentalement que si quelqu'un paie de sa poche pour se faire élire, c'est forcément pour échapper à la prison en bénéficiant de l'immunité durant son mandat. Et Othmane n'avait rien à se reprocher. Parti sans le sou et revenu riche à la force de ses bras, il projetait d'aider personnellement les nécessiteux qui n'avaient pas eu autant de chance que lui, au lieu d'acheter des voix qu'il n'entendrait jamais

N'ayant pas beaucoup de temps devant eux après avoir vérifié le système de défense des lieux, Othmane et Zoubir firent un crochet à la maison pour s'enquérir de la qualité de séjour de Linda et ses parents. Le père était satisfait de l'ambiance rurale, et passait son temps à se promener dans les champs en s'entretenant avec les paysans dont il appréciait la simplicité. Ils racontaient tellement d'histoires qu'il lui était malaisé de les interrompre pour aller manger ou faire la sieste. Il avait l'impression de les distraire de leur travail. Il les aidait de temps en temps à bêcher ou piocher et se tenait ensuite les reins, essoufflé par l'effort, amusant les cultivateurs qui lui enseignaient les techniques. Il tapait si fort en piochant que les vibrations remontaient à son épaule et lui faisaient mal. Alors qu'il suffisait de tenir le manche par le bout et le laisser retomber.

La mère était heureuse et émue tous les soirs en rentrant de la Roseraie d'Ali, accompagnée de sa fille.

Elle avait enfin retrouvé sa tendresse maternelle et la reportait sur les enfants, donnant un coup de main aux nourrices qui partageaient le même souci. Elle affirmait à qui voulait l'écouter que le plus remarquable dans une maison de campagne, c'étaient les longues veillées familiales, sans télé, sans radio, où on discutait de tout et de rien, La fille et ses parents se sentaient vraiment proches et se disaient ce qu'ils n'avaient pu se dire en ville où le confort écrasait l'affection. Les villageois étaient aux petits soins pour eux et cette existence paisible poussa la mère à vouloir s'installer dans la bourgade, proposition approuvée par le père qui émit l'idée de vendre la maison de la capitale pour en construire une en rase campagne. Le soir, la mère tricotait des chaussons pour les bébés et transmettait son savoir-faire à Linda qui acquit rapidement la dextérité requise.

« Content que ça vous plaise, formula Othmane. Lorsque vous déciderez de changer d'adresse, je mettrai à votre disposition un lopin de terre sur lequel vous construirez la maison au style que vous choisirez.

— Merci, acclama le père, saisissant la perche au vol. Il faut d'abord vendre celle d'Alger et louer un petit studio, le temps de bâtir ce que l'on veut.

— Pourquoi louer, celle-ci ne vous plait pas ? Je n'y habite que rarement et cela gênera plutôt Linda qui n'aura pas de pied à terre quand elle reprendra sa pharmacie.

— Attendez, coupa la jeune femme. Je bazarderai la boutique pour suivre mes parents que je ne quitterai jamais !

— Même si tu ...

— Oui, compléta-t-elle, c'est à lui de...

— Ce sera un oiseau difficile à dénicher, je crois, rit le docteur. »

Le lieutenant ne disait mot, il mangeait la jeune femme de ses yeux fiévreux, buvait ses paroles et ses oreilles n'écoutaient que le son de sa voix, des perles qui s'égrenaient dans une soucoupe de cristal. Le professeur le déboulonna de son piédestal et le convia à partir. Linda les escorta hors de la maison, puis posa la main sur celle de Zoubir au moment où il ouvrit la portière.

« Je t'attendrai, Zoubir ! Reviens-moi sain et sauf, tu me l'as promis !

La voiture avait à peine parcouru une centaine de mètres qu'une détonation déchira la nuit. Les deux amis rebroussèrent chemin et croisèrent trois véhicules tout terrain de la gendarmerie roulant à vive allure en direction de la laiterie. Un coup de feu unique n'était pas normal pour une partie de chasse aux sangliers qui écumaient la région et saccageaient les champs de pommes-de-terre. Les agriculteurs s'étaient plaints du préjudice et revendiquaient une battue. Les gendarmes furent les premiers arrivés, suivis de près par le psychiatre et le lieutenant. Menés par le chef de brigade en personne, les uniformes verts avaient déboulé rapidement pour protéger un bien qui faisait vivre des dizaines de familles.

Le vigile qui avait tiré se tenait debout devant un corps qui se tordait de douleur, un jeune étranger à la région. « Il se faufilait entre les arbres, mon adjudant. Je ne lui ai pas laissé le temps d'armer son fusil à pompe ! » Les hommes des guérites n'avaient pas bougé de leurs postes et aucune activité fébrile n'était visible ni à l'intérieur ni à l'extérieur de l'usine. Comme s'il en s'était rien passé.

Le chef demanda l'autorisation au psychiatre d'utiliser l'ambulance de la laiterie pour conduire le blessé au centre de soins où le médecin de garde les orienta vers l'hôpital distant de vingt kilomètres.

Zoubir insista pour interroger l'amoché sur place avant son évacuation.

« Ne me cassez pas les pieds, lieutenant, je n'ai pas d'ordre à recevoir de vous. Vous dépendez de l'Intérieur et moi de l'armée. Gardez vos distances et foutez-moi le camp d'ici !

— Cette patte de poulet sur tes épaulettes ne te permet pas de me tenir ce langage, adjudant de mes fesses ! S'énerva Zoubir que son ami piquait dans le dos pour le calmer.

— Vous êtes des drôles de cocos, dans la police. On ne rigole pas chez nous, encore un mot et je t'embarque !

— Du calme, voyons ! Intervint Othmane, vous faites rire le blessé et il ne supporte pas d'être chatouillé, ça lui fait mal aux côtes. Laissez-moi vous dire, mon adjudant, que le lieutenant a le droit de poursuivre les criminels dans les contrées du pays, quels que soient leurs statuts. C'est Interpol à lui seul. Vous connaissez Interpol, mon adjudant ?

— J'ai déjà entendu parler de lui, il est d'où au juste ?

— Ce n'est pas une personne physique mais un ensemble de personnes qualifiées qui traquent les bandits, vous voyez ?

— Je vois docteur ! Pour vous faire plaisir, j'accepte qu'il l'interroge ici même.

— Puisque vous acceptez, laissez-moi seul avec l'estropié. Sortez !

— Faites vite messieurs, réclama le médecin de garde, il perd trop de sang.

— Je ne bouge pas d'un pouce, persista le brigadier.

— Très bien, soupira Othmane, nous repartons à l'instant. Quant à vous, adjudant, préparez d'ores et déjà vos valises. Vous serez viré cette nuit et vous passerez ailleurs quelques jours à l'ombre pour entrave à la justice ! »

Le brigadier les rappela avant qu'ils ne franchissent le seuil, tout sourire et les yeux fuyants.

« Je vous ai bien eus, hein ? Nous avons toujours travaillé en collaboration. Le bleu est la couleur de l'espoir, le vert est celle de la béatitude, n'est-ce pas ? Il n'y a pas de raison de rompre le charme de l'entraide entre corps constitués, hein ? Faites donc, mais faites donc monsieur le lieutenant. Dans votre rapport, n'omettez pas de mentionner que j'ai été très coopératif avec vous. »

L'adjudant savait que le psychiatre était très puissant, mais il n'avait jamais songé qu'il exerçât un jour cette puissance contre lui. Il aurait peut-être besoin de ses services un jour, car ses relais s'étiraient à perte de vue.

« Nous sommes enfin seul, avertit le lieutenant. Soit tu parles et tu seras soigné, soit tu joues au héros et je te laisse saigner jusqu'à ce que ton corps s'assèche de son sang.

— Nous étions persuadés de la réussite de notre intrusion, Les deux autres se sont taillés sans me secourir, pourquoi jouer les héros trahis ?

— Quelle était votre intention, voler l'usine ou la saboter ?

— La bruler et nous refugier à Béchar pour percevoir la deuxième tranche de la récompense promise. Sa destruction serait un avertissement au propriétaire, un ami de celui qui traque notre employeur.

— Où peut-on trouver ton patron à l'heure actuelle ?

— Les contacts sont cloisonnés, il a plusieurs intermédiaires. Je pense que selon le point de regroupement qui nous a été désigné, le véritable chef devrait être à Béchar. »

Zoubir ouvrit la porte et laissa entrer ceux qu'il avait chassés, le visage du médecin prenait la même blancheur que les murs de la salle de soins. « Vite, évacuez-le ! S'il s'en sort après ses blessures, avec ou sans les poursuites judiciaires, il n'est pas prêt de recommencer. C'est un pauvre diable obnubilé par l'argent comme un os en obole pour mordre autrui. Il mérite une seconde chance pour choisir un autre chemin. »

— Travail rapide et bien fait, fayota le brigadier, je n'aurai pas fait mieux.

— Merci adjudant et sans rancune, » riposta Zoubir sarcastique.

Le lieutenant fit son rapport à son chef après quelques heures de sommeil, et lui détailla son plan. Bachir suggéra de solliciter l'aide des collègues de Béchar pour limiter les pertes de vies, que Zoubir refusa parce qu'il voulait créer la surprise et avoir toutes les chances de son coté. Méfiant, il subodorait une complicité ou une relation d'affaires entre Rafik et ses collègues de la ville.

Par courtoisie, il salua Messaoud dont la maison criait son austérité. Un tapis élimé couvrait le sol et des lampes nues pendaient du plafond. Lorsqu'il toqua à la porte, l'épouse de Messaoud lui demanda son nom et vérifia par l'œil de bœuf avant de lui ouvrir. le visage fermé et l'air maussade, elle pressait contre elle sa fillette accrochée à sa jupe.

« Depuis qu'il vous côtoie, dit-elle, mon mari n'en finit pas de recevoir des tuiles sur la tête. Vous êtes une poisse contagieuse. Messaoud ne m'a pas écouté et voilà le résultat, lui qui rêvait de monter en grade.

— Je ne suis nullement responsable de ce qui lui est arrivé, ce qui est écrit doit arriver. Sa jambe brisée n'est pas un obstacle pour un meilleur poste de travail qui lui permettra de voir sa fille grandir. A chaque chose malheur est bon ! »

Les phrases acerbes dégoulinant d'amertume s'échangeaient à l'entame du couloir, elle prit conscience de son manque de civilité et le guida dans une pièce où était étendu son mari, les yeux suspendus au plafond dont le plâtre écaillé s'effritait en petites feuilles volantes. Un panier de médicaments décorait la table basse dont un pied était calé par deux morceaux de faïence qui luisaient sous le rai de lumière filtrant entre les rideaux d'une sobriété affligeante.

Zoubir fut assailli par le remords et se sentit coupable. Coupable de lui avoir prêté une convoitise d'ascension démesurée alors qu'il n'aspirait qu'à améliorer le quotidien de sa famille. Coupable d'avoir douté de sa loyauté et de l'avoir trainé dans une aventure à l'issue improbable. Coupable d'avoir décrété illégitime l'ambition d'un déshérité qui s'accroche à un minable salaire sans joindre les deux bouts. Il eut honte de son jugement passé et observa silencieusement son compagnon alité. Une compassion aurait été de trop, hypocrite et inutile. Messaoud ne s'était jamais plaint de sa pauvreté.

« Voilà, chuchota Messaoud, je n'ai plus rien à cacher, tu sais tout ! J'ai voulu sauter plus haut que je ne le pouvais. L'âme est solide contrairement au corps qui la contrarie. Je me relèverai bientôt et choisirai un autre chemin.

— Souhaite-moi bonne chance, mon ami. Le mérite te revient à toi seul si je sors vivant de la dernière ligne droite, je ne manquerai pas de le souligner à qui de droit ! »

Zoubir rassembla les trois membres de son équipe et leur recommanda de changer les plaques d'immatriculation et d'adopter le numéro du département de Béchar.

« Nous avons fait le plein de provisions, vérifiez vos armes et emportez des couvertures. Si quelqu'un s'arrête pour une raison quelconque, il doit avertir les autres. On fera des haltes pour le plein de carburant, pour manger ou dormir, dans des endroits que je choisirai. Nimbus roulera en tête, je précéderai Tonto et Gountcho fermera le convoi. Pas de radio et laissons une distance de 300 mètres entre nous, les pistolets mitrailleurs sous le siège avant. Nous serons dans la ville demain au crépuscule, si mes calculs sont bons et sauf imprévu. »

Le convoi s'ébranla sur l'autoroute et fit une première étape en stoppant à l'orée d'un bois, avant d'entrer dans Mascara. Les quatre voitures reflétaient l'image d'un cortège nuptial surpris par la nuit, ou des pèlerins de retour qui se reposaient. L'équipe s'assit en cercle pour grignoter des repas froids, frémissant sous le murmure naissant d'une brise fraiche qui les obligea à enfiler leurs gabardines.

« Nous dormirons chacun dans sa voiture, conseilla le lieutenant, avec une garde de deux heures à tour de rôle. Vous me réveillerez au moindre mouvement suspect. Pas de tabac ou d'initiative intempestive, mettez vos portables en mode vibreur pour vous contacter. Je commence le premier tour de garde. »

La forêt était tapie dans un silence impressionnant, percé de temps à autre avec les cris d'animaux. Les lumières de la ville scintillaient au loin et la seule voix humaine qui leur parvenait était l'appel du muezzin à la prière du crépuscule. Une voix mélodieuse pleine de ferveur qui rappelait au lieutenant son père faisant hâtivement ses ablutions et courir à la mosquée, un rituel qu'il n'aurait manqué pour rien au monde. Sa mère priait à la maison, et tous deux avaient tari leur salive pour le convaincre de suivre la même voie. En vain. A chaque fois, la grâce divine le loupait de peu.

Il distingua les phares d'un véhicule qui empruntait une piste et semblait venir à leur rencontre. A une centaine de mères, il éteignit ses lumières. Zoubir se faufila dans l'obscurité et tambourina sur la malle de l'engin. Un homme baissa la vitre teintée et s'enquit de l'origine du bruit.

« Que faites-vous dans ce coin désert à une heure tardive ? Interrogea paisiblement le lieutenant.

— Nous humons l'air frais, ma fiancée et moi. On va repartir si nous vous dérangeons.

— Pas du tout, vous pouvez rester autant que vous voudrez ! »

Ses trois équipiers suivaient la scène de loin. Ils ne dormaient que d'un œil, le pas d'une fourmi les faisait sursauter. « Qui est-ce, demandèrent-ils ? »

— Un couple d'amoureux qui fuit les potins mondains et la bêtise citadine à l'affut d'un scandale. La morale a la peau dure dans un monde livré au libertinage. Ce sont des tourtereaux qui se croient en sécurité parmi nous parce qu'ils nous prennent pour des familles en transit. — Gountcho pouffa, une étincelle jaillit de sa dent dorée comme un trait de lumière sur une glace — « Mets ta main devant ton râtelier quand tu veux rire ou parler dans la nuit, exactement comme le cache-flamme d'une arme lourde pour dissimuler sa position. »

Gountcho attirait les complications comme le miel pour les mouches, car durant son tour de garde, l'incroyable survint. L'incisive luisante commit l'erreur de se dégourdir les jambes en s'éloignant de ses camarades dormeurs quand il fut encerclé par une horde de vauriens armés de couteaux et de chaines à vélos. Au vu de sa gabardine, ils avaient cru en une aubaine et pensaient le délester du produit de la vente de son bétail. Des maquignons isolés étaient un moyen sûr de s'enrichir vite et sans efforts.

Le rire de Gountcho les troubla à tel point qu'ils reculèrent de quelques pas, surveillant du coin de l'œil les trois autres maquignons réveillés par le bruit. La horde prit de l'assurance et fit plus entreprenante face à l'absence de réaction des gabardines faussement résignées. C'étaient de jeunes canailles sous l'emprise des psychotropes avalés mélangés à l'alcool. Un mélange explosif qui donnait des hallucinations et du courage à celui qui en manquait. Le plus résistant à la substance prenait une locomotive pour une tortue à laquelle il croyait briser aisément la carapace.

« Messieurs, zézaya le plus jeune qui ne dépassait pas les seize ans, nous ne vous ferons aucun mal si vous nous remettez gentiment ce que vous possédez !

— Désolé braillla Tonto dont les ongles des orteils dépassaient des tongs comme des chasse-neige. Il exhiba la kalachnikov au canon luisant. Je compte jusqu'à cinq et si tu es encore là, je te crêperai les testicules si toutefois tu en as, avant de les découper en rondelles pour les assaisonner de vinaigre de cidre. Top, je commence ! Un...deux... » A quatre, il cessa son compte à rebours. Il n'y avait plus personne. La cohorte s'était évaporée dans les vapeurs des ténèbres.

Le répit fut de courte durée. Des gyrophares flamboyants et des sirènes hurlantes les entourèrent. Le couple décampa sur les chapeaux des roues mais fut rattrapé et ramené dans la mêlée. Une scène surréaliste qui renvoyait l'image fébrile d'un plateau de tournage, avec ses arbres tantôt rouges tantôt bleus, selon la rotation des gyrophares. La jeune fille avait une crise de nerfs, son amoureux une crise de foie et vomissait de peur. Les quatre chasseurs étaient inquiets de la tournure prise par leur incursion dans un territoire inconnus d'eux.

« Déposez vos armes bien en vue sur le sol, et mains sur la tête ! Vociféra le chef du détachement qui les assiégeait, d'une voix qui portait loin, habituée au miel au citron pris chaque soir.

— Comment sont-ils au courant de notre présence ici, lieutenant ? Questionna naïvement Nimbus. Malgré leurs phares et si vous le voulez, j'épouserais la terre en rampant pour les prendre à revers !

— Tu sais pertinemment que toute police qui se respecte travaille avec des voyous, tonna Zoubir. Elle ne peut pas tout savoir avec ses moyens sophistiqués et aura toujours besoin de l'homme. Les jeunes qui ont essayé de nous dépouiller les ont avertis.

— Que fait-on, chef ? Insista Tonto. On tire dans le tas ou on parlemente ?

— Je suis le lieutenant Zoubir de la criminelle, cria-t-il. Je dépose mon arme sur le capot et je viens montrer mes papiers ! Il avança vers la lumière et arbora sa carte au jeune gradé qui la lut en chaussant ses lunettes.

— Que manigancez-vous à l'écart de la ville ? Nous avions cru à un gang qui préparait un mauvais coup !

— Nous sommes en mission, moins vous en saurez et mieux cela vaudra pour vous. Regagnez vos bases et ne faites pas trop confiance aux détrousseurs qui vous renseignent. Celui qui vit de rapine vous vend au plus offrant. »

Le gradé perdit son aplomb devant tant d'assurance. Il fit un signe aux agents, des portières claquèrent, les voitures prêtes pour le retour. Zoubir eut un geste de commisération pour le couple et intercéda en sa faveur.

« Pourquoi les embarquez-vous, ils n'ont rien fait de mal !

— Ils ont attenté à la pudeur dans un lieu public, un acte réprimé par la loi.

— Vous y allez un peu fort. La pudeur est invisible la nuit, et une forêt n'est pas un lieu public. C'est un drap qui couvre ceux qui n'ont rien à se mettre sur le dos. Il se remémora *les raisons de la folie*. Smain visait juste en disant que la fermeture des bordels augmentait la criminalité. Vous fermez les bordels et négligez les écoles pour construire des prisons, dit-il au gradé ahuri. Où voudriez-vous que les gens s'aiment si vous les pourchassez derrière les buissons ? Vous êtes marié ?

— Heu...non, je me caserai l'année prochaine. Je suis seulement fiancé !

— L'année prochaine, c'est encore loin ! Comment faites-vous en attendant ? Vous avez un logement ?

— Oui, je suis en train de le meubler. Ma femme....je veux dire ma fiancée et moi sommes discrets, on se couvre de décence...

— Voilà, vous l'avez dit ! Ce n'est pas tout le monde qui possède un logement. Les couples que vous capturez comme des singes magots n'ont que le ciel, les buissons ou la nuit pour décence. Mais ils ont le droit de s'aimer comme vous, pas vrai ?

— Vous avez raison, lieutenant, que puis-je faire quand de vieux cons légifèrent ? J'ai vraiment honte de mon milieu. Restez si vous le désirez, dit-il au couple. En route, vous autres ! »

Les véhicules de police disparurent, sans lumière et sans sirène, le silence retomba sur la forêt. L'homme et la fille se dissipèrent dans la pénombre. « Mon lieutenant, proféra le colosse, Vous me désorientez avec vos idées impromptues mais là, je vous aime bien ! La moitié de la nuit s'écoula en palabres. Un homme qui ne dort pas manque de vigilance, la raison pour laquelle Zoubir différa le départ pour Béchar afin de leur permettre de dormir suffisamment. Ils déplacèrent les voitures sous les arbres pour les ombrager et les mettre hors de vue de la route.

Le trajet de Mascara vers Béchar fut des plus tranquilles. Ils firent deux arrêts pour se restaurer. A la deuxième halte, Zoubir leur distribua des fusils-harpons. La nature des armes destinées principalement à la pèche sous-marine étonna ses compagnons à qui il expliqua l'usage et la finalité. Le harpon évitait une approche à risque de l'ennemi.

Silencieux, son efficacité a été prouvée contre les gros poissons, même en eaux troubles.

Ils se mirent en chasse à la faveur de la nuit et se partagèrent les quartiers pour la reconnaissance. La fraicheur de la pénombre invitait les habitants à sortir de chez eux, les magasins restaient ouverts très tard et les cafés étaient bondés. Beaucoup de gens se rassemblaient sous les rares arbustes qui bordaient les avenues, s'éventant avec des carrés de carton. Le thé coulait à flots, car le soleil du sud apaise les turpitudes et invite au calme à l'ombre des murs durant la journée où il est le maitre incontesté.

Les quatre policiers, le fusil harpon et la kalachnikov sous la gabardine, scrutaient les visages sans se mêler aux habitants, par crainte de se dévoiler par leur accent. Une concentration de véhicules immatriculés à Alger attira l'attention de Nimbus qui s'empressa d'informer ses camarades de sa trouvaille. Une maison de maitre l'intriguait. Implantée à l'extrémité d'un quartier trop calme pour être ordinaire, rien ne bougeait. Il ne détecta aucune présence humaine sauf la fois où un homme promenait un chien noir de la hauteur d'un poney tenu en laisse. Les fenêtres de la bâtisse étaient illuminées, et il pouvait voir des silhouettes aller et venir derrière les rideaux. Un espace vert la séparait de la rue, et le tout était clôturé par une murette surmontée de motifs en fer forgé. Des acacias longeaient la clôture à intervalles réguliers. Se décalant hors de la limite du quartier, le lieutenant questionna un riverain qui sortait sa poubelle avant le passage des éboueurs, à l'aube.

« Que la paix soit sur toi ! Le maire à une charmante maison à ce que je vois.

— Notre maire est un honnête homme qui habite un appartement dans une cité populaire. C'est son troisième mandat.

— Mais alors, à qui appartient-elle ?

— Le propriétaire est un officier de police. C'était une ruine qu'il a retapée à neuf. Il ne réside pas à plein temps ici, mais quand il est là, il ramène plein d'amis avec lui. Un natif du bled qui ne parle à aucun de nous. Il ne sourit qu'au chef de daïra ou au chef de la sureté.

— Eh oui monsieur, il y a des gens comme ça, qui ne prennent pas soin de leurs chevilles. Comme les parlementaires, tu vois ! Une fois élus, ils effacent de leur mémoire les chemins des douars qui les ont portés au sommet.

— Vous avez le même problème chez vous ? S'alarma l'homme qui reconnut l'accent algérois.

— Que oui, sourit le lieutenant. Ces gens-là prolifèrent comme le chiendent. Tu ne vas pas me croire si je te dis que deux ministres sont issus de mon village. Un chargé de l'habitat et l'autre du tourisme, qui ont renié leur origine et changé leur accent paysan. Ils ont honte de la terre qui les a vus naitre et ont également falsifié leur lieu de naissance sur les documents officiels. Nommés par erreur ou selon le nombre de courbettes, ils composent leur curriculum-vitae que tu peux lire dans les journaux. Untel docteur en quelque chose, untel expert en autre chose, tous des *doctours* et des *khabirs* alors que nous, les gens du village et du voyage, savons qu'ils n'ont jamais mis les pieds dans une école. Pour un ministre de l'habitat issu d'une localité qui croule sous les taudis, il faut un sacré culot pour accepter ce poste, tu vois ? Un responsable du tourisme passe encore, et il ne manquerait plus que ça ! Du tourisme pour un bourg qui se meurt, c'est anachronique sauf pour ceux qui viennent les pieds devant pour y être enterrés, tu vois ?

— Entrez donc prendre un thé, je vous en prie !

— Merci mon brave, nous nous comprenons sans thé. »

Flairant la présence effective de Rafik à l'intérieur de la maison, l'équipe concocta un plan d'attaque où il n'était pas question d'employer des armes à feu. Avant l'aube, alors que les quatre chasseurs songeaient a passer encore une autre journée à l'affut, une animation particulière les réveilla de la torpeur dans laquelle ils glissaient au fil des minutes. La porte d'entrée émit un léger raclement sur son support, ouvrant la voie à deux hommes escortant deux femmes dont l'une se mit au volant d'une petite voiture garée devant la maison. Les femmes parties, Nimbus et Tonto surprirent les deux factionnaires en les harponnant à bout portant, puis les trainèrent sans vie à l'intérieur du jardin. Ce fut rapide et sans bruit, on n'entendit que de deux « stinnng » métalliques que firent les tiges propulsées

Confiants dans leur système sécuritaire qu'ils croyaient infaillible, les autres gardes avaient laissé la porte de ma maison entrouverte, par laquelle Zoubir et Gountcho pénétrèrent subrepticement. Un homme sortit surgit d'une pièce où il regardait la télévision. Ses yeux s'exorbitèrent en les voyant. Zoubir le reconnut, il était l'un des deux gaillards qui avaient refusé de se battre devant la pharmacie. Gountcho lui planta la tige entre les deux yeux et abrégea sa surprise. Dans son métier, on tire d'abord et on parle ensuite. Pendant que son coéquipier s'échinait à retirer la tige d'acier profondément enfoncée dans l'os du crâne du gardien, Zoubir grimpa l'escalier du premier étage comme un dératé et se dirigea vers une chambre d'où provenaient des cris étouffés, Glock au poing.

Rafik le vit et voulut s'emparer d'un pistolet posé sur la table de chevet. Le lieutenant plongea en vol plané sur le lit et le maitrisa. Une fille maigrichonne dénudée aux seins naissants piailla, rapidement bâillonnée par la main de Gountcho venu à la rescousse.

« Quel âge as-tu ? Rugit-il.

— Dix-neuf ans le mois prochain....

— Tu mens ! Si tu ne me dis pas ton âge réel, je te tue tour de suite. Il repéra son sac à main qu'il ouvrit pour en retirer une carte d'interne délivrée par le lycée de la ville. Elle n'avait même pas quinze ans. « Tu es le pire des salauds, lança-t-il à Rafik. Elle pourrait être ta fille. Qui étaient les deux femmes sorties à l'instant de chez toi ? Terrorisée et au bord des larmes, la file répondit à la place du policier nu.

— La sœur et l'épouse du chef de la sureté. Nous sommes souvent sollicitées pour égayer des soirées comme celle-ci quand Rafik revient fatigué de la capitale.

— Nous dérangeons une réunion de famille respectable d'après ce que j'entends, ricana le lieutenant. Relâche la fille, dit-il à Gountcho, nous emmenons Rafik avec nous. »

Une détonation claqua, à laquelle répondit une courte rafale. Nimbus leur cria de se dépêcher. Un autre garde absent au moment de leur incursion avaient tiré sur lui sans le toucher, il avait dû l'abattre d'une rafale, ne pouvant employer le harpon. Zoubir tira hors du lit Rafik, le menotta nu comme un ver. Ils se précipitèrent vers la sortie et comme par miracle, une nuée de voitures de police encerclait le pâté de maisons. Une voix leur ordonna de se rendre. La fille efflanquée rejoignit les lumières des véhicules et entra en conciliabule avec celui qui semblait être le chef. Gountcho, partisan du rentre-dedans, proposa de les avoir au culot en leur fonçant dessus pour se frayer un passage. Il ne manquait pas de cran et ne faisait jamais demi-tour même s'il se trompait de chemin.

— Je sais que vous êtes pétris de bravoure, mes amis, déclara Zoubir, mais le courage devient suicide dans de pareilles circonstances. Ils sont trop nombreux, d'innocents collègues trinqueront pour une cause qui leur est inconnue. Avant de nous rendre, j'informe mon supérieur qui se décarcassera pour nous tirer de là ! Au terme du quatrième appel, le commissaire Bachir répondit d'une voix ensommeillée.

— Tu ne pouvais pas attendre le matin ?

— Nous sommes encerclés par les collègues de la ville, chef ! Ils nous transformeront en passoires si vous ne faites rien. L'oiseau recherché est entre nos mains, il va s'envoler vers d'autres cieux si vous tardez !

— Allo...lieutenant ? Je ferai le nécessaire quitte à me casser les reins en réveillant mon directeur. Déposez les armes et rendez vous.

Encadrés étroitement par les uniformes, ils furent jetés dans une cellule en compagnie de Rafik riant à pleine gorge, se cachant les parties intimes avec ses mains croisées. Le chef de sureté lui parla ensuite en aparté et lui fournit une tenue, puis se dressa devant Zoubir et lui asséna un coup de matraque sur la tête qui fit gicler le sang. Tonto bondit et lui arracha la matraque des mains, puis succomba sous le poids des agents intervenus pour sauver leur chef auquel le mastodonte voulait briser les vertèbres. Il fut à son tour roué de coups alors qu'il tentait tant bien que mal de se protéger en ruant tel un cheval sauvage en phase de dressage. La cohue dégénéra en bataille rangée et l'irréparable se profilait. Un capitaine de gendarmerie fit irruption dans les locaux, suivis de six hommes le doigt sur la gâchette.

— La comédie est terminée, barrit-il, tout le monde face au mur ! Vous, commissaire, désarmez vos hommes et pas de geste équivoque. Le premier qui se gratte le nez ira battre le tambour dans l'au-delà. Qui est le lieutenant Zoubir ?

L'interpellé se présenta au capitaine, pressant la main sur sa blessure. Le militaire ausculta l'entaille du cuir chevelu et déclara.

— On m'a mis à votre disposition, lieutenant, c'est à vous maintenant de décider de la suite. A votre place, je zigouillerais ces deux ripoux pour faire l'économie d'un procès fastidieux.

— Ils paieront ce que la justice tranchera. Auparavant, je tiens à communiquer aux hommes présents le motif de l'arrestation du commissaire. Il est le proxénète de son épouse et de sa sœur par cupidité, et se sert de sa fonction pour protéger un lieu de débauche. Il est arrêté pour attentat à la pudeur, trafic d'influence, utilisation des biens de l'État à des fins bassement lubriques. La liste des griefs remplirait des centaines de pages. Le lieutenant Rafik ou ce qu'il en reste, est accusé de meurtre, détournement de mineures, vol à main armée et j'en passe ! J'abandonne le commissaire à votre bon soin, mon capitaine.

— Merci du cadeau lieutenant. Tu passeras un sale quart d'heure en ma compagnie, lança le capitaine au commissaire. J'ai toujours douté que tu ne portais pas de sous-vêtement sous ton *kamis* de faux dévot. Tiens ça comme apéritif, dit-il en le frappant sur les fesses à l'aide d'un gourdin arraché de la ceinture d'un policier. Que fait-on du lieutenant ?

— Je le ramène avec moi, son association de malfaiteurs a des ramifications à l'étranger. Il doit d'abord passer à table avant d'être jugé.

— Dites, lieutenant, vous utilisez des arbalètes dans la capitale ? Ils sont à vous ?

— Vous parlez des harpons ? Ils sont très efficaces pour le gros poisson, ça marche à tous les coups !

— Vous m'en offrez un ? Beaucoup de requins nagent entre deux eaux ici.

— Faites donc, capitaine, prenez tout le lot ! Les tiges sont récupérables. Quand le pardon n'a aucune chance d'endiguer les récidives, le silence du harpon y remédie. Nous perquisitionnerons le palais du Harem de Rafik avant de retourner à notre base.

— Vous ne désirez pas que je vous escorte jusqu'à la sortie de la ville ?

— Ne vous dérangez pas, capitaine, merci !

Dans la villa désertée, ils retrouvèrent les cadavres qui n'avaient pas encore été enlevés. Rafik tenta de soudoyer Zoubir en lui proposant une énorme somme en liquide, qui aiguisa sa curiosité. Un cabas suspect dans la penderie de la chambre à coucher attira son attention. Il était tellement gonflé et lourd qu'ils se mirent à deux pour le soulever et le déposer à terre. A son ouverture, les billets de banque se répandirent formant un tapis d'une épaisseur d'humus de forêt.

Les liasses étaient attachées par des bandelettes en plastique vert, celle des banques. Un coffret de bijoux fut découvert dans un meuble de la salle de bains. Ils fourrèrent le tout dans la malle de la voiture de Zoubir, y compris Rafik pieds et poings liés. Le lieutenant fit une halte lorsqu'il vit l'homme qui l'avait invité à prendre un verre de thé. Il baissa la vitre et lui dit.

— Vous aviez raison, monsieur, ce n'était pas la résidence du maire. Trop luxueuse pour un brave type !

— Mais vous saignez !

— Une porte récalcitrante qui refusait de s'ouvrir, une caverne d'Ali baba dont j'ai perdu le sésame. Un coup de boule rageur et voilà le résultat. Comme quoi, il ne faut pas s'en faire quand une porte reste fermée, elle finit par se déboutonner pour faire plaisir à celui qui la harcèle.

L'homme lui fi un signe de la main, le pouce vers le haut, suivi d'un clin d'œil entendu. A une cinquantaine de kilomètres de la sortie de Béchar, le convoi bifurqua sur une piste et s'immobilisa devant trois arbres rabougris qui se lamentaient de leur solitude dans cet endroit désertique où le soleil dardait déjà ses lances de feu.

— Restez à l'ombre et attendez-moi, suggéra Zoubir. J'ai une petite causette à faire avec mon ami Rafik. Il a beaucoup à me dire, je vais lui en donner l'occasion avant l'ombre des barreaux. Avec ce qu'il écopera, il aura la nostalgie du soleil. Sitôt dit, sitôt fait. Il hissa Rafik de la malle et lui délia les jambes.

— Depuis le temps que je veux discuter en tête à tête avec toi comme des amoureux, Dieu a exaucé ma prière. J'en avais une seule, raison pour laquelle Il a accédé à mon souhait. Allez, avance !

— Nooon ! S'il vous plait, ne me laissez pas seul avec lui, il va me tuer. Je hanterai vos nuits jusqu'ai jugement dernier !

Les trois missionnaires se regardèrent, haussèrent les épaules et les virent disparaitre derrière une petite dune. Le lieutenant fit asseoir Rafik sur le sable brulant et entama son réquisitoire.

— Si tu les as vraiment en bronze, tu dois savoir que les sempiternelles larmes sont l'apanage des lâches devant la mort. Tu les as tellement exhibées à des minettes effrayées qu'elles se sont transformées en nature morte. Récapitulons ! Tu m'arrêtes si tu as une objection à faire, à condition que ta contestation soit justifiée. Si tes réponses sont honnêtes, tu auras la vie sauve. Dans le cas contraire, tu mourras d'une manière inimaginable, je ne sais faire que ça !

Un dilemme se posa à Rafik. S'il dirait la vérité, il s'enfoncerait. S'il mentait, il mourrait car le lieutenant savait tout, sinon pourquoi l'avait-il traqué jusque là ? Dans les deux cas, il était mort. Il espérait ne pas souffrir.

— Lieutenant Rafik, je suis juge et partie comme dans toute société évoluée. Je ne te laisserai pas souffrir, le remords est la plus terrible des tortures. Tu as évoqué le jugement dernier et je ne prétends pas être le bon Dieu, alors considérons notre entretien comme une répétition de ce que tu dois répondre dans l'au-delà. Je peux me permettre d'être puissant parce que je suis armé et tu ne l'es pas. Est-ce que tu comprends les règles du jeu ?

— Oui monsieur le lieutenant, chevrota Rafik pétrifié par ce qui l'attendait. Il ne reconnaissait plus Zoubir, vulnérable et mortel comme les proies qu'il avait pulvérisées. Le lieutenant lui paraissait endormi, sa voix avait changé, ses yeux couleur de basalte secrétaient une lave incandescente qui lui brulait les entrailles. « Il est fou ou bien en transe pensa-t-il, il faut gagner du temps et souhaiter un évènement imprévu qui viendrait mettre un terme au supplice. Ce lieutenant sent le camphre »

« Je te reproche le viol de Siham, l'épouse de mon ami Bilal, dans l'appartement de Rambo à dar El Beida. J'ai raison ou pas ?

— Tout à fait, monsieur Zoubir. « Inutile de le nier, ça va le contrarier »

— Bonne réponse ! Remarque que je n'insiste pas pour savoir si tu as été le premier ou le dernier à la violer. Peu importe l'ordre de passage, elle s'en fiche à présent.

— Tu n'as même pas esquissé un geste pour empêcher son mari Bilal de s'immoler devant vos locaux alors que tu étais à l'intérieur, vrai ou faux ?

— Vrai ! Si j'étais intervenu, il aurait témoigné contre nous. Il s'est donné la mort et le dossier est clos !

— Tu as ordonné à ta sœur Khoukha d'ajouter des doses de barbituriques afin d'éliminer Amine. Un témoin de moins et une part d'argent de plus. Puis ce fut le tour de Fouad et de ta sœur Khoukha alias Sonia. Tu savais que j'allais liquider Saïd et Rambo mais tu n'as pas bougé le petit doigt. Tu m'as même encouragé indirectement. Tu m'as manipulé pour que je fasse le sale boulot pour toi !

— Pourquoi toutes ces questions alors que tu sais tout ? Tu veux soulager ta conscience ?

— Que non, mon ami ! Tout homme a un sadique qui sommeille en lui. De l'enfant qui maltraite les chats et sectionne les queues de lézards, à l'adulte qui fait souffrir et tue pour le plaisir ou pour se venger. J'en suis un ! Avant de t'interroger, j'avais l'intention de te dépecer, te saler et t'abandonner au soleil. Le soleil est impartial, sans cœur et brule ce qui le nargue.

— Je sais que vous n'allez rien entreprendre de tout cela, sinon vous n'auriez pas perdu votre temps en discutant avec moi.

— Tu es inculte mais je vais te citer quand même une phrase de Smain le vieux fou qui disait que « Tout est faux dans le monde, la naissance comme la mort. Nous croyons vivre alors que nous n'existons pas. Nous sommes des illusions. » Ouvre les yeux et suis la balle qui abrégera ton angoisse. Ne compte pas sur la chance, elle ne se pointe jamais quand on a besoin d'elle.

Le lieutenant pointa sur lui son pistolet Glock à la gueule noire prête à mordre. Le projectile perfora l'abdomen de Rafik qui se plia en deux comme s'il voulait se protéger du prochain impact. Zoubir tira encore deux fois, dédiant les balles à Bilal, Siham et la mère de son ami. Rafik avait les yeux ouverts lorsque le lieutenant se releva et remit son arme sous sa ceinture.

— Adieu Rafik, nous aurions pu être copains si tu n'avais pas touché à un ami.

A ses compagnons qui s'inquiétaient de l'absence du prisonnier, il leur répondit qu'il avait essayé de s'enfuir malgré deux tirs de sommation, et qu'il avait été forcé de l'abattre en tirant une troisième balle.

— Le truc de la corvée de bois ? Hasarda le géant.

— C'est tout comme, Seulement, il n'y a pas de bois dans ce désert. Nous pouvons remplacer la corvée par une récolte de roses des sables. Revenons aux choses sérieuses ! Rapportez le cabas, comptez les billets et partagez-les en cinq parts. Fissa !

Ils amoncelèrent cinq tas sur le sable, le montant global s'avéra faramineux. De toute leur vie, ils n'avaient vu autant d'argent.

— Prenez une part chacun et rassurez-vous, les deux parts restantes et les bijoux ne sont pas pour moi. A partir de ce moment, nous nous tenons par la barbichette. Vous n'avez pas vu d'argent. D'ailleurs, il n'appartient pas à la banque mais au peuple. Nous sommes des gens du peuple et humains, non ?

— Ouais, grommelèrent-ils en même temps, les pupilles dilatées par les liasses moqueuses. On a vu aussi le lieutenant s'évader entre les dunes et demeurer introuvable malgré nos recherches dans la fournaise.

— Voilà la version que je veux entendre. Ce secret ne doit être violé sous aucun prétexte. Maintenant que vous me connaissez, vous savez que je n'hésiterai pas à écraser le contrevenant. Evitez les signes ostentatoires de richesse. Les gens vous envieront et se méfieront de vous. Ils mettront en exergue le vieil adage qui conseille de faire confiance au riche qui s'appauvrit qu'un pauvre qui s'enrichit. Dès que nous arriverons chez nous, vous remettrez au divisionnaire les trois kalachnikovs que l'on a trouvées, bien entendu cachées sous le revêtement du sol des toilettes de Rafik.

— Oui chef ! Clamèrent les trois voix. Nous le jurons !

Ils se séparèrent à Alger. Avant de se présenter à son supérieur le surlendemain et après avoir dormi comme une souche de vigne pourrie, Zoubir jeta l'arme d'Amine qu'il avait gardée, dans un puit en bordure d'un champ. Remis en forme par les nombreuses douches où il se frictionnait énergiquement à l'aide d'une touffe de crin — le gant de toilette était destiné aux lavages des morts, prêchait-il, — il vérifia son cuir chevelu et constata que l'entaille s'était cicatrisée d'elle-même. Le bureau du commissaire lui sembla plus aéré et propre, contrairement à son locataire nerveux et ne tenant pas en place.

— Qu'as-tu à me regarder comme ça ? Oui, j'ai arrêté de fumer, c'est plus facile à dire qu'à faire ! Au vu des radios, le médecin m'a affirmé que j'avais des plaques de bitume dans la poitrine. Il m'a conseillé le sevrage alors que lui aussi fume comme une chaudière de hammam. Les toubibs et les imams sont pareils, ils veulent bien qu'on fasse ce qu'ils disent et pas ce qu'ils font. Alors, comment votre affaire s'est dégoupillée ?

— On s'en est bien sorti grâce à vous, patron ! Les gendarmes de Béchar ont été d'une correction exemplaire. Cela a failli dégénérer en guerre de tranchée.

— N'en parlons plus, où est l'accusé ?

— Nous nous sommes arrêtés au retour pour un besoin naturel, Rafik en a profité pour détaler en dépit des trois coups de sommation obligatoires. Je voulais le ramener vivant devant la justice pour qu'il paie ce qu'il a fait endurer aux citoyens.

— A quatre, vous n'avez pas pu le rattraper ?

— Il faut croire que non patron ! Le soleil implacable tapait fort sur nos crânes, on aurait dit que ce salaud s'était évaporé. Le désert ne pardonne pas, il n'en a pas pour longtemps !

— Ne me raconte pas de bobards, lieutenant, j'imagine le topo ! Je ne suis pas intelligent, pas con non plus mais je devine. Ce n'est pas parce que je suis dépourvu de diplôme que je suis nul. Il y a des rois et des chefs d'États qui ne savent ni lire ni écrire. Le savoir est indispensable mais le diplôme est une imposture. Beaucoup ne veulent pas l'admettre car il y a des vérités qui tuent et il y a celles qui font courir. Qui n'aime pas la vérité subit les mensonges.

— Sans vous flatter patron, je m'incline devant votre perspicacité et votre bon sens très terre-à-terre, sans fioritures. »

Le vieux Bachir sourit, se gratta le sourcil, fouilla ses poches à la recherche d'une cigarette pour cacher son plaisir et n'en trouva point. Il ne coltinait plus son paquet pour contrecarrer la tentation.

— Finalement, j'approuve ta version des faits et je soutiens ta nomination à un poste supérieur.

— Hé là chef, stop ! Vous aviez promis de me libérer ! Et franchement, Messaoud mérite cette promotion, il a risqué sa vie pour l'heureux dénouement de cette affaire.

— Tu as bon cœur sous tes airs de rustre, Avec un cœur comme le tien, même un crocodile serait humain. Rédige ta démission, tu seras libre dans trois jours.

— Un dernier service à vous demander, patron. Proposez Messaoud à un poste meilleur, c'est un homme loyal et compétent si on le laisse travailler à sa guise. Son seul défaut est d'avoir une ambition de nécessiteux et ne voit pas grand comme certains. Voici ma carte et mon arme, vous recevrez ma démission dans dix minutes.

Du bureau du commissaire, Zoubir se rendit au domicile de Messaoud qu'il trouva cloué sur un fauteuil, un poids suspendu à sa jambe, effectuant des exercices qui le faisaient suer de tous ses pores. Quand il demanda à lui parler en tête à tête, l'épouse fit la moue et les laissa.

— Mon cher Messaoud, dans deux ou trois mois tout au plus, tu seras promu à un échelon supérieur, que tu mérites pour ton abnégation. Quant à moi, je t'annonce que je ne serai plus lieutenant dans trois jours.

— félicitations Zoubir, je sentais que tu ne végéterais pas dans ce maudit grade. Tu es affecté ailleurs ?

— Je me suis mal exprimé, s'esclaffa Zoubir dans un rire éparpillé, sonore et sincère dont l'écho tourna en manège dans la pièce. J'ai démissionné de la police pour tenter autre chose ailleurs où je n'aurai pas à redresser les torts du monde. Ah, j'oubliais ! Voici un cadeau de ma part ! Il déposa ave précaution un paquet sur les genoux de Messaoud qui l'ouvrit.

— Un cadeau ? Fit-il les yeux exorbités. Tu es sûr que cet argent....

— Ne t'inquiète pas de sa provenance, je t'assure qu'il est *hallal* ! La vie est traitresse et tu en auras besoin pour ta petite famille. Tu ne m'as pas vu et je ne t'ai rien donné. Le monde est si petit et on se reverra peut-être, qui sait ?

Les mains sur les genoux, Messaoud leva sur lui des yeux humides et se rappela des bons et des mauvais moments passé ensemble, où l'amitié se solidifie par l'habitude...où les liens se tissent au gré des humeurs et dans le danger qui effleure la mort.

— J'ai perdu un collègue, dit-il, mais j'ai retrouvé un frère !

Zoubir se pencha et l'embrassa sur les joues, une accolade entre frères dont seuls les damnés connaissent la valeur.

Dans la maison de Smain, clinique des gens sensés, Othmane fut satisfait du retour de son ami et l'invita à une virée au port de pêche où les marins s'affairaient pour une sortie nocturne. Avant d'y aller, Zoubir s'entretint avec Fifi à qui il remit un gros paquet. Elle eut un mouvement de réticence en l'ouvrant. Il la rassura et lui affirma que l'argent et les bijoux lui appartenaient désormais. Il lui recommanda d'en faire un tremplin pour une nouvelle vie en commençant par acquérir un logement, et de penser à scolariser son petit frère qui ne devait pas rougir en grandissant.

— Quitte le milieu et oublie ce que tu as vécu par ma faute ! Un chauffeur t'accompagnera chez toi, et sois prudente.

Sur la route menant au port, Othmane s'immobilisa sur le bas coté et s'adressa à son ami. « Il me semble que tu as changé, lieutenant Zoubir ? Tu es plus calme, tu as les traits détendus. »

— Je ne suis plus lieutenant, voilà la surprise. Je ne suis plus tenu par un devoir qui me répugne.

— La pugnacité de Linda a porté ses fruits, railla le professeur, l'amour réussit là où la raison échoue. Je t'héberge pour la nuit et nous irons demain au village parce que tu bous d'impatience. Il y a cependant une question qui me préoccupe, ta réponse m'évitera de mariner dans le doute.

— Dis toujours, on verra !

— Qu'as-tu fait des armes que tu as reprises de la clinique ? Est-ce que le lieutenant Rafik t'a réellement échappé ?

— Cela en fait deux auxquelles je répondrai quand même. Les trois pistolets mitrailleurs ont été remis pas mes compagnons au divisionnaire. Ils ont été officiellement retrouvés dans le domicile de Rafik. Je souhaite que ces armes fassent l'objet d'un examen balistique qui établira le lien avec les douilles de l'embuscade dont j'ai été victime. Toujours officiellement, Rafik est un fugitif qui cavale encore dans l'immensité des sables. Ils peuvent le chercher pour justifier leur salaire, si ça leur chante.

— Cela s'est passé comment, officieusement ?

— Les deux versions se superposent, comme le mensonge et la vérité !

— Sacré flic ! Tu aurais mieux fait d'être avocat. Tu imagines des rêves en obligeant les autres à les réaliser. Si tu as démoli ton passé, je pense que c'est pour construire un bon présent. Ton présent débute demain !

Les habitants étaient en alerte dans le village, et s'attendaient à une nouvelle attaque. Leur faire admettre le contraire nécessitait de la diplomatie et des arguments massue. Le psychiatre s'attela à les convaincre, aidé par Zoubir qui acquiesçait à chaque parole. Ils coupèrent la poire en deux, consensus qui eut l'assentiment des gendarmes, partie prenante du dispositif. Linda et ses parents débordaient de gaité en revoyant Zoubir, ce dont en profita Othmane pour aborder un sujet plus terre à terre.

— Si vous tenez fermement à rester dans les parages, je maintiens mon offre. Nous régulariserons aujourd'hui le terrain à votre nom par acte notarié, en donation.

— Ce village est un paradis, répondit le père, et le restera tant qu'il y aura des hommes comme toi. Nous ne savons comment te remercier. Je préfère l'enregistrer au nom de Linda, elle en aura plus besoin que nous qui devons partir un jour, personne n'est immortel.

— Bonne idée, à condition qu'elle veuille y rester !

— Nous avons longuement débattu du sujet, cela n'a pas été facile. Je reste avec mes parents. Il me faut trois ou quatre jours pour vendre nos biens d'aller afin de pouvoir construire ici.

— La précipitation est mauvaise conseillère dans les affaires. Vous risquez de brader votre maison. Je vous propose un prêt remboursable dès que vous aurez effectué la transaction de vente de votre appartement et de la pharmacie. Êtes-vous d'accord ?

— Que dire Othmane ? Nous sommes vos obligés !

— Un mot que je n'aime pas. Être aidé ne signifie pas être obligé, rétorqua le psychiatre en arquant ses sourcils qui contrastaient avec ses yeux rieurs. Je pars avec Linda chez le notaire, puis nous contacterons un architecte de ma connaissance qui se fera un plaisir de vous élaborer les plans d'une maison coquette. —   Toi, Zoubir, tu m'attends ici, nous serons de retour dans très peu de temps_

Le vieux couple ne finissait pas de louer Othmane pour sa générosité. Il n'avait pas encore rencontré quelqu'un de si magnanime et le premier contact avec lui les avait éblouis. Ils s'étaient fait beaucoup d'amis parce que les paysans étaient d'un abord facile et se fiaient plus au ressenti qu'à l'apparence

« Et toi mon garçon, dit le père, tu finis ta carrière dans la police ?

— Je n'ai pas eu l'occasion de vous l'annoncer. Je n'émarge plus aux effectifs, je peux dormir sans crainte de me réveiller en sueur.

— Qu'as-tu l'intention de faire à présent ?

— Retourner chez moi et savourer l'affection de ma famille. Je pourrais me convertir en cheminot, mon père a gardé de bonnes relations dans le secteur. Ou marchand de légumes, ce n'est pas le travail qui manque.

Le vieux couple fut médusé. Un homme qui abandonnait un poste prometteur, c''était rare. Un homme qui plus est ne rechignait pas à exercer n'importe quelle activité pour fuir l'oisiveté, c'était incroyable.

— Tu as fait des études ?

— Une perte de temps ! Ce qu'on apprend à l'université ne sert pas à grand-chose dans la vie courante. J'ai vu des gars réussir et triompher de leur condition car formés par la rue. J'ai combattu cette rue et ses dangers et je me suis trompé de cible. La rue a ses propres vertus que les sots transforment en vices. »

Othmane et Linda revinrent, agités par le succès des démarches entreprises. La jeune femme embrassa ses parents entre deux rires et tendit le document notarié à son père.

— Demain, l'architecte débutera les plans, il pense trouver un artisan pour les travaux. Voici le chèque promis par le docteur pour les dépenses de la construction.

— Tu es un homme exceptionnel, ronronna le père en se levant pour lui serrer la main. Dommage que Zoubir ne puisse pas rester avec nous. Il doit partir chez lui et chercher un nouveau travail.

Linda se frotta le lobe de l'oreille. « Un nouveau travail ? La police ne lui plait plus ? S'écria-t-elle étonnée »

— Non, je ... marmonna Zoubir, vite interrompu par Othmane.

— J'ai pris trois jours de vacances, je vous invite à un déjeuner demain sur la plage, pour fêter la libération de mon ami. Je veux bien qu'il aille voir sa famille, mais pas définitivement. Nous avons la même mentalité, nous ne lâchons pas nos amis. Linda et ses parents dormiront ici cette nuit, Zoubir et moi dans la Roseraie d'Ali. Départ demain à 9 heures !

— Vous ne restez pas avec nous ? Gazouilla la mère.

— Nous avons beaucoup à faire à la laiterie et la pouponnière. Je crois que vous aurez besoin de calme pour parfaire vos projets et vous remettre de vos émotions.»

Les deux hommes marchaient en devisant, croisant des villageois qui les saluaient sur des sentiers tracés par des pas pressés, des voies de muletiers en raccourcis à travers champs. Zoubir fit part à son ami de son intention de rejoindre ses parents à Sétif, et de fouiller les possibilités d'emploi pour ne plus dépendre de la maigre retraite de son père. Othmane se fâcha à l'idée de le perdre.

« Je conçois que tu veuilles rendre visite à tes parents et y rester dix ou quinze jours. Demeurer indéfiniment là-bas est une erreur. Tu as dépassé la trentaine, ni femme ni travail ni port d'attache, cela fait beaucoup ! En d'autres termes, tu n'as rien ! »

Zoubir ne contestait pas le constat peu reluisant de son existence. Il savait que le médecin l'orientait indirectement vers la lueur à atteindre. Une lumière commence toujours par une étincelle, on s'éclaire à ses pieds et on se réchauffe à sa flamme. Il crut mal entendre ou mal interpréter les propos d'Othmane qui lui martelait qu'il avait besoin de lui pour gérer ses biens dans le village ?

« Tu es sérieux ? A part élucider des crimes, je suis incapable de faire autre chose !

— Personne ne nait avec un savoir, tu t'y feras plus vite que tu ne le penses. »

Les deux hommes dormirent dans une chambre réservée au personnel de la pouponnière, au voisinage de la grande salle des couveuses. Leur sommeil fut coupé en morceaux, au diapason des pleurs des nourrissons qui se mouillaient ou qui réclamaient leurs biberons Un sommeil comparable à une nuit à la belle étoile avec ses chants de grillons incompatibles avec la torpeur de l'obscurité. Toujours est-il qu'ils se levèrent de bonne humeur et rejoignirent Linda et ses parents.

« Nous y allons maintenant, proposa Othmane à son compagnon, au même endroit que l'autre jour et ne fais pas le pitre car nous ne sommes pas seuls. Tu n'as pas besoin d'équipement puisque tu ne te baignes pas.

Ils s'installèrent à l'extrémité de la bande de sable, juste devant une cavité de la roche, et dressèrent une tente de fortune faite de draps supportés par des roseaux. Othmane fit seul les courses et revint le dos courbé par le poids des paquets qu'il portait à bout de bras. Zoubir le soulagea d'une glacière et d'une grille qu'il déposa à l'intérieur de la cavité.

« Ouf ! Souffla le professeur. Puis s'adressant à Linda. « Va te baigner en compagnie de tes parents, nous surveillerions vos affaires.

— Je n'ai plus la force de nager. Nous allons néanmoins, ma bourgeoise et moi, barboter au bord de l'eau. Tu sais, Othmane, tout le temps assis en tailleur pour prier cinq fois par jour, les jambes finissent par se rigidifier et il n'est plus possible de les tendre, répondit le père avec un sourire en coin. Linda va nager pour nous.

— Tout ce remue-ménage pour contempler la mer ? Gronda le docteur. Jette-toi à l'eau même habillé ! J'ai les jambes laiteuses presque transparentes qui ne m'empêchent pas de les exhiber. Il parait, selon les anciens, que l'eau de mer dompte le mauvais œil. Profitons de l'absence de baigneurs !

Othmane tint la main de la mère, Linda celle de son père, et ils s'enfoncèrent dans l'eau fraiche qui les surprit par sa clarté matinale. Leurs pieds touchaient le sable du fond et ils s'éclaboussaient d'eau salée comme des gamins. La mère poussait de petits cris de hérisson pris au piège qui la libéraient des préjugés et des regards moqueurs des esprits constipés. Les parents de Linda s'en donnaient à cœur-joie en clapotant comme des canards, et la fille rabattait la robe se sa mère gonflée par l'eau telle une méduse échouée par la force des courants. Ils revinrent s'allonger sous l'abri pour se sécher sous le soleil qui s'étirait.

— J'espère que vous avez rapporté des vêtements de rechange, pouffa Othmane. Ceux-là sont trempés et constellés de grains de sable. Dès qu'ils sècheront un peu, vous irez vous changer dans la grotte.

— Inutile, rétorqua le père, ils sécheront sur nous. Nous nous baignerons encore, c'est si agréable. A votre tour maintenant !

Othmane eut beau supplier Zoubir de faire un petit plongeon, rien n'y fit. Il avait une peur bleue et la mer lui semblait très profonde. Il n'avait pas peur de mourir mais la noyade lui paraissait atroce au même titre que l'immolation.

« Linda t'apprendra à nager, lui proposa-t-il. Si des cargos chargés à ras-bord flottent, il n'y a pas de raison pour que tu coules !

La jeune femme lui tendit la main, il s'y appuya et s'éloignèrent du groupe. Elle ôta la serviette qui lui ceinturait la taille et la déposa sur une pierre. Zoubir l'observa, sidéré. Le corps ferme et sculpté de Linda semblait sortir d'un magazine de mode et son maillot noir ajoutait une touche de sensualité. Elle l'entraina par le bras. Il la suivit machinalement, obnubilé par sa beauté, serrant les dents, au paroxysme de l'extase.

— Regarde où tu poses tes pieds, ironisa-t-elle.

— Tu es belle, tu sais !

— Je sais, mais c'est bien que tu me le dises, accroupis-toi dans l'eau et n'aies pas peur, je te tiens !

— Elle apprend à nager à son bébé, blagua le père qui suivait la scène. Pour une trentenaire, on dirait qu'il a été balancé d'une autre planète.

— Ne médis pas, *hadj*, lui au moins ne fait pas semblant comme la plupart des jeunes de cette époque ! Rectifia sa femme.

Voulant faire une brasse dans l'eau qui lui arrivait à la poitrine, Zoubir perdit pied et but la tasse. Linda le releva rapidement, il toussa pour reprendre sa respiration puis se mit à rire face à la pharmacienne ébahie. Alors qu'elle croyait qu'il allait regagner le rivage, il refit le même essai et rebut la tasse. Il répéta quatre fois la même opération et s'habitua enfin au milieu marin. Il commença alors à nager avec des mouvements désordonnés. Othmane se mêla au jeu en prenant la précaution de rester près du rivage. Libérée de la surveillance de Zoubir, Linda fendit les flots et prit le large. Ils ne virent bientôt que sa tête. Le cœur de Zoubir palpita à un rythme effréné, il eut peur de la perdre et son visage se referma. Le psychiatre perçut son inquiétude.

« Ton visage parle comme un livre ouvert, mon ami. Si tu es sûr de ce que tu ressens, jette-toi à l'eau au lieu de ruminer de sombres pensées !

— Mais je viens d'en sortir !

— Ne fais pas l'idiot, je ne parle pas de l'eau de mer mais de la tempête qui te fait vibrer. C'est le moment ou jamais, la chance ne te sourira pas deux fois ! »

Linda les retrouva en pleine discussion et devina qu'ils parlaient d'elle. « Tu as eu peur pour moi ? Lança-t-elle à l'ex-lieutenant. »

— Tu nages comme un poisson mais tu prends des risques !

Un baigneur de passage admira le corps de la jeune femme en insistant une minute de trop. Un temps suffisant pour grossir le courroux de Zoubir qui ne put se contenir.

« Du calme, prévint Linda, il ne va pas me manger ! Il n'a rien fait de mal !

— Ta réaction est humaine, enchaina le psychiatre pour ne pas frustrer la colère de son ami. Je trouve que c'est bon signe ! »

Othmane construisit un brasero avec des pierres disposées en cercle, et s'affaira à griller des tranches de viande. Le couple prépara une salade de tomates et de poivrons crus. A l'entrée de la grotte, Linda se séchait les cheveux pendant que l'ex-lieutenant cogitait pour trouver la meilleure manière d'aborder le sujet.

« Je veux te dire que...tu comprends ? Articula-t-il péniblement.

Elle ne répondit pas et fuyait son regard. Elle voulait sans doute qu'il s'exprimât clairement car elle-même avait peur de se tromper sur ses intentions.

— Pourquoi ne réponds-tu pas ?

— Que je réponde à quoi ? Tu ne m'as pas posé de question.

— Enfin, tu le sais bien...je t'aime, Linda ! Dégagea-t-il, en se raclant bruyamment la gorge.

— Depuis quand ? Rusa-t-elle, les yeux regorgeant de malice. Depuis longtemps ou seulement quand tu m'a vue en maillot ?

— Ne fais pas la sotte et ne profite pas de mes lacunes en baratin pour me clouer le bec ! Avant de répondre, je veux que tu m'écoutes attentivement sans m'interrompre. Tu dois savoir que j'ai menti délibérément dans ma carrière, mensonges nécessaires pour rester en vie. Je ne te cache pas aussi que j'ai tué des gens, pas beaucoup mais un seul suffit pour endosser tous les crimes du monde. Bref, je suis entré dans la police avec plus de qualités que de défauts, et j'en suis ressorti avec l'inverse. C'est ce qui fait le bon policier, parait-il. Comme l'avocat ou le journaliste et surtout les politiques, j'ai été contraint de travestir la réalité pour la rendre digeste

Il est vrai que je conserve également les valeurs primitives de l'amitié au nom desquelles j'ai commis des meurtres. Je t'ai connue d'abord en amie et ton visage m'a aidé à remonter à la surface des marécages boueux. Tu as su être patiente avec moi et ce n'est pas rien. Tu es mon premier et mon dernier amour, même si mes propos te paraissent grotesques. Ma question est simple, prends ton temps pour répondre si tu dois y réfléchir. Veux-tu m'épouser, Linda ? »

La mine grave de Zoubir l'amusa. Elle lui caressa la tempe. Leurs yeux se parlaient avec intensité et préparaient le terrain aux mots du cœur. Elle mit sa main dans la sienne, jetant des regards furtifs à ses parents occupés à la préparation du déjeuner.

« Tu as trop tardé, Zoubir ! J'ai attendu cet instant que je n'oublierai jamais. Ta volonté de défendre tes amis me touche et si j'ai été un peu dure avec toi à certains moments, je voulais surtout que tu remarques qu'il n'y a pas que l'amitié dans la vie. Oui, j'accepte de t'épouser tel que tu es, avec tes défauts et tes qualités, comme tu dois m'accepter avec les miens. Tu as érigé un mur entre les autres et toi, nous le démolirons à deux pour le remplacer ensemble par un pont !

— Je pars ce soir annoncer la nouvelle à mes parents et revenir avec eux pour demander ta main selon la coutume. Tâche de sensibiliser les tiens.

— Oh, ils ont du flair et attendent que tu te manifestes. Puisque Othmane ne veut pas te lâcher, tu te chargeras des approvisionnements de la pharmacie que nous ouvrirons au village.

— Vous venez ? Héla le professeur, la table est prête ! »

Les deux amoureux avancèrent à pas lents vers l'abri. Zoubir cala son assiette sur ses genoux, son esprit voguant pour atterrir sur une île où dansait

Linda, les yeux sur ses courbes, envouté par les cascades de son rire. Il n'avait plus faim. Une sensation de bien-être et de sécurité l'enveloppa. Il avait beaucoup à apprendre sur le nouveau sentiment.

« Mange ! Lui intima Othmane. Tu auras le loisir de fouler le sol de la planète à laquelle tu penses. L'imagination se transforme fréquemment en rêve et le rêve devient réalité quand on y met du sien, n'est-ce pas Linda ? »

Elle avait la même posture que son prétendant. Un bonheur bâti dans la douleur dure plus longtemps que celui d'un coup de foudre. On s'y accroche pour le parfaire et le rendre éternel, et le vivre pour l'apprécier à sa juste valeur.

« Cela fait des lustres que je n'ai pas passé une si belle journée, je me sens rajeunir » déclara le père.

L'assistance gloussa. Othmane informa Zoubir que la compagnie d'assurance avait remboursé le prix de la voiture bousillée par la bombe. Somme qu'il lui offrit en lui désignant une carcasse de maison inachevée qui avait l'avantage d'un premier étage dans le cas où il prévoyait d'exercer une profession libérale, faisant allusion à l'ouverture d'une pharmacie pour la jeune femme. Les deux hommes prirent congé de la famille et retournèrent dans la Maison de Smain. De là, Zoubir se mit au volant d'une voiture et se rendit à Sétif, où il arriva au moment son père rentrait avec le pain, le lait et des croissants dans un couffin comme d'habitude.

« Bonjour père, salua Zoubir en sortant de son habitacle.

— Bonjour fiston, sursauta, les yeux bouffis de quelqu'un qui avait trop dormi. Ta mère et moi parlions de toi, hier, *soubhan Allah* (louange à Dieu).

— Je suis là pour vous rassurer, tout va bien !

— Devine qui est là, lança le père en franchissant le seuil. C'est ton fils !

— Quelle surprise ! Chanta la mère en déboulant pieds nus, un châle sur la tête. Tu restes un peu avec nous ? Tu as les yeux rouges, tu vas bien ?

— Une tasse de café, s'il te plait, on discutera ensuite.

— Laisse ces croissants, dit-elle, je te prépare une galette, ce sera rapide !

— Mais non maman, ça ira comme ça. Assieds-toi. Je ne vous ferai pas languir. Toi, papa, prépare-toi pour demain, tu me feras l'honneur d'aller demander la main d'une fille que je voudrais épouser. Quant à maman, elle fera quelques gâteaux de sa main de fée que nous offrirons à mes futurs beaux parents.

Sa mère porta la main à sa bouche et un long youyou fusa de sa gorge, un youyou enroué d'un vieil espoir réalisé, un youyou aux multiples consonances que l'on offre dans les évènements heureux comme dans la mort.

— Comment s'appelle-t-elle ? Travaille-t-elle ? Tu habiteras où ?

— Calme-toi, maman. Linda est pharmacienne, une algéroise qui habite depuis peu dans un petit village avec ses parents. J'ai acquis une carcasse de maison que je terminerai bientôt inchallah.

— Bien parlé ! Eructa le père. Ta dernière phrase reflète ta maturité et je suis content. Tu as combien de jours de congé ?

— Aucun ! Je suis libre comme le vent. J'ai démissionné de la police.

Un second youyou plus puissant que le premier s'élança de la bouche maternelle qui se mit à balbutier des mots inintelligibles où dieu revenait inlassablement. L'émotion était trop forte pour elle qui désespérait de le voir un jour sans arme et responsable d'une famille. Elle allait du salon à la cuisine, puis de la cuisine au salon, marmonnant des prières. Son fils l'embrassa sur le front, la prit dans ses bras et lui chuchota.

— Tu vois, la chance et le bonheur ne tiennent qu'à un fil. J'ai été soutenu par mon ami Othmane, un ange descendu du ciel pour guider mes pas. J'ai été également encouragé par Linda qui m'a inculqué l'amour de la vie. Je suis conscient de ce que j'ai raté par stupidité, de ce que j'ai tordu par orgueil ou blessé par suffisance. Te rappelles-tu de la chanson qui disait que le mal et le bien sont représentés par la femme ?

Zoubir dilapida la journée dans un profond sommeil duquel il fut tiré le soir par son père qui le gronda gentiment.

— Il faut évacuer la fatigue de tes veillées policières. Tu ne t'es pas sustenté de toute la journée, tu n'as pas faim ?

— J'ai faim du sourire des gens heureux, papa !

Ils furent dans le village le lendemain au soir tombant. Les familles alliées étaient sur leur trente-et-un. Othmane était de la partie en tenue panachée, col ouvert et trainant ses savates. Installés dans une pièce autour d'une table basse sur laquelle étaient disposés des sodas et une théière, ils virent entrer Linda dans sa longue robe noire, portant un plateau contenant une tarte aux fraises piquée d'une bougie. Elle déposa la tarte devant Zoubir et lui souhaita un bon anniversaire. Il avait oublié sa propre date de naissance, subjugué par la perspective de son union avec une femme belle et prévenante. Linda contourna la table et embrassa ses beaux parents. La mère de Zoubir ne voulait plus la relâcher et la fit asseoir près d'elle, tant elle estimait que c'était un beau parti pour son fils. Il y a des femmes qui inspirent confiance dès le premier jour, le regard étant rarement trompeur.

« Trêve de balivernes, plaisanta Othmane impassible et lucide. Je crois que vous êtes ici en mission pour votre fils. C'est le moment de tout déballer !

Le père de Zoubir redressa le torse, se racla la gorge, chercha les yeux de son vis-à-vis et déclara d'une voix neutre.

— Afin de nous conformer à la tradition, je demande la main de votre fille pour mon fils Zoubir ici présent.

— Connaissant ma fille qui ne tient plus en place depuis que Zoubir est parti vous chercher, je vous accorde sa main avec la joie qui sied à des parents heureux. Vous avez ma bénédiction ! »

Les deux mères qui attendaient cet accord unirent leurs youyous pour éclairer le ciel en une mélodie chatoyante. Les embrassades scellèrent l'union dans la mêlée. Chose inattendue, le père de Zoubir versa quelques larmes qu'il cacha de ses mains osseuses. La voix rauque d'Othmane monta crescendo, à laquelle s'agrippa celle de l'ex-lieutenant, dans un chant harmonieux. Pendant que Zoubir continuait à chanter, pris dans un tourbillon d'euphorie, Othmane murmura dans l'oreille de Linda.

« Tu chantes merveilleusement, où as-tu appris les paroles ? *C'est le chant de l'optimiste* que fredonnait Smain.

— Nulle part, les mots coulent de source et me paraissent naturels ! »

La kermesse se termina fort tard dans la nuit, un temps qu'ils mirent à profit pour discuter des dernières retouches en vue du mariage prévu pour le mois suivant.

De retour à Sétif, Zoubir fut surpris d'entendre son père lui demander si Othmane était normal. Le comportement du professeur, trop jovial à son goût, lui paraissait louche. Un homme désintéressé et généreux semble toujours suspect. Il expliqua à son père que son ami était effectivement très riche, et que sa fortune abyssale résidait dans sa tête, un trésor dont son cœur était comptable.